A STUDY ON THE RESOURCE CURSE TO
THE ENTREPRENEUR FORMATION MECHANISM OF
THE TRADITIONAL AGRICULTURAL REGIONS

河南大学经济学学术文库

"资源诅咒"与传统农区
企业家形成机制研究

余萍 著

社会科学文献出版社
SOCIAL SCIENCES ACADEMIC PRESS (CHINA)

感谢新型城镇化与中原经济区建设河南省协同创新中心的支持与资助；

本书为河南省博士后科学基金 2017 年一等资助阶段性成果

本书为 2016 年河南省教育厅河南省智库项目《金融深化、企业家形成与河南省经济增长》阶段性成果

　　河南大学经济学科自 1927 年诞生以来，至今已有近 90 年的历史了。一代一代的经济学人在此耕耘、收获。中共早期领导人之一的罗章龙、著名经济学家关梦觉等都在此留下了足迹。

　　新中国成立前夕，曾留学日本的著名老一辈《资本论》研究专家周守正教授从香港辗转来到河南大学，成为新中国河南大学经济学科发展的奠基人。1978 年我国恢复研究生培养制度以后，周先生率先在政治经济学专业招收、培养硕士研究生，并于 1981 年获得首批该专业的硕士学位授予权。1979 年，河南大学成立了全国第一个专门的《资本论》研究室。1985 年以后，又组建了河南大学历史上的第一个经济研究所，相继恢复和组建了财经系、经济系、贸易系和改革与发展研究院，并在此基础上成立了经济学院。目前，学院已发展成拥有 6 个本科专业、3 个一级学科及 18 个二级学科硕士学位授权点、1 个一级学科及 12 个二级学科博士学位授权点、2 个博士后流动站、2 个一级省重点学科点、3000 多名师生规模的教学研究机构。30 多年中，河南大学经济学院培养了大批本科生和硕士、博士研究生，并且为政府、企业和社会培训了大批专门人才。他们分布在全国各地，服务于大学、企业、政府等各种各样的机构，为国家的经济发展、社会进步、学术繁荣做出了或正在做出自己的贡献，其中也不乏造诣颇深的经济学家。

　　在培养和输出大量人才的同时，河南大学经济学科自身也造就了一支日益成熟、规模超过 120 人的学术队伍。近年来，60 岁左右的老一代学术带头人以其功力、洞察力、影响力，正发挥着越来越大的引领和示范作用;一批50岁左右的学者凭借其扎实的学术功底和丰厚的知识积累,已进入著述的高峰期;一批40岁左右的学者以其良好的现代经济学素养,开始脱颖而出,显现领导学术潮流的志向和实力;更有一大批30岁左右受过系统经济学教育的年轻人正蓄势待发,不少已崭露头角,初步展现了河南大学经济学科的巨大潜力和光辉未来。

我们有理由相信河南大学经济学科的明天会更好,经过数年的积累和凝练,它已拥有了支撑自己持续前进的内生动力。这种内生动力的源泉有二:一是确立了崇尚学术、尊重学人、多元发展、合作共赢的理念,营造了良好的学术氛围;二是形成了问题导向、服务社会的学术研究新方法,并据此与政府部门共建了中原发展研究院这一智库型研究平台,获批了新型城镇化与中原经济区建设河南省协同创新中心。学术研究越来越得到社会的认同和支持,也对社会进步产生了越来越大的影响力和推动力。

河南大学经济学科组织出版相关学术著作始自世纪交替的2000年前后,时任经济学院院长许兴亚教授主持编辑出版了数十本学术专著,在国内学术界产生了一定的影响,也对河南大学经济学科的发展起到了促进作用。

为了进一步展示河南大学经济学院经济学科各层次、各领域学者的研究成果,更为了能够使这些成果与更多的读者见面,以便有机会得到读者尤其是同行专家的批评,促进河南大学经济学学术研究水平的不断提升,为繁荣和发展中国的经济学理论、推动中国经济发展和社会进步做出更多的贡献,我们从2004年开始组织出版"河南大学经济学学术文库"。每年选择若干种河南大学经济学院在编教师的精品著述资助出版,也选入少量国内外访问学者、客座教授及在站博士后研究人员的相关著述。该文库分批分年度连续出版,至今已持续10年之久,出版著作总数多达几十种。

感谢曾任社会科学文献出版社总编辑的邹东涛教授,是他对经济学学术事业满腔热情的支持和高效率工作,使本套丛书的出版计划得以尽快达成并付诸实施,也感谢社会科学文献出版社具体组织编辑这套丛书的相关负责人及各位编辑为本丛书的出版付出的辛劳。还要感谢曾经具体负责组织和仍在组织本丛书著作遴选和出版联络工作的时任河南大学经济学院副院长刘东勋教授和现任副院长高保中教授,他们以严谨的科学精神和不辞劳苦的工作,回报了同志们对他们的信任。最后,要感谢现任河南大学经济学院院长宋丙涛教授，他崇尚学术的精神和对河南大学经济学术事业的执着，以及对我本人的信任，使得"河南大学经济学学术文库"得以继续编撰出版。

分年度出版"河南大学经济学学术文库"，虽然在十几年的实践中积累了一些经验，但由于学科不断横向拓展、学术前沿不断延伸，加之队伍不断扩大、情况日益复杂，如何公平和科学地选择著述品种，从而保证著述的质量，需要在实践中不断探索。此外，由于选编机制的不完善和作者水平的限制，选入丛书的著述难免会存在种种问题，恳请广大读者及同行专家批评指正。

耿明斋

2004 年 10 月 5 日第一稿，2007 年 12 月 10 日修订稿，2014 年 6 月 21 日第三次修订

如果不考虑以渔猎、采集为生的蒙昧状态，人类社会以 18 世纪下半叶英国产业革命为界，明显地可分为前后两个截然不同的阶段，即传统的农耕与乡村文明社会、现代的工业与城市文明社会。自那时起，由前一阶段向后一阶段的转换，或者说社会的现代化转型，已成为不可逆转的历史潮流。全世界几乎所有的国家和地区都曾经历或正在经历从传统农耕与乡村文明社会向现代工业与城市文明社会转型的过程。中国社会的现代化转型可以追溯到 19 世纪下半叶的洋务运动，然而，随后近百年的社会动荡严重阻滞了中国社会全面的现代化转型进程。

中国真正大规模和全面的社会转型以改革开放为起点，农区工业化潮流是最强大的推动力。正是珠三角、长三角广大农村地区工业的蓬勃发展，才将越来越广大的地区和越来越多的人口纳入工业和城市文明发展的轨道，并成就了中国"世界工厂"的美名。然而，农耕历史最久、农耕文化及社会结构积淀最深、地域面积最大、农村人口最集中的传统平原农区，却又是工业化发展和社会转型最滞后的地区。显然，如果此类区域的工业化和社会转型问题不解决，整个中国的现代化转型就不可能完成。因此，传统平原农区的工业化及社会转型问题无疑是当前中国最迫切需要研究解决的重大问题之一。

使我们对传统农区工业化与社会转型问题产生巨大兴趣并促使我们将该问题锁定为长期研究对象的主要因素，有如下三点。

一是关于工业化和社会发展的认识。记得五年前，我们为申请教育部人文社科重点研究基地而准备一个有关农区工业化的课题论证时，一位权威专家就对农区工业化的提法提出了异议，说"农区就是要搞农业，农区的任务是锁定种植业的产业结构并实现农业的现代化，农区工业化是个悖论"。两年前我们组织博士论文开题论证时，又有专家提出了同样的问题。其实对这样的问题，我们自己早就专门著文讨论过，但是，一再提出的疑问还是迫使我们对此问题做更深入的思考。事实上，如前所述，从社会转型的源头上说，最初的工业都是从农业中长出来的，所以，最初的工业化都是农区工业化，包括18世纪英国的产业革命，这是其一。其二，中国20世纪80年代初开始的大规模工业化就是从农区开始的，所谓的苏南模式、温州模式不都是农区工业发展的模式么？现在已成珠三角核心工业区的东莞市30年前还是典型的农业大县，为什么现在尚未实现工业化的农区就不能搞工业化了呢？其三，也是最重要的，工业化是一个社会现代化的过程，而社会的核心是人，所以工业化的核心问题是人的现代化，一个区域只有经过工业化的洗礼，这个区域的人才能由传统向现代转化，你不允许传统农区搞工业化，那不就意味着你不允许此类地区的人进入现代人的序列么？这无论如何也是说不过去的。当然，我们也知道，那些反对农区搞工业化的专家是从产业的区域分工格局来讨论问题的，但是要知道，这样的区域分工格局要经过工业化的洗礼才会形成，而不能通过阻止某一区域的工业化而人为地将其固化为某一特定产业区域类型。其四，反对农区工业化的人往往曲解了农区工业化的丰富内涵，似乎农区工业化就是在农田里建工厂。其实，农区工业化即使包含着在农区建工厂的内容，那也是指在更广大的农区的某些空间点上建工厂，并不意味着所有农田都要变成工厂，也就是说，农区工业化并不意味着一定会损害乃至替代农业的发展。农区工业化最重要的意义是将占人口比例最大的农民卷入社会现代化潮流。不能将传统农区农民这一占人口比例最大的群体排除在中国社会的现代化进程之外，这是我们关于工业化和社会发展的基本认识，也是我们高度重视传统农区工业化问题的基本原因之一。

二是对工业化发生及文明转换原因和秩序的认识。从全球的角度看，现代工业和社会转型的起点在英国。过去我们有一种主流的、被不断强化的认识，即中国社会历史发展的逻辑进程与其他地方——比如说欧洲应该是一样的，也要由封建社会进入资本主义社会，虽然某一社会发展阶段的时间起点不一定完全一致。于是就有了资本主义萌芽说，即中国早在明清

2

乃至宋代就有了资本主义萌芽，且迟早要长出资本主义的大树。这种观点用另一种语言来表述就是：即使没有欧洲的影响，中国也会爆发产业革命，发展出现代工业体系。近年来，随着对该问题研究的深入，提出并试图回答类似"李约瑟之谜"的下述问题越来越让人们感兴趣，即在现代化开启之前的1000多年中，中国科学技术都走在世界前列，为什么现代化开启以来的最近500年，中国却远远落在了西方的后面？与工业革命联系起来，这个问题自然就转换为：为什么产业革命爆发于欧洲而不是中国？虽然讨论仍如火如荼，然而一个无可争议的事实是：中国的确没有爆发产业革命，中国的现代工业是由西方输入的，或者说是从西方学的。这一事实决定了中国工业化的空间秩序必然从受西方工业文明影响最早的沿海地区逐渐向内陆地区推进，不管是19世纪下半叶洋务运动开启的旧的工业化，还是20世纪80年代开启的新一轮工业化，都不例外。现代工业诞生的基础和工业化在中国演变的这一空间秩序，意味着外来的现代工业生产方式和与此相应的经济社会结构在替代中国固有的传统农业生产方式和相应的经济社会结构的过程中，一定包含着前者对后者的改造和剧烈的冲突。而传统农耕文明历史最久、经济社会乃至文化结构积淀最深的传统农区，一定也是现代工业化难度最大、遇到障碍最多的区域。所以，将传统农区工业化进程作为研究对象，或许更容易发现两种不同文明结构的差异及冲突、改造、替代的本质和规律，从而使得该项研究更具理论和思想价值。

三是对我们所处的研究工作环境和知识积累的认识。我们中的很多人都来自农民家庭，我自己甚至有一段当农民的经历，我们工作的河南省又是全国第一人口大省和第一农民大省，截至2008年末，其城市化率也才不到40%，也就是说，在将近1亿人口中，有近7000万人是农民，所以，我们对农民、农业、农村的情况非常熟悉，研究农区问题，我们最容易获得第一手资料。同时，我们这些土生土长的农区人，对该区域的现代化进程最为关注，也有着最为强烈的社会责任感，因此，研究农区问题我们最有动力。还有，在众多的不断变化的热点经济社会问题吸引相当多有抱负的经济学人的情况下，对事关整个中国现代化进程的传统农区工业化和社会转型问题进行一些深入思考可能是我们的比较优势。

我个人将研究兴趣聚焦到农区工业化上来始于20世纪90年代中期，进入21世纪以来，该项研究占了我越来越多的精力和时间。随着实地调查机会的增多，进入视野的令人感兴趣的问题也越来越多。与该项研究相关的国家社科基金重点项目、一般项目以及教育部基地重大项目的相继立项，使研究的压力也越来越大。值得欣慰的是，该项研究的意义越来越为更多的学者和博士生及博士后研究人员所认可，研究队伍也越来越大，展开的面也越来越宽，研究的问题也越来越深入和具体。尤其值得一提的是日本大学的村上直树教授，他以其丰厚的学识和先进的研究方法，将中国中原地区的工业化作为自己重要的研究方向，且已经取得了重要进展，并打算与我们长期合作，这给了我们很大的鼓舞。

总之，研究对象与研究领域已经初步锁定，研究队伍已聚集起来，课题研究平台在不断拓展，若干研究也有了相应的进展。今后，我们要做的是对相关的研究方向和研究课题做进一步的提炼，对研究队伍进行优化整合，对文献进行更系统的批判和梳理，做更多的实地调查，力争从多角度来回答若干重要问题，比如：在传统农业基础上工业化发生、发育的基础和条件是什么？工业化究竟能不能在传统农业的基础上内生？外部的因素对传统农区工业化的推进究竟起着什么样的作用？从创业者和企业的行为方式看，工业企业成长和空间演进的轨迹是怎样的？在工业化背景下，农户的行为方式会发生怎样的变化，这种变化对工业化进程又会产生怎样的影响？县、乡等基层政府在工业化进程中究竟应该扮演何种角色？人口流动的方向、方式和人口居住空间结构调整演进的基本趋势是什么？这是一系列颇具争议但又很有研讨价值的问题。我们将尝试弄清楚随着工业化的推进，传统农业和乡村文明的经济社会结构逐步被破坏、被改造、被替代，以及与现代工业和城市文明相适应的经济社会结构逐步形成的整个过程。

按照目前的打算，今后相当长一个时期内，我们的研究都不可能离开传统农区工业化与社会转型这一领域，我们也期望近期在若干主要专题上能有所突破，并取得相应的研究成果。为了将所有相关成果聚集到一起，以便让读者了解到我们所研究问题的全貌，我们决定编辑出版"传统农区工业化与社会转型丛书"。我们希望，随着研究的推进，每年能拿出三到五本书的相关成果，经过 3~5 年，能形成十几乃至二十本书的丛书规模。

感谢原社会科学文献出版社总编辑邹东涛教授，感谢该社皮书出版分社的邓泳红，以及所有参与编辑该套丛书的人员，是他们敏锐的洞察力、强烈的社会责任感、极大的工作热情和一丝不苟的敬业精神，促成了该套丛书的迅速立项，并使出版工作得以顺利推进。

耿明斋

2009 年 6 月 14 日

摘　要

　　发展经济学的传统观点认为资本形成是一个农业社会走向工业化的关键性因素之一。据此我们可以得到以下推论：那些具有较好的农业生产条件，从而更易于资本积累的地区，工业化的进展应当较为顺利；那些农业生产条件不好，更难以资本积累的地区，工业化进展应当较为迟缓。虽然用以印证上述观点的事实比比皆是，但我们也应注意到一些足以挑战这一主流观点的特定事实：在一些农业生产条件较好的地区，其工业化的发展远远落后于与之毗邻的、农业生产条件较差的地区。本书认为：农业生产条件对于传统农区工业化并不仅仅具有正向的资本形成的效应，还应包含了一个负向的抑制效应。本书将这个抑制效应称为农业生产条件所形成的"资源诅咒"。

　　农业生产条件所形成的"资源诅咒"是传统农区工业化起步阶段的一个陷阱。本书在第二章理论回顾的基础上，提出了一个核心的假说以解释其作用的机制：农业生产条件的禀赋差异对于企业家的形成具有重要的选择作用。具有较好农业生产条件的地区，不易形成企业家群体，从而不利于启动本地区的工业化进程；农业生产条件相对较差的地区，更易于形成企业家群体，从而有利于启动本地区的工业化进程。为检验这一假说，本书的第三章利用河南省 18 个地区 13 年的经济发展数据进行了经验研究。计量结果未能拒绝本书关于这一特定类型的"资源诅咒"的假说，但这种特定的"资源诅咒"的发生是有条件的——它是一种 U 型曲线的影响方式。这种现象仅在农业生产条件均不太良好且收入水平较低的情况下才发生。而后则表现为主流工业化理论所指出的那种结果。计量研究的结果同时也显示农业生产条件的比较优势可能会产生一种"挤出"效应：经济的繁荣周期及金融发展情况会因为这种比较优势的不同而对创业活动产生一个非线性的影响。农业生产条件的比较优势抑制了经济的繁荣周期和金融发展对创业活动的积极影响，从而产生一种"挤出"效应。此外，计量研究的结果也显示：正规金融的发展和民间金融的发展可能是同方向的，但是二者的发展速度则有可能是相互消长的。

经验研究的结果较好地支持了本书提出的假说，但这一假说依然需要更为完整的理论上的解释，以阐明"资源诅咒"的机制。本书的第四章通过一个职业选择模型来对这种机制进行解释：农业生产条件的差异导致务农收益的差别，这个收益成为创业活动的机会成本。较好的农业生产条件意味着创业活动较高的机会成本，从而在机会成本的意义上抑制了具有风险性的创业活动。同时，理论模型着力刻画了导致这种"资源诅咒"所必需的条件。第一，有限的融资能力。之所以会出现"资源诅咒"现象，一个重要的原因在于金融抑制。金融抑制状况下的有限融资能力限制和约束了创业规模大小。如果传统农区的居民不受金融抑制的影响，那么创业将提供高得多的报酬，农业生产条件所能带来的职业选择的机会成本的差别也将不再重要，从而不会存在这种"资源诅咒"。第二，劳动力自由流动受到限制。改革开放初期，我国农民无法自由流动和自由选择职业。正是这一原因导致创业活动的机会成本由农业生产条件所决定，进而形成了传统农区这种"资源诅咒"现象。如果劳动力可以大规模地流向城市，流向具有更高工资收入的城市制造业或者服务业部门，那么创业活动的机会成本将不再由农业生产条件来衡量，从而不会再有上述"资源诅咒"的解释。第三，居民关于消费和储蓄的偏好类型具有拟线性偏好的特点。在对传统农区"资源诅咒"问题的解释上，依赖居民的储蓄函数随收入递增的特点。这与低收入经济体所呈现的恩格尔定律相一致，也与经济起飞理论相呼应。第四，市场整合有限。如果市场整合良好，那么创业者投资机会的选择将不再局限于当地产生的投资机会，企业家可以在整个市场寻求投资机会而不会一定形成当地的工业化。因此，传统农区的"资源诅咒"这一现象也仅限于这一特定条件。随着市场整合程度的提高，资源更为优异的地区将获得更好的发展和投资机会，"资源诅咒"这一现象也将不再存在。

在新的经济和社会条件下，产业转移为传统农区的工业化开辟了新的道路，企业家形成和发展机制更多受宏观经济环境的影响。外部环境因素是决定外来企业家形成和发展的关键。

　　最后，本书总结了此项研究的诸多创新成果及不足，并在此基础上指出了继续研究的方向：从横截面及时间序列两个方面拓展研究数据，以期使经验研究具有更好的效果；引入制度和文化等控制变量，以避免在时间序列数据拓展以后，此类影响因素的扰动；引入生产要素的跨区域流动，使研究可以贴近当前的社会经济环境；验证在本书中提出的一系列新假说如"农业比较优势陷阱"及民间金融与正规金融之间的"挤出"效应；将本书的理论模型动态化，从而使研究的内容不局限于比较静态分析，而是可以从动态一般均衡的意义上解释欠发达地区的工业化问题。

　　关键词：资源诅咒，企业家，传统农区，工业化

ABSTRACT

The traditional view of development economics is that capital formation was regarded as a key factor for an agricultural society's industrialization. According-ly, we can get the following corollary: the regions with poor agricultural produc-tion conditions were more difficult for capital accumulation and starting industrial-ization progress than the regions with better agricultural production conditions. However, the paper has observed the opposite cases that compared with their neighbors, some regions with better agricultural production conditions have lagged behind in economy development and industrialization. This paper argues that ag-ricultural production conditions have not only a positive effect of capital formation which benefit industrialization, but also an inhibitory effect of entrepreneurship. The paper defined the inhibitory effect as "resource curse of agricultural produc-tion conditions".

The resource curse formed by agricultural production conditions is a trap to prevent the agricultural regions from starting their industrialization. Based on the literature review in chapter 2, the paper has proposed a hypothesis to explain the mechanism of the "resource curse": endowment differences in agricultural pro-duction conditions have caused a selection effect on residents' choice of career. In the region with better agricultural production conditions, the residents tend to choose farming as their occupation because of the steady return, which is not con-ducive to the production of entrepreneurs as well as the course of industrializa-tion. To test the hypothesis, the paper has made an empirical research by using the local economic data of 18 districts in Henan province though 13 years. And, the results lend their support to the hypothesis. Moreover, the effect of agricultur-

4

al production conditions to entrepreneurship is nonlinear, which can be described as a U-shaped curve. So, the particular "resource curse" occurs conditionally. It can be found only in the areas with better agricultural production conditions and low income. The results of empirical research also show the comparative advantage in agriculture may produce a "crowding out" effect. Business cycle and financial developments will produce a non-linear effect on entrepreneurship. And, the comparative advantage in agriculture will restrict the positive impact on entrepreneurship produced by financial development and business prosperity. In addition, the results of the study have implied that the increments of formal financial institutions and private finance were contrary.

The results of empirical research have supported the hypothesis presented in this paper, but it still needs a theoretical explanation to clarify the mechanism of the "resource curse". In chapter 4, the paper constructs a career choice model to explain the mechanism. The model has pointed out that differences in agricultural production conditions lead to different farming income, which is the opportunity cost of entrepreneurial activity. Better conditions for agricultural production mean higher opportunity cost of entrepreneurial activity, and thus the higher opportunity cost suppressing entrepreneurial activity with high risks. Meanwhile, the theoretical model has depicted the necessary conditions for "resource curse". Firstly, the restricted financing capacity is an important condition of "resource curse". Under the situation of financial repression, the restricted financing capacity has limited the scales and returns of entrepreneurial activities. Without the financial repression, the returns of entrepreneurial activities will be higher and the opportunity cost will no longer be important, so there will be no such "resource curse". Secondly, the restricted labor mobility is another important condition of "resource curse". At the beginning of China's reform and opening up, rural residents didn't have enough opportunities to get a non-agriculture job. It is the reason that led to the opportunity cost of entrepreneurial activity determined by the agricultural production conditions, thus forming the "resource curse" phenomenon of the traditional agricultural regions. If the labors can go to urban areas and seek jobs offered by manufacturing or services sectors which provide higher salaries, the opportunity cost of entrepreneurial activity will no longer be measured by the agricultural production conditions. And, there will not be the "resource curse" phenomenon. Thirdly, the presupposition, the rural residents' preference for consumption and saving should have quasi-linear characteristics, is necessary. The explanation of the "resource curse" model depends on the rural residents' incremental saving function, which is based on quasi-linear preference. The presupposition has consisted with Engel's law which is used frequently to describe the low-income consumer's behavior, and corresponded to Rostovian take-off model. Fourthly, low degree of market integration is also one of the conditions of "resource curse". If the market is well-integrated, then entrepreneurs may seek investment opportunities in the whole market instead of the local investment opportunities. Thus, the "resource curse" phenomenon is limited to the specific conditions. As the degree of market integration improved, the better resource regions will get better development and investment opportunities, and then the "resource curse" phenomenon will no longer exist.

In the new economic and social environment, industrial shift presents a new approach to industrialization for the traditional agricultural regions. Industrial shift also changes the entrepreneurs' formation and development mechanism. The factors of macroeconomic environment will play a key role in the entrepreneurs' formation and development.

Finally, the paper has drawn the conclusions of the study. On the basis of summarizing the innovations and deficiency of the study, the paper also points out the direction of the successive research such as: expanding data from cross-sectional and time-series to make the empirical research better; introducing institutional and cultural variables to the model to control their disturbance to the Regression Analysis; considering the inter-regional flow of the product factors to make the research describing real-life better; testing the new hypotheses provided by the paper such as "crowding out" effect between the private finance sector and the formal finance sector or "agricultural comparative advantage trap"; dynamiting the theoretical model so that the content can explain the industrialized progress of the undeveloped regions in the sense of dynamic general equilibrium without limited to comparative static analysis.

KEY WORDS: Resource Curse, Entrepreneur, Traditional Agricultural Regions, Industrialization

目　录

1 引言

1.1 问题的提出

传统农区属于经济发展的边缘地带，以河南为代表的传统农区近 20 年的各项统计指标在全国各省市的排名和占比，可以充分地体现这一点（见表 1 - 1）。

表 1 - 1 河南省近 20 年主要经济指标全国占比及排名

单位：%

年度	1990		1996		2001		2006		2011	
类别项	比例	排名	比例	排名	比例	排名	比例	排名	比例	排名
粮食	7.6	3	7.6	3	9.1	1	10	1	9.7	2
棉花	15	2	18	2	16	2	12	3	5.8	5
油料	9.4	3	13	2	13	2	16	1	16	1
生产总值	5.1	6	5.4	6	5.9	5	6	5	5.7	5
城镇居民人均全部收入	83	24	79	24	77	31	81	19	81	23
城镇居民人均可支配收入					77	31	83	17	83	20
城镇居民人均消费支出	84	24	77	27	77	30	77	27	81	21
农民人均总收入					88	20	89	20	89	18
农民人均纯收入	77	26	82	20	89	17	91	17	95	16

年度	1990		1996		2001		2006		2011	
类别项	比例	排名	比例	排名	比例	排名	比例	排名	比例	排名
农民人均生活消费支出	74	28	77	24	79	22	79	23	83	25
人均生产总值	67	28	72	20	79	18	83	18	82	24

从表 1-1 可以看出,河南作为传统农区,主要粮食作物的产量近 20 年来始终居于全国前列,这种产出结构,也奠定了河南作为农业大省的地区定位。但是,与之相伴的是,在人均指标的衡量上,河南各项指标均落后于全国平均水平。而人均生产总值,在经过近 20 年的发展后,尽管排名有所提升,但是,仍居于全国的中下游水平。这说明,河南作为传统农区,如果希望利用比较优势原理,发挥传统农区的优势,在当前农业生产附加值低的条件下,显然不足以走上经济快速发展的道路。

但是,从表 1-1 可以看出,值得关注的是,河南省经济发展的轨迹,从 1990 年开始,经过 1996 年到 2001 年这 10 年时间,河南省人均生产总值在全国的排名,从 1990 年的全国排名第 28 名,到 1996 年提升到全国排名第 20,再到 2001 年、2006 年达到全国排名第 18,这一期间,人均生产总值相比于全国平均水平,始终保持了稳定的增长,并且,在全国排名中,保持了较快的提升速度。人均生产总值排名的提升,其来源是什么?对比河南省历年生产总值的发展状况我们可以发现:20 世纪 90 年代之后,河南省经历了经济的高速发展时期。

从图 1-1 可以看出,河南作为内陆地区,经济快速发展的时间明显晚于沿海等经济发达地区。河南经济的高速增长,始于 20 世纪 90 年代而非改革开放时的 80 年代。结合图 1-2 我们可以看出,河南 90 年代后的经济快速发展,是以工业为主的第二产业的兴起引致的。90 年代之后,第一产业在国民经济中的占比开始明显降低,与此相对应,以工业为主的第二产业在经济发展中所占份额越来越大,第二产业的占比明显提高。河南省生产总值与历年来产业结构的变化趋势,结合河南省人均生产总值在全国的排名提升状况,充分说明:即便是传统的农业大省,也必须依靠以工业为主的第二产业的发展,才能带动地区经济的快速增长和地区综合经济实力的提升。而发展以工业为主的第二产业,启动工业化进程,则必须依赖工业企业的兴起。

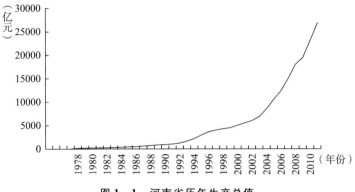

图 1-1　河南省历年生产总值

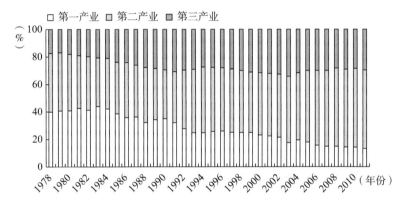

图 1-2　河南省历年生产总值产业占比

从图 1-3 中我们可以看到，与河南省 90 年代人均生产总值在全国排名的大幅提升相对应的另一经济现象，是私营和个体企业等非公有制企业

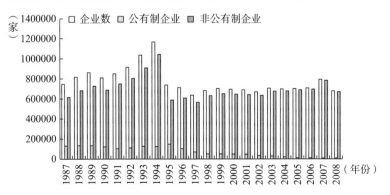

图 1-3　河南省历年不同所有制企业数量

3

数量的大幅度增加。90年代之后，1991年到1994年，非公有制企业数量保持了连续四年的高速增长，分别达到了8.71%、7.3%、13.05%、14.79%，这一时期企业数量的连续增长，表明这一时期企业家创业精神处于活跃阶段，企业家精神的活跃推动了地区经济的发展，也大力推动了河南的工业化进程。

1.2　选题背景和意义

1.2.1　选题背景

上面的各项统计数据表明，作为传统农区的河南，要实现地区经济的快速发展，必须走上工业化道路，启动工业化进程。而启动工业化，需要工业企业的兴起和发展，需要大量具有创业精神的企业家群体的崛起。从我国理论界对农村工业化的研究来看，认为农村工业化的推动力量可以粗略地分为农村内源型和城市工业扩散外源型两种（申茂向等，2005）。从传统农区所处的外部环境来看，地处内陆，远离国家中心工业区，这种外部的约束条件，显然使得传统农区并不具备走上城市工业扩散外源型道路的条件。而农村内源型的工业化发展道路，依赖的正是具有创业精神的农民自我创业，从而实现由农业向非农业产业的转变。

从我国现有的农村工业化的发展模式和道路来看，珠三角地区，凭借紧临香港的区位优势及改革开放的政策优势，通过招商引资、三来一补率先走上了工业化道路。而紧临上海的苏锡常地区，同样凭借其优越的地区位置和先决条件，借助上海工业中心的辐射力量，通过发展乡镇企业开启了工业化道路，成就了"苏南模式"。可以说，从目前我国农村工业化的发展道路来看，苏南地区和珠三角地区，都是通过城市工业扩散外源型的推动力量开启了最初的工业化进程。

当然，在工业化的发展过程中，这两个地区的农村人口，开始兴办非农产业，实现了内源型农村工业化和外源型工业化相融合的综合型发展道路。而农村工业化的另一典型地区——温州则走出了完全不同的模式。温州作为远离中心工业城市的区域，缺乏发展工业化所必需的资源和区位等优势，但是，温州采取"离土不离乡"的发展方式，大力发展家庭工业，开启了工业化道路。同时，大量的温州人离乡开拓市场，为其家庭工业的发展提供了市场保障，形成了独特的"温州模式"。

从温州工业化的发展道路来看，完全是内源型的农村工业化。而温州尽管在农业资源上与传统农区存在差异，但是，在工业发展所需要的各种要素禀赋上，其与传统农区具有相当多的共通之处。从前一阶段传统农区部分地区的工业化来看，绝大多数也确实走上了和温州一样的内源型工业化道路。2006 年，一项对河南省农村工业发展的调查（罗军，2010）显示，河南全省 192 个产值超亿元的农村产业集群全部是内生型的。而且，从对河南省地区工业发展的实地调研我们发现：恰恰是缺乏自然资源优势和其他发展条件，甚至是连传统农区最基本的农业资源禀赋一并缺乏的地区，如长垣、长葛等地，率先开启了工业化进程。而传统观点认为，传统农区属于经济发展的边缘地带，缺乏资本形成，这将导致其工业化进程更依赖优势的自然资源、独特的区位条件或国家区域经济发展政策等。但从河南省率先开启工业化的长垣县、长葛市来说，相对于传统农区农业资源丰富的其他地区，最不可能为工业化发展形成资本积累的这些资源匮乏地区，却率先开启了工业化进程，成长起众多的企业，推动了整个农区的工业化。与此对应的是，按照传统观点资源禀赋条件较好的黄淮四市却未能实现有效的工业化。现实的状况使我们不得不重新审视传统农区工业化的发展条件。长垣县、长葛市这些区域的工业化进程，更多地依赖本地企业家建立的工业企业的兴起，而非依赖外部投资形成的工业企业的带动。传统农区这些资源匮乏的地区，走的是典型的内源型工业化发展道路。是否在传统农区，资源禀赋较差的地区较禀赋更优的地区更有利于企业家的形成，从而推动工业化的发展？这是一个值得检验和认真探讨的问题。对这一问题的深入探讨将有助于认识传统农区工业化产生和启动的内在机制，推动传统农区构建启动工业化进程的制度机制。

工业化是经济演化的必然结果。在中国，工业化的发展过程中不但要建设工业化的城市，还要建设工业化的农村。回顾新中国成立后中国工业化的进程，经历了初步工业化阶段，到工业化调整阶段，再从 1993 年到现在的明显高度化阶段，取得了举世瞩目的成就（张新刚，2003）。李成贵等（2002）在库兹涅茨、钱纳里等人研究的基础上，从农村工业化的理论角度切入分析了农村工业化的发展，认为改革开放以来中国的工业化发展相当部分是在农村发生的，农村工业化显著加快了国家的工业化进程。为什么中国改革开放后最早兴起的工业化相当部分是在农村发生的，欠缺工业化基础和条件的农村为什么会催生工业化？工业化进程中企业及企业家产生的条件及内在机制是什么？现阶段沿海农村的工业化已经基本实现，而缺乏资源、区位等禀赋优势的内陆传统农区，能否启动工业化进程，能否产生一批具有活力的企业及企业家？在传统农区，产生内源型工业化的企业及企业家的条件是什么？对这一系列问题的回答将会是本书分析的起点。

1.2.2 研究意义和应用价值

河南省作为传统农区，如何在缺乏资源优势的条件下寻找合适的工业化道路，是经济发展中不可回避的问题。本书的研究意义在于探讨传统农区在面临资源约束的情况下，作为经济发展的边缘地带，在沿海地区已经形成先发优势的前提下，启动工业化的内在机制，探索启动工业化的微观主体——企业家在传统农区经济发展过程中的形成和发展机制，为推动河南省传统农区工业化的发展构建微观基础。

（1）本书以传统农区工业化进程中的企业及企业家的形成作为分析基础，探索传统农区内生工业化进程中企业家产生和发展的内在机制。运用机会成本及外部约束机制解释自然资源等禀赋更差的传统农区更易催生工业化，丰富了工业化的理论。

（2）本书把企业家的经济行为纳入分析框架，把对传统农区具有重要作用的生产要素——企业家精神——还原到经济体系中来，在理论上还原企业家作为最重要生产要素的功能，增强了对传统农区相关经济现象的解释力。

（3）本书将传统农区所面临的资源环境、社会结构、网络关系等因素纳入对传统农区工业化行为主体的分析，同时引入了金融体制这一重要正式的制度约束机制。通过对影响企业家成长的各种因素的引入，分析传统农区工业化的行为主体企业家的行为选择，从而为传统农区启动和加快工业化进程制定相应的正式制度，培育有利于传统农区启动工业化进程的非正式制度做出了一定的探索。

1.3 研究范围的界定

1.3.1 对传统农区的界定

在对我国工业化的发展过程的研究中，耿明斋（1996）最早提出了"平原农业区"概念，并对此做了最初的界定。平原农业区是指"我国中部包括黄淮平原、华北平原及东北平原在内的广大地区，从行政区划上看包括安徽北部、河南东部、山东西部、河北中南部以及辽宁、吉林、黑龙江的中西部地区"。之后，在对平原农业区工业化研究进一步深入的基础上，耿明斋（2004）针对平原农业区经济不发达的特点，在《欠发达平原农业区工业化若干问题研究》一文中，又进一步将此片区域概括为"欠发达平原农业区"。王理（2008）在耿明斋研究的基础上，提出"传统平原农业区"的概念，运用 GIS 技术，将这一区域界定为河北、河南、安徽、江苏、山东等 5 个省的 260 个行政县（市）。与耿明斋最初界定的"平原农业区"相比，增加了江苏的部分地区，但减少了包含在辽宁、吉林、黑龙江三省的区域。从王理对传统平原农业区界定的范围来看，区域界定更加明确，因此，更易于将传统平原农业区和其他区域从统计意义上进行比较分析。随后，王理又在传统平原农业区基础上，浓缩提炼出"传统农区"这一概念。

从研究"传统农区"的各位学者对这一区域的经济结构特征的分析来看，耿明斋（1996）认为平原农业区具有以下经济社会特征：地处内陆、农业生产条件较好、缺乏矿产资源、乡镇企业十分薄弱、意识落后。王理（2008）则将传统农区所具有的经济社会特征概括为"地处内陆、缺乏可供开采加工的自然资源、农业经济比重过高但产业结构层次较低、人口众多但思想相对比较封闭、小农意识仍占主导地位的经济发展相对落后的平原地区"。宋伟（2009）认为，产业结构方面农业仍然居于主导地位，自然资源匮乏，资本严重不足，人口密度大、存在大量富余劳动力，城镇化水平低，社会发展滞后等特点构成了传统农业经济社会的主要特征。

从这些学者对传统农区的经济社会特征的概括总结不难看出：传统农区在现代经济社会中，既不具备区位优势，也不具备自然资源优势，并且，由于农业居于主导地位，产业结构层次低，因而无法积累充足的资本启动工业化。从各位学者对传统农区各种经济社会特征的概括来看，很显然，传统农区是资源禀赋严重不足的区域。但是，在这种"资源禀赋严重不足"的地区，却又呈现资源禀赋丰裕的地区所出现的人口状况：人口多、密度大。这种资源禀赋现状与人口发展的特点显然是不符合规律的。

实际上，从前面各位学者对传统农区的界定和特征归纳总结来看，出现这一问题的原因在于没有明确理解"自然资源"的范畴。资源是指"社会经济活动中人力、物力和财力的总和，是社会经济发展的基本物质条件"。① 从广义来看，资源包括自然资源、经济资源、人力资源、社会资源等各种资源，从狭义来看，资源仅指自然资源。如"资源诅咒"当中的"资源"实质上是指"自然资源"。而自然资源是存在于自然界，在现代经济技术条件下能为人类利用的自然条件，既是人类赖以生存的重要基础，又是人类社会生产的原料或燃料及人类生活的必要条件和场所，一般可分为矿产资源、土地资源、水资源、气候资源、生物资源、海洋资源等。②

从传统农区的特点来看，资源不足实际上是从现代经济发展的需求角度来说的矿产资源不足，并不是总的资源不足。能称之为农区，是由于农业生产条件好，因此，土地资源、水资源相对于其他区域而言，是丰裕的，而非匮乏的。也正因为此，才足以养活众多的人口，使他们能在这块区域繁衍生息，才形成了缺乏创新和冒险精神的农耕文化和保守的思想。因此，站在更广义的范畴和更长的时间维度理解大家研究的传统农区，其并不是真正意义上资源禀赋匮乏的区域，而是在农业社会属于资源禀赋优越的区域，在工业社会中，属于资源匮乏的区域。考虑到本书所研究的区域范围是传统农区，因此，本书对资源禀赋的界定就狭义地理解为土地资源，采取的测算方法就是人均耕地数量（Wood 和 Berge，1997）。而对于传统农区的界定，从土地资源禀赋优越与否这个意义上来说，本书更认同耿明斋对平原农业区的范围界定。

由于本书力图解释为什么位于传统农区的长垣县、长葛市在缺乏自然资源优势及其他发展条件的前提下，率先成长起一批企业家、开启了工业化，

---

① 《中国大百科》，http://www.cndbkcom.cn。
② 《中国大百科》，http://www.cndbkcom.cn。

而资源禀赋条件较好的黄淮四市却未能实现有效的工业化这一问题，因此，对传统农区资源禀赋及经济地位随时代变迁发生改变的这一认识，有助于我们正确地分析资源禀赋匮乏区域的发展道路，探求资源禀赋匮乏区域发展的内在机制，为工业化发展环境下，探求解决资源禀赋不足的落后地区的发展机制厘清思路，为开启传统农区工业化寻求现实基础，构建理论框架。

1.3.2 本书对传统农区研究区域的选定

由于本书研究的最终目的在于探求传统农区在工业化所需要的资源禀赋匮乏的情况下如何启动工业化，因此，确定好传统农区的研究地域是本书不可回避的问题。之前的学者耿明斋将平原农业区界定为"行政区划上包括安徽北部、河南东部、山东西部、河北中南部以及辽宁、吉林、黑龙江的中西部地区"，王理将传统农区界定为包括河北、河南、安徽、江苏、山东等5个省的260个行政县（市）。他们在研究的地域上存在不完全共同性，但是，河南、安徽、山东则属于他们认可的传统农区（平原农区）共同界定的范畴。尽管本书的研究地区是传统农区，但是，考虑到数据收集的可得性、实地调研的方便性，本书将以河南省为研究传统农区的代表。之所以选择河南省作为分析对象，其主要的依据来自以下两个方面。

第一，河南属于黄河下游地区，是华北大平原的主要组成部分，河南省在我国农业发展方面具有重的战略地位，粮食产量接近我国粮食年产量的1/10（2011年占9.7%），排名全国第二；油料产量占我国油料年产量的16.1%，位居全国第一。肉类、奶类年产量也位居全国第三、第四。从河南省的农业产量及产值可以推论出，河南省的农业生产在全国范围内具有举足轻重的地位。由河南省农业产出在全国的领先地位，很显然可以推论出，河南省农业在整体经济中的份额比全国其他省份要大。实际上，河南省大部分区域都属于农区，因此，以河南省为传统农区的分析对象，是具有代表性的。

第二，河南省在当前的经济建设过程中，迫切需要解决的问题就是如何实现工业化。而作为传统农区的地区定位，使河南承担着维护国家粮食安全的重任。从国家层面来说，不允许河南放弃农业生产。正是在这种约束条件下，河南省提出了三化协调的发展思路，力图实现工业化、城镇化、农业现代化的协调发展。因此，在新的形势下，选择河南作为研究对象，对于探讨传统农区的工业化道路，无疑具有重要的现实意义。

1.3.3 企业家形成的标志界定

本书通过总结前面学者的经验，已经界定了传统农区的范围和特点。而研究传统农区企业家的形成机制，首先要求明确界定企业家的形成标志，然后才能去探讨企业家的形成机制。从本书研究的背景及思考的问题看，本书所研究的传统农区的企业家形成，并不只是简单的在传统农区某些脱离于农业生产，以专业投资和工业化再生产为手段追求利润的人员的形成机制，而更在于在面临资源、环境约束的传统农区，企业家如何成长并成为推动和影响农区经济发展的力量和条件。因此，本书对企业家形成机制的研究，一个很重要的前提条件就是企业家形成标志的界定。结合本书研究的目的，对企业家形成标志的界定，必须满足以下几个条件：①企业家的形成并不是某个个体或单个企业家的成长，而是以某一地区形成了企业家群体作为考察和研究的依据；②企业家群体的形成影响了地区经济的发展；③企业家的形成对地区经济的产业发展和集聚起到了关键性的作用。只有满足以上三个条件，企业家才能对地区的工业化和经济发展起到重要的推动作用，否则，传统农区的工业化单凭个别企业家是难以完成和实现的。鉴于此，本书所研究的企业家形成，实际上是以传统农区某一地区已经形成了特定产业群为研究背景和基础，来界定企业家的形成机制。在这一背景条件下，我们更深一步地挖掘和探讨企业家群体的生成是否与个别企业家的示范带头作用、获得的超额报酬有关，从这方面一层层深入，来寻求本书研究的思路。

1.4 研究思路

新古典的生产函数告诉我们，人均产出的差别来自人均资本积累以及其外的"索罗剩余"。这似乎可以解释中国经济增长中的一些事实：改革开放以来，广东、江浙一带的经济增长远远领先于中国的中西部地区。从人均资本的角度来理解，这当然是因为广东和江浙的人均资本高于中西部地区；从"索罗剩余"来理解，可以解释为改革开放初期不平衡的对外开放政策。无论如何，这些解释都合乎我们对理论认识的直觉。

但是，当我们把研究的尺度缩小到更小的区域时，却难以用上述理论解释这些现象：工业化初期的资本积累主要应来自传统的农业，但是在河南省内，农业生产条件具有明显优势的黄淮四市（商丘、周口、信阳、驻马店）自改革开放以来，非但没有成为河南经济增长的领头羊，反而在河南各地级市经济增长的排名中垫底。显然，改革开放初期的人均产出（以及人均资本）在河南省各地市之间的差异无力解释这一现象，那么我们应当从"索罗剩余"中寻找合理的解释。考虑到一省之内的改革开放政策差异甚小，因此用"政策"的差异来理解上述现象显然是不够的。打开"索罗剩余"这个"黑匣子"固然可以从多个角度来进行尝试，如资源禀赋方面的差异、社会的发展水平、劳动者的素质甚至性格特征、制度和文化的因素等，但本书并不想着力于计量上述变量，而只是提供一个新增的理论假说以丰富和发展理论的探讨："在特定的初始条件下（工业化初始时期），其他外生条件相同的情况下，较好的农业生产条件不利于企业家的形成，而较差的农业生产条件有利于企业家的形成。企业家形成的差别导致了经济增长的差别。"

广东、江浙领先于中西部地区的现象，其主要的决定因素可能是人均资本或者"索罗剩余"中的技术、制度与文化；而黄淮四市落后于河南其他地级市的现象，其主要的决定因素则有可能是企业家形成机制的差别。按照上述思路，本书试图回答的问题主要有三个：第一，工业化初期，具有农业生产优势的地区是否会受制于传统的优势资源禀赋条件，从而抑制企业家的形成，抑制创业活动的开展，最终抑制工业化的起步（第三章）？第二，工业化初期，企业家的形成与初始的农业生产条件是什么关系，它是否可以与行为人的最优选择的一般均衡模型相洽，如果是这样，什么样的经济与社会条件会导致这种现象的发生（第四章）？第三，除了自发的企业家形成机制之外，一个地区的经济增长和工业化的发展还依赖什么样的条件（第七章）？

1.5 内容安排

第一章为引言。主要介绍了研究背景、研究意义与应用价值，研究思路、研究方法与技术路线，主要创新点与未来研究展望等。

第二章为文献回顾与评述。本章是对已有的相关理论和国内外研究现状进行回顾和评述，主要从企业家精神认识、企业家精神的测量指标、企业家精神形成的影响因素等方面进行重点回顾。在总结前人文献的基础上发现问题，寻找解决问题的切入点和突破口，为本书的研究提供坚实的理论基础。

第三章提出本书的一个重要假说：农业生产条件的禀赋差异对于企业家的形成具有重要的选择作用。具有较好农业生产条件的地区，不易形成企业家群体，从而不利于启动本地区的工业化进程；农业生产条件相对较差的地区，更易于形成企业家群体，从而有利于启动本地区的工业化进程。本章将以河南省 18 个地级市为研究对象，通过对相关农业资源禀赋数据和产业发展及经济增长等数据的考察，以计量经济学的手段检验上述假说，通过经验研究的方法验证本书所提出的观点。

技术方法为在对有关文献梳理的基础上提出创新型的假说，以数据面板的计量方法及检验工具来验证这一假说，并通过各地区的统计数据证明，传统农区工业化过程中，自然资源更缺乏、经济更落后的地区，其工业化起步要快于禀赋更优的传统农区。传统农区的工业化的起步依赖企业家的形成，而企业家的成长成为传统农区落后地区工业化发展最重要的推动力量。

第四章将对第三章的假说给出一个理论上的解释。本章设计了一个模型，从而在理论上解释为什么农业生产条件较差的地区更易于出现企业家群体。模型的假说：①企业家的先天因素在于其风险偏好态度与一般居民存在差异；②一个地区行为人职业选择的差异决定了这一地区工业化是否可以顺利展开；③职业选择的最优决策不仅受风险偏好的影响，还受到外部约束条件的作用，其中农业生产条件是一个重要的机会成本约束条件。模型的结论：推动传统农区工业化的微观行为主体——企业家所面临的外部资源禀赋环境作为约束变量，通过引入这一约束变量，分析具有企业家能力的微观行为主体在面临不同外部环境约束时的选择机制，从而构建起传统农区内生工业化的产生机制。

第五、六章分别讨论了本书模型中所涉及的金融抑制条件和劳动要素流动受限条件。这两个条件在中国的现实情况究竟如何，是本书立论是否成立不可或缺的部分。也正如书中所示，中国市场机制改革的初期，无论是金融抑制还是劳动力要素流动的状况都合乎本书的假设，从而为立论增强了说服力。

第七章讨论在经济与社会条件发生重大变革以后的时期，来自本地以外的资本等要素如何投入当地的经济发展。经济增长模式一方面取决于当地的资本形成和资源要素的投入，另一方面也取决于来自区域之外的资源要素的投入。对于国别之内的区域增长与发展来说，随着市场的整合、要素的正确定价、制度环境的不断完善、企业家网络的形成、产业集聚的发展等诸多因素的合力，经济增长和经济发展呈现完全有别于本地自然的增长过程。

第八章作为全书的总结，将综述全书所取得的研究成果和重要结论，并在此基础上给出支持欠发达的平原农区企业家形成及经济增长的政策建议。

1.6　技术路线

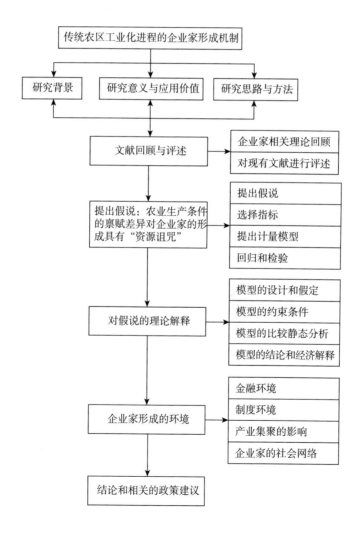

1.7　研究方法

在本书的经验研究中，使用了面板模型的回归分析方法。选取了适宜的代理变量描述企业家形成、农业禀赋等解释变量；选取河南省18个地级市的数据为研究对象；采用了固定效应回归方法；考虑到理论模型中农业生产条件对企业家形成所造成的两种方向相反的影响，书中通过平方项和交叉项来识别"资源诅咒"的影响；最终检验了传统农区存在的农业生产资源与企业家形成之间的"资源诅咒"现象。

在对"资源诅咒"的理论解释中，本书通过构建一个两部门的一般均衡模型，将剩余劳动力、有限融资能力等设定纳入两部门的生产和收益函数，通过比较静态分析，解释了传统农区存在的农业生产资源与企业家形成之间的"资源诅咒"现象。并且保证了理论模型与经验研究的结果的一致。

1.8　创新之处

（1）本书对企业家形成与传统农区工业化之间的关系进行了分析。在此基础上，通过数据的检验提出关于农业生产条件对企业家形成的"资源诅咒"现象。指出农业生产条件可以是资本积累方面的优势，也可以是居民创业活动方法的"资源诅咒"。与传统的研究相区别，本书指出了农业生产条件对工业化的起步、发展并非一种线性影响关系，而是类似于U型曲线的非线性关系。

（2）农业生产条件的比较优势可能会产生一种"挤出"效应，反映在经济的繁荣周期及金融发展情况会因为这种比较优势的不同对创业活动产生一个非线性的影响，农业生产条件的比较优势抑制了经济的繁荣周期和金融发展对创业活动的积极影响，从而产生一种"挤出"效应。

（3）本书构建的均衡模型解释了企业家形成与农业资源禀赋之间的"资源诅咒"现象。与以往研究相区别的是，尽管文献中涉及微观基础的模型并不少见，但在这一问题上，建立于中国现实基础上的均衡分析模型确属创新。本书根据中国的现实抽象出了一些关键的理论假设，弥补了以往文献对这两方面结合的不足。

（4）优势的农业资源可能对工业化产生"资源诅咒"。但这种现象的发生存在一定的条件，本书提出的"有限融资能力"是导致这一现象的重要因素，同时要素市场整合不足所导致的要素流动受限也是导致这种特定"资源诅咒"的重要因素。因而金融深化和市场整合将是欠发达地区推进工业化的重要举措。

2 理论基础与相关文献回顾

本章在前人研究的基础上，对已有的相关理论和国内外研究现状进行回顾和评述，以寻找解决问题的切入点，为本书的研究提供理论基础。本章主要从企业家理论、企业家与经济增长、企业家成长影响因素等方面进行文献综述。

2.1　企业家理论及述评

企业家（entrepreneur）一词最早由坎蒂隆（Richard Cantillon）引入经济学理论。坎蒂隆认为企业家是风险承担者，他们以确定的价格购买并以不确定的价格卖出，通过承担风险来获益。萨伊（Jean Baptiste Say）在坎蒂隆的基础上，提出了企业家所应该具备的基本素质和职能，明确赋予了企业家生产指挥协调者的角色，并将企业家看作土地、劳动、资本之后的第四种生产要素。其后的经济学家马歇尔（Alfred Marshall）则对企业家进行了比较全面的论述，强调了企业家对企业组织的领导协调作用，并且，对企业家承担的多方面职能如中间商、创新者和不确定性承担者等方面进行了研究。马歇尔第一次将企业家才能作为第四种生产要素引入生产函数，探讨了企业家报酬和资本利息的区别，为企业家在分配领域获取利润奠定了理论基础。

马歇尔之后，对企业家的研究以熊彼特（J. A. Schumpeter）的创新理论最具影响力，他明确了企业家的创新者角色，企业家作为创新者，是有能力、有眼光的风险偏好者，他们将生产条件和生产要素的"新组合"引入生产体系，从而建立新的生产函数，通过创新影响经济发展。企业家只有对经济环境做出"创造性的破坏"，并且推动经济向前发展，才能称为企业家，因此，企业家是资本主义经济发展的发动机。并且，企业家通过自身的创新行为推动了经济发展，并影响了现实经济生活中的商业周期。同时，熊彼特明确了企业家与资本家的区别：企业家不是风险承担者，承担风险的是向企业家提供资本的资本家。奈特（Frank Knight）对企业家理论的研究则在对不确定性和风险进行严格区分的基础上，赋予了企业家不确定性决策者的角色。他认为企业家是在高度不确定环境下进行决策并承担后果的人，企业家通过分析判断不确定性中的风险获取利润，企业家的作用就是处理经济中存在的不确定性。莱宾斯坦（Harvey Leibenstein）则从管理的角度强调了企业家作为管理者的职能，企业家的职能就在于克服组织中的 X 低效率。舒尔茨（Schultz）认为企业家是经济现代化和经济从非均衡到均衡恢复过程的关键角色（郑江淮、袁国良，1998）。企业家具有异质性人力资本，这种异质性使其对市场上潜在的获利机会具有敏感性，促使其能对经济变化做出反应，合理配置所拥有的资源要素，推动经济恢复均衡。另外，舒尔茨也从人力资本投资的角度分析了获得企业家能力的途径：他一方面承认了企业家能力有一部分来源于天生，另一方面也强调可以通过后天的教育、经验、保健等人力资本投资来获得。

哈耶克（Hayek，1937）和科兹纳（Kirzner，1978）都强调了企业家在获取使用信息方面的作用。哈耶克认为，企业家是获利信息的敏感者，会随时利用机会进行套利。科兹纳认为企业家作为"中间商"，可以发现有利的市场机会，将各生产要素进行结合以获得利润，企业家的作用是弥补信息不完全的缺陷，最终将市场带向长期均衡。卡森（Casson，1982）则引入人的有限理性假设和信息的主观性假设，通过构造动态分析框架，从企业家的内生性偏好出发，强调了企业家在市场不同资源所有者之间的套利功能，同时，他认为企业家通过自身的交易活动，保持了市场的灵活性。德鲁克（Drucker，1985）则强调了创新与企业家精神之间的关系。而鲍莫尔（Baumol，1990）定义了生产性企业家和非生产性企业家，并认为创造财富的生产性企业家才是社会真正需要的资源。

新制度经济学家科斯（Ronald Coase）对企业家的研究则认为企业家是在一个竞争的市场机制下替代价格机制实现资源配置的一群人。诺斯（North，1990）在科斯交易费用理论基础上，赋予了企业家制度创新主体的角色。其后威廉姆森（Oliver Williamson）提出企业家就是组织创新的组织者。德姆赛茨（Harold Demsetz）则提出"团队生产理论"，认为企业家是企业这个团队生产运行的最佳指挥者。

我国对企业家理论的研究开始于20世纪90年代之后，主要代表人物有以"资本模式"为理论出发点的张维迎（1995，1996），杨瑞龙、周业安（1997）。这个模式的突出贡献在于明确了企业家之所以成为企业家的前提条件，核心是寻求企业家的所有权。另一派是以"人力资本模式"为代表的周其仁（1996）、方竹兰（1997），这一模式明确了企业家与人力资本的相关性，指出人力资本的所有者也可以成为企业家。学术界对企业家研究的另一主导模式就是"创新模式"，以张胜荣（1995）、徐志坚（1997）为代表。这一派是在熊彼特的理论基础上，试图让创新朝规范化与计量化的方向发展。他们把这种促进经济发展的力量称为看不见的资源（张胜荣，1995）或无形资产（徐志坚，1997）。

从国内外对企业家理论的研究来看，各学者对企业家的概念及内涵持有不同的观点。对企业家不同角度的理解恰好也反映了企业家所承担的社会功能的多样性。回顾总结国内外理论学界对企业家的定义和概念，我们认为耿明斋、李燕燕（2009）对企业家内涵的定义基本包含了企业家所承担的各项功能：企业家就是能够发现和利用一切可能的机会实现创新和发展、将经济资源从生产力和产出较低的领域转移到较高的领域并对决策全部后果承担最终责任的人。在这一定义中，企业家的创新功能、资源配置功能以及市场功能、决策功能都得到了体现。

随着国内外对企业家理论研究的深入发展，现在对企业家理论的研究已逐渐从强调企业家概念的内涵、职能，更多转向研究影响企业家形成和发展的因素、企业家能力与企业发展的关系、企业家精神与经济增长的关系方面，这也是近阶段企业家研究发展的方向。本书将在后面对企业家理论的相关文献进行回顾。

2.2 企业家精神的含义及指标测量

2.2.1 企业家精神的含义

在前文关于企业家理论的文献综述中，无论是将企业家视作"风险承担者""职业套利者"还是"决策者""创新者",从各学者对企业家概念和内涵的定义看,学术界至今仍没有对企业家精神达成一致的看法。尽管如此,从国内外学者对企业家理论的研究来看,至少可以肯定的是:企业家之所以成为企业家,在于其内核所体现出来的精神具有区别于其他群体的特点。

从坎蒂隆、奈特将企业家精神与处理和承担风险能力联系起来,到熊彼特、德鲁克将创新、变革视为企业家精神的核心,再到科兹纳、哈耶克将企业家精神与敏锐地利用市场机会获利的能力联系在一起,到马歇尔、莱宾斯坦将企业家精神与组织、管理、领导、沟通能力联系起来,企业家精神的内涵在不断地扩大和丰富。Wennekers 和 Thurik（1999）认为,企业家精神应该包括 13 个方面的内容:对风险和不确定性的认识、组织和配置资源的能力、创新和发现新机会的能力等。Stopford 和 Baden - Fuller（1994）将企业家精神归纳为前瞻性、挑战自我能力的愿望、团队定位、解决争端的能力和学习的能力。Lynn（1991）研究了文化对企业家精神的影响,认为企业家精神的核心是一种价值体系。池本正纯（1985）认为企业家精神就是坚决果敢克服不确定性的勇气,是勇于承担风险的精神。Grebel 等（2003）则认为构成企业家精神的是创业精神、风险资本、人力资本、社会网络这四个要素。Antoncic 和 Hisrich（2001）则将新业务开创、创新、自我更新、行动领先作为衡量企业家精神的四个维度。

国内学者在吸收和借鉴国外研究的基础上,也开始关注企业家精神。汪丁丁（2000）认为创新精神、合作精神和敬业精神是企业家精神的三个重要组成因素。叶勤（2000）则认为企业家精神应具备敢于冒险、打破常规、崇尚创造、果断、乐观、自信、精力充沛、工作勤奋等特征。张军（2001）认为企业家精神是一种异质性人力资本和稀缺资源。而庄子银（2003）仍然强调了创新对企业家精神的重要意义,认为这是企业家精神的核心。鲁兴启、王琴（2006）与庄子银持同样观点,认为创新和变革精神是企业家精神的实质,它既受到个人利益追求内在动力的影响,也受到市场竞争压力等外在因素的影响。吕爱权、林战平（2006）认为,企业家精神包含了冒险精神、创业精神、创新精神、英雄主义精神和宽容精神这五个方面。秦剑、王迎军（2008）认为创业精神是企业家精神的核心。刘亮（2008）在总结国外学者对企业家精神的研究基础上,概括出企业家精神几个方面的共同特征：创新和变革意识；承担风险的能力；发现机会的能力；强烈的使命感和事业心；良好的沟通、组织、领导与经营管理能力。并且认为，企业家精神拥有利于企业家精神成长的区域文化制度等环境。丁栋虹、赵荔（2009）认为创新、机会识别和冒险是企业家精神的三大要素。

从以上对企业家精神的总结来看，企业家精神可以理解为"勇于承担风险和创新，创新意味着创造新的产品和服务，承担风险涉及对新的市场机会的甄别"（OECD，2001），企业家精神概念的核心是创新和创业（杨宇、郑垂勇，2007）。

实际上，以上对企业家精神的总结，远不只是揭示企业家个体的内在特质，更多是对企业家群体这一总的社会角色所呈现的总体特征的一个衡量。并且，企业家精神受到地区文化、制度的影响，"企业家精神集中于特定地方"（马歇尔，1890）。正如戴维森（Davidsson，2003）所描述的：企业家精神是一种人们竞相成为企业家的行为，它不仅是独立企业家的某些个体特征，而且是一种社会现象，是企业家这个特殊群体在企业经营活动中形成的，在社会人文环境和经济制度规范下生成的，以创新精神为核心的，以风险承担精神为支撑的一种综合性的精神品质和意志，也是企业家着手工作，寻求机会，并通过创新和开办企业实现个人目标，满足社会需求的一种精神追求。

总结国内外学者关于企业家精神的文献可以看出，由于不同学者从不同的角度看待企业家精神，因而企业家精神很难有统一定义。客观地说，企业家精神也总是与特定区域特定环境联系在一起。由于本书研究的是传统农区工业化进程中的企业家，因此，本书对企业家精神的理解，是放在传统平原欠发达农业区由传统农业社会向现代工业社会转型的大的文化、环境及制度框架下来思考，在这样的背景下，企业家精神更多侧重于创业精神，企业家通过其所拥有的创业精神，改变和突破欠发达的经济状态，开启工业化的进程。

2.2.2 企业家精神的测度

由于学术界对企业家精神并没有统一的认识和理解，因此，对企业家精神的测度也就缺乏一致认可的标准。但是，国内外学者在研究中，还是提出了一些接受度相对较高的测度指标。

国外学者 Evans 和 Leighton（1989）用自我雇佣比例测度企业家精神，Audretsch 和 Thurik（2000）以市场参与创业人数测度企业家精神，Audretsch 和 Thurik（2001）在后期的研究中，又采取了小企业在市场中所占的份额作为测度企业家精神的指标，以反映其活跃程度。Carree、Van Stel、Thurik 和 Wennekers（2002）则通过企业所有权比例这一指标来度量企业家行为的活跃程度。这些指标，基本上是目前接受度较高的测度企业家精神的指标。除此之外，企业的进入率和退出率（Geroski，1991；Yu，1997；Caves，1998）指标也有广泛的应用性，而全球创业观察（GEM）则采取小企业创业人员比例来衡量企业家的创业精神。

在衡量企业家创新精神时，Klepper（1996）采用了研发投入作为评价企业家创新精神的指标，Acs 和 Audretsch（1988）采用企业创新数和员工人数之比设立了创新比例指标，来评价企业家的创新精神。在衡量企业家创新精神时，往往与区域联系在一起，Cooke 等（1998）通过建立一套指标体系来测度创新，但是，他们认为，创新并不是单一生产企业的行为，而是区域内相关联的企业、机构等一系列组织相互合作产生的，企业的创新可以采用研发投入、产出收益等指标来衡量。OECD 国家也发展了一系列指标体系来度量区域创新，其中科研经费和人员的投入、人口受教育水平、专利数量、科技成果、新产品销售收入等都被纳入了创新的评价指标。

从国外学者采用的这些测度企业家精神的指标来看，各种测度方法都有其可取之处，为我们测度企业家精神提供了重要的参考标准，但是，这些指标也各有其不足。从总体上来讲，这些接受度普遍较高的指标，基本上都是衡量企业家精神中包含的创业维度的指标，在创新维度指标的设计上，基本上与区域经济发展相联系，并没有具体落实到微观主体。这种状况与国外学者普遍强调创新是企业家精神中最重要的内核显然存在偏差，导致在对企业家精神的研究和对企业家评价指标的研究上，出现了相背离的现象。因此，从完整性和系统性来讲，测度企业家精神的研究，很多是对创业维度的度量，无法客观准确地反映企业家精神。另外，从每一个单一指标来看，尽管在测度企业家精神时都具有一定的科学性，但是，缺点也是很明显的。如自我雇佣比例，一方面是数据记录过大，用这一测度方法研究中国的问题，数据不具有可得性。另一方面，以自我雇佣比例来衡量企业家精神，涵盖的职业范围太广，街头小贩到律师均可以列入其中。另外，如果按照这一指标来测度企业家精神，中国农村自耕地的农民都是自我雇佣的，那中国的企业家精神最强，这样得出的结论显然与事实并不相符。用小企业所占份额来度量企业家精神，同样存在问题，不同类型的企业中，都存在企业家精神，小企业有企业家精神，大企业同样有。这一指标就把企业家精神的测度范围人为缩小了。其他指标如企业所有权比例、进入退出比例都存在相应的缺陷，在此就不一一详述了。而且，国外这些测度指标，在研究中国问题时，有相当多的数据不具有可得性，包括自我雇佣比例、企业的进入退出比例等。由于企业家精神需要通过具体的企业家行为来呈现，因此，从以上这些指标来看，用单一某一项指标并不能全面反映企业家精神的实质。

国内学者方面，张晔（2005）度量企业家精神时综合考虑了专利数、研发经费投入、私有产权企业的就业人数、私有产权企业新增户数等指标。李新春、苏琦等（2006）在分析公司治理问题时，采用公司业绩作为反映企业家精神的度量指标。何予平（2006）则采用了企业进入比例这一指标来衡量企业家精神。杨宇、郑垂勇（2008）选取私企及个体从业人员比例作为衡量企业家精神中创业方面的指标，用万人科技活动人数作为衡量企业家精神创新方面的指标。刘亮（2008）综合国内外学者的研究成果，采用了3个维度7个指标衡量环境的创新能力，用4个维度12个指标衡量企业的创新能力，构建了量度企业家精神的一套综合指标体系。李宏彬等（2009）在分析创业和创新精神对中国经济的影响时，采用个体和私营企业所雇佣的工人数占总就业人口的比例（简称私人企业比例）作为衡量企业家创业精神的指标，采用专利申请量来衡量企业家的创新精神。陈立泰等（2011）采用人均新建企业率作为衡量企业家精神的指标。陈威、张磊（2011）衡量企业家创业精神时同样选取了个体和私营企业雇佣工人数与总就业人口之比作为评价指标，采取了专利受理量作为衡量企业家创新精神的指标。

从国内学者对企业家精神的测度可以看出，由于目前并没有建立起普遍接受的测度指标体系，因此，大家在借鉴国外测度指标时，往往根据研究目标和数据的可得性，来设计测度指标。如同样是测度创业维度，张晔

（2005）采用了私有产权企业新增户数及私有产权企业中就业人数两项指标，杨宇、郑垂勇（2008）选取私企及个体从业人员比例，李宏彬等（2009）采用个体和私营企业所雇佣的工人数占总就业人口的比例，尽管对研究企业家精神有一定的参考价值，但是，缺乏统一的测度标准，得出的结论就存在很大的质疑。当然，国内学者注意了创新维度的测度指标，在衡量企业家精神时，考虑了创业和创新两个维度，这是值得肯定的。但是，由于"创新"的标准作为计量分析指标相当困难，目前有的文献采用专利申请数量、经费投入、创新人员数等指标来衡量和反映相关创新活动状况，但是，这种测度只能间接反映创新精神，与企业家精神的紧密性并不能经得起严格的考量。因此，这些指标的科学性也存在疑问。

总结国外和国内学者关于企业家精神测度的文献，总体而言，目前对企业家精神的测度仍偏重于创业方面。尤其是在企业家精神与区域经济增长的相关研究中，创业维度的测度指标得到更为普遍的采用。这部分是因为创业相对创新而言更容易通过可统计数据进行直接的衡量和说明。但是，由于目前学术界对企业家精神在概念及含义上一直没有达成一致，所以，到现在有关企业家精神的测度指标也一直没有建立一套普遍认可和统一的标准。也正因为此，企业家理论的研究始终没有占据主流经济学中应有的位置。

2.3　企业家成长影响机制研究

企业家作为经济系统中一种特殊的生产要素，受到企业家个人特质、企业组织及外部环境等各种因素的影响。从目前对企业家成长影响机制的研究来看，一方面是集中于微观领域，主要从人口统计学和心理特质两方面对影响企业家成长的因素进行分析；另一方面是对影响企业家成长的宏观环境的研究。

2.3.1　影响企业家成长的微观因素

微观层面对企业家成长的研究，主要是基于企业家的个人层面，从成功企业家的个体行为中总结出企业家个体成功的异质性特质，另外，从人口统计学的角度对企业家的成长进行分析，证明企业家的独特性。在此基础上，对不同特征的企业家进行分类，研究推动企业家成长的动力。

（1）个人特质和人口统计领域的研究及述评

由于每一个个体所拥有的心理特质、个人经历都具有不同性，因此，微观领域对企业家成长影响机制的研究，就从大量的个案中抽取出企业家这一群体所具有的共同特质。如 Hornaday（1982）就通过文献证明了企业家有 42 个区别于非企业家的特征。从当前研究的状况来看，认可度较高的企业家特质包括了成就需求（Hornaday 和 Aboud，1971）、风险承担倾向（Peacock，1986；Sexton 和 Bowman，1983，1986；Chen 等，1998；Sarasvathy 等，1998）、内控点（Timmons，1978；Miller 等，1982）、心理坚强性（Kobasa，1979；Rhodewalt 和 Zone，1989；Kuratko 和 Hodgetts，1995）、创新（Schumpeter，1934；Buttner 和 Gryskiewicz，1993）和独立性（Levenhagen 和 Thomas，1993）等特征。

以上关于企业家特质的研究，尽管学者们总结了企业家具有的一些普遍性特质，但是，这些研究建立在企业家个体的案例分析上，而企业家的产生往往是大量不确定性因素的随机结果。有些学者如 McClelland，甚至认为企业家是天生的，而不是后天培养的。另外，国外学者关于企业家个人特质的研究尽管得出了一些有价值的结论，但是，结合有关中国企业家的研究来看，个人特质因素并不能作为解释影响中国企业家形成的有效因素。如 McClelland（1961）等众多学者认为企业家相对于整体人群而言，具有更高的成就需要，但 Chu（1989）的研究却认为中国人好面子的习惯，导致总体上都具有较高的成就需求。Wilson 和 Pusey（1982）的研究也表明了这一点。因此成就需求作为中国企业家活动的预测因子时引起了巨大的争议，相当多的学者不认为成就需要是构成中国企业家精神的明显因素。但相当多的学者认为风险承担倾向与企业家呈正相关（Chen 等，1998），反之，同样有研究表明企业家与其他人之间的风险承担倾向并没有不同（Brockhaus，1980）。并且，对中国人的研究也表明，风险承担倾向不是普遍性特征（Hofstede，1980；McGrath 等，1992）。

在企业家个人特质的研究方面，不同学者研究结论的不一致并不仅仅出现在成就需求和风险承担倾向两方面，在其他个性特质方面，也并没有得出一致的结论。从这个意义上说，个人特质方面对企业家的研究，往往带有主观性和片面性，没有形成普遍接受的统一结论，当然也就缺乏对现实的有力解释。另外，受文化等因素的影响，在不同国家和地区，对某些价值观的教育和认同，会造成区域内的群体呈现一定的个性特质倾向，以此作为判别企业家的影响因子明显不具有合理性。对国外企业家和中国企业家的研究，就已经证明了这一点。更进一步说，虽然企业家群体作为一种特殊的生产要素，呈现与非企业家群体不同的性格特质，但是，从人口地理学的角度来看，各种不同特质的人在地理上分布是均匀的，因此，某一地区有更多具有企业家特质的人在人口地理学上是得不到支持的。结合这一结论，很显然单纯从个人特质的角度，不能解释为什么有些地区企业家数量众多，有些地区企业家人数较少。因此，从人口特质的角度来分析影响企业家成长的微观因素，如果将研究视野放大到国家、地区之间，根本无力解释产生差异的原因。

对企业家成长微观领域的另一方面研究，则是社会学家从人口统计学的角度，分析了性别（Hornaday 和 Aboud，1971；Kent 等，1982）、教育（Cooper 等，1994；Bates，1995；Reynolds，1997；Delmar 和 Davidsson，2000）、个人活动经历（Alsos 和 Kolvereid，1998；Rosa，1998；Westhead 和 Wright，1998，1999，2000；Delmar 和 Davidsson，2000）对企业家成长的影响。

从这些文献研究结论来看，如受教育水平对企业家成长的影响，国外学者基本上都认为企业家与受教育程度呈显著相关性。而对比我国的实际状况，我国企业家最多、最活跃的浙江地区，企业家的文化程度却普遍偏低。因此，从人口统计学的角度探讨影响企业家成长的因素，不同国家并不能得出具有普遍意义的结论，尤其是中国作为处于经济转型期的发展中国家，与国外发达市场经济国家相比，企业家成长的环境有着巨大的差别，从性别、教育、个人活动经历来考察影响企业家成长的因素，完全得不到共性和有价值的结论，因此，并不具有太多的实际意义。另外，从人口统计学角度研究企业家成长的影响因素，会发现在企业家成长的不同时代背景下同一影响因素可能会得出完全相反的结论。改革开放之初，最早的创业者大多是"三无"人员，从既有的研究结论来看，其教育、个人活动经历并不满足企业家所应具备的条件。而现在，随着知识经济的兴起，与国外学者的研究结论相一致，新一代的企业家如马云、马化腾、丁磊等，受教育程度确实与其成长呈显著相关性。但是，这种相关性，并不代表从人口统计学角度研究出的结论具有有说服力的接受度。恰恰相反，如果将企业家成长的人口统计学影响因素放在历史时间的维度进行考察就会发现，人口统计学并不能就企业家成长的影响因素提供充分的解释。学术界对影响企业家成长的微观因素的进一步实证研究，也没有对这些论点提供有力的支持。诸如性别、年龄、教育、地位和籍贯等用来描述企业家的变量似乎很少或根本没有影响个人的创业倾向，不可能由此对人们是否做出这样的事业或生活方式（创业）选择做出预测（Robinson，1991）。实际上，将考察的范围从企业家这一职业扩展到其他职业，无论从事何种职业的成功人士，性别、教育、活动经历都可以作为影响因子而存在。因此，从人口统计学的角度分析影响企业家成长的因素，并不能得出有价值有意义的结论。

（2）影响企业家成长的个人决策因素研究

对企业家成长影响因素的研究，有些学者在摒弃了个人特质等主观片面的研究内容后，从客观可观察的企业家活动出发，对影响企业家成长的个人决策因素进行了分析。Zimmer（1986）、Evans 和 Leighton（1989）分别提到了结交到的投资者和金融资本股份对企业家成长的影响和作用。Campbell（1992）研究认为个体对待风险的态度会影响企业家活动的成本和收益。而 Amit、Muller 和 Cockburn（1995）则认为，人们追求成长机会时会权衡为此付出的机会成本，影响到最终的决策。Douglas 等（1999）就发现个人在特定职业上的选择取决于收入、工作条件（决策控制、风险暴露、所要求的工作努力）以及其他与该职业有关的工作条件（净津贴）等综合因素。

从以上关于企业家职业选择的决策影响因素来看，学界已经认识到企业家是一个理性决策的个体，其职业选择并不仅仅依赖个人特质等心理因素，而是对成本收益进行综合评估后的理性决策。在企业家的决策过程研究中，引入了投资者、金融资本股份、个体对风险的态度等一系列的决策变量，提出了机会成本对个人决策的影响，这些都为我们认识影响企业家成长的因素提供了有价值的参考。但是，以上的研究，尤其是个人追求成长的意愿取决于付出的机会成本这一研究结论，虽然能够解释现实中一些人由于放弃现有职业机会成本过大，具备成为企业家条件却没有成为企业家这一现象，但是，研究的视角还是过于狭窄，仅限于个人成本收益的比较分析，没有将外部宏观环境作为变量引入研究。在这一研究框架下，将众多分散的个体职业选择汇聚成群体的职业选择，仅仅能解释热门职业的选择问题，无法解释为什么资源禀赋差的地区，更容易催生企业家成长，推动地区经济先行启动这一与地区经济发展相联系的问题。也就是说，尽管是在微观领域研究企业家成长的影响因素，但是，缺乏宏观视角，没有引入外部环境变量的约束，仅仅从微观分散选择理论出发，不能真正构建具有说服力的企业家决策模型，从而完整地分析影响企业家成长的因素。另外，企业家在成本收益评估基础上的决策选择与外部宏观环境有着直接的关联。从改革开放初期"三无"人员由于机会成本最低率先成为第一批企业家，到90年代中后期，"下海"从商成为潮流，虽然是由于成为企业家的收益大于机会成本，但是，不可否认的是，正是外部环境的变化，使成为企业家的收益增大。从这一角度来说，即便是在微观领域对企业家职业决策的成本收益分析，也必须引入宏观环境这一决策变量，才可能客观完整地分析影响企业家成长的各项因素。

在前人研究的基础上，Thurik 和 Wennekers（2001）注意到了创业初始时期物质条件对企业家构成的约束，将企业家分为机会拉动型企业家和贫穷推动型企业家两种类型。机会拉动型企业家愿意承担一定的风险，把创业作为实现某种目标（如实现理想、追求自我价值实现等）的手段，具有强烈的创业愿望。而贫穷推动型企业家的创业行为，却是为了解决所面临的生活困境，不得不参与创业活动。但 Thurik 和 Wennekers（2001）依据企业家创业动机对企业家的分类，只是为我们描述了在初始阶段抱有不同动机开始创业的两类企业家，而现实是，无论抱着何种动机开始创业，企业家在做出了创业的行为选择后，初始的动机均不构成对企业家后续行为的持续影响，反而是创业之后企业家所面临的环境因素对企业的发展、对企业家的成长影响更大。另外，即便是初始的创业动机存在差异，随着企业的发展，企业家成长意愿的增强、成长能力的提高，对抱有不同初始创业动机的人而言都是一样的，甚至在初始阶段被动创业的贫穷推动型企业家在后续的成长过程中，有些表现出比主动创业的机会推动型企业家更强的成长意愿。王永庆、郭台铭、李嘉诚、刘永好，都是如此。实际上，人类活动从来是动机和认知二因素共同作用的结果。企业家在成长过程中，其认知会随着企业的发展不断改变，反过来也会影响到人的心理状态。因此，Thurik 和 Wennekers 对企业家的分类，尽管注意到了创业初始时期物质条件对企业家构成的约束，但实际上，并不能由此判别不同创业动机的企业家在未来的成长趋势和发展状况，初始时期的物质条件作为判断影响企业家成长的预测因子远不如投资者、金融资本股份等客观因素更有说服力。

国外学者 Lucas（1978）、Laffont 和 Kihlstrom（1979）、Holmes 和 Schmitz（1990）则将数理分析方法引入对企业家的研究。他们侧重从微观层面分析企业家活动的决定因素，研究的基础是个体追求效用最大化这一假设，通过分析理性个体在面临不同收入的预期效用时所进行的职业选择，建立了职业选择模型。这一模型的本质在于，个体通过比较创业的收益和作为雇工所能获得的工资收益，决定自己的职业选择。以收入选择模型为基础，后期的经济学家 Parker（1997）等开始将个体的风险偏好引入模型，对企业家活动进行了静态和动态分析。结果显示，风险增大，个体对风险的规避程度增加，企业家数量会逐渐减少。

本书试图解释具有相似资源禀赋的地区，为什么有些地区率先形成了企业家群体，启动了工业化，而有些地区则不能。就现有的文献回顾，笔者认为这些影响企业家成长的微观因素，尤其是企业家个人成长决策的影响因素，对本书提供了有价值的参考，但是并不能很好地解释本书试图回答的问题，尤其是有关企业家个人特质和社会统计学领域的内容，在解释本书试图研究的问题时缺乏说服力。因此，本书不聚焦于有关企业家成长的个人特质和社会统计学领域的内容，而是从影响企业家成长的个人决策因素结合宏观环境进行深入分析。鉴于此，在下面我们重点探讨影响企业家成长的环境因素。

2.3.2 影响企业家成长的环境因素

企业家作为能动主体，与作为外在客体的环境之间存在互动。在企业家通过自身行为改变环境的同时，环境也会对企业家构成约束条件，从而影响企业家的行为。Gartner（1985）认为，影响创业的核心因素包括基础设施条件、金融条件、商业条件、劳动要素条件、教育条件这几个方面，这些外部环境因素作用于创业过程，从而影响创业结果。Fogel（1994）分析了政府的政策和流程、社会经济条件（可以用贷款总额、技术支持、基础设施和信息进行度量）、企业和商业训练、金融对商业的支持以及非金融对商业的支持这五个因素对企业家精神的影响。Morris 和 Lewis（1995）则分析了政治状况、经济状况、社会文化状况、基础设施状况、金融状况、法律状况这六方面对创业的影响。Sahlman（1999）认为，机会、资源、环境这些因素构成了创业的关键因素，创业就是创业者通过自身的行为与这些关键要素相互作用的过程。GEM 在广泛调查和专家咨询的基础上，于 1997 年提出了 GEM 创业模型，他们认为，影响创业环境的因素主要包括政府政策、政府项目、金融支持、商业环境、市场开放度、教育和培训、研发成果转换率、法律环境、基础设施状况、社会文化等众多方面，这些因素影响经济中的创业机会，因此，不可避免地会对企业家的成长造成影响。

从以上学术界对创业研究的结果来看，影响企业家成长的因素主要是可获得资源与金融环境、政府政策、社会经济状况、制度文化、基础设施和服务、社会关系网络等要素。

（1）可获得资源与金融环境

企业家从事企业活动需要相应的人、财、物。从事企业家研究的众多学者如 Penrose（1956）、Bruno 和 Tyebjee（1982）都认为缺乏获取资源的途径可能是阻碍公司活动的最重要的因素。围绕这个问题，Barney（1991）着重研究了企业如何利用自身独特资源而获得竞争优势这一问题。Lohmann（1998）区分了企业可获得资源的三种形式，即生态资源、不可见资源、可见资源，通过研究，他发现外部环境是影响企业家成功的首要因素，它决定了企业的可获得资源。学者们如 Kouriloff 和 Michail（2000）就重点研究了企业获取资源的途径。

对创业影响因素的研究中，普遍认为对创业影响最大的一个外部因素就是金融环境。风险资本的可得性、金融资源的可选择性、低成本贷款、金融机构对小企业融资的意愿构成了企业成长过程中的金融环境。对新创公司和处于成长中的企业来说，金融支持就是促进其发展的资本或债务的可得性。一个地区在创业上的投入程度往往取决于金融支持的力度。金融资源不足会制约公司的潜在发展，由此带来的结果也必然会对企业家的成长造成负面的影响。很多非创业者就认为他们创业面临的重要障碍就是金融支持不够（Kouriloff，2000）。因此，能否在企业家的创业过程中给予相应的金融支持，是创业政策最主要的内容。Brown 和 Kirchhoff（1997）的研究就关注了企业家获取金融资本的问题。Kouriloff 和 Michail（2000）发现企业家不同的创业动机会导致不同的融资决策：贫穷推动型企业家更倾向于采取独资方式进行创业，而机会拉动型企业家为了实现目标，更能接受合伙的融资方式。Keuschnigg 和 Nielsen（2004）强调了风险资本在企业家精神中非常重要，他们认为，风险投资者可以提供资金和管理，支持缺乏资源和商业经验但具有想法和技术竞争力的企业家，二者的结合可以促使公司的成功。Grilo 和 Irigoyen（2006）对欧盟国家和美国的研究发现：金融支持对企业家精神有显著影响。

（2）政府政策

国家和地区的政策会对地区经济及企业家精神产生巨大的影响。影响企业家成长的政府政策主要涉及税收、进出口限制、行业进入壁垒的管控、保护所有权的法律制度、对企业家注册和许可的程序要求、管理企业家行为的规章制度等各个方面，这些政策在多大程度上适合企业发展，是否会促进新兴企业的发展，直接影响到企业的成长和企业家群体的兴起。一个国家和地区往往可以通过一系列的政策措施来鼓励创业和创新，创造利于企业家成长的环境。

Kilby（1971）、Kent（1984）的研究发现，企业的初创和成长与政治法制环境及财政政策的实施环境密切相关。Reynolds（1997）通过对美国和欧洲国家的研究发现，欧洲很多国家对小企业提供金融支持，为小企业创造了良好的外部环境，促进了出口和对外贸易的发展。美国则对新创企业提供建议和帮助，并对小企业给予新技术支持。这些政策都创造了促进企业家成长的外部环境。Rondinelli 和 Kasarda（1992）研究发现，政府政策、法律、规则的规范化能够降低新创公司的风险，并且，有利于企业成长的政策可以促进企业家获取资源，推动企业家的发展。鲍莫尔（1968、1990）通过对多国影响企业家精神因素的研究发现：社会制度环境和政府政策这两个因素构建的经济环境导致企业家精神呈现生产性、非生产性、破坏性三种不同的方式，企业家精神具体以哪种方式出现依赖社会制度环境和政府政策所构建的环境。Dutz 等（2000）的研究发现：政府政策在减少企业的非生产性活动投入以及减少垄断这两方面对促进企业家精神有重要的影响。如财产权保护、规范的合同约定、对商业自由的保护等政策可以引导企业家重点关注企业的生产和创新，减少企业家在非生产性活动（如贿赂、寻租等）方面的投入，同时，以公平为原则的政策，如供应商竞争政策、获取其他商业基础设施的渠道等，可以减少垄断，为小企业成长创造机会。

（3）制度和文化

诺斯（1994）将"制度"界定为社会游戏规则，并将制度分为正式制度和非正式制度两种形式。诺斯（1990）认为，制度是经济活动的根源，制度提供了人们进行交易的框架结构。随着制度经济学的兴起，越来越多的学者开始关注制度对企业家活动的影响。Gnyawali 和 Fogel（1994）就认为，法律规范等正式制度是解释企业家行为的关键外部因素。政府支持和法律规范都会影响到公司的创立和发展。Chrisman 和 McMullan（2002）研究了制度对公司和长期经济发展的影响。而 Lau 和 Woodman（1995）研究发现，在一些国家将有利于推动企业家成长的知识组合和独特观点制度化后，可以实现信息分享，更有助于从制度层面上帮助企业家创业。

随着对企业家活动研究的深入，文化、意识形态、价值观、道德、伦理、信仰等作为非正式制度也逐渐被纳入研究领域，并为越来越多的研究者所关注。Busenitz 和 Lau（1996）就认为，一个国家或地区的企业家精神会受到既有的社会规范以及认知分享模式的影响。Knight（1997）在对国际化的企业家进行研究后也持有同样的观点，认为一个国家的文化、信念、价值和规范会影响一国居民的企业家导向。Davidsson 和 Wiklund（1997）、Shivani 等（2006）也认为信仰和价值会影响不同国家或地区的企业家精神。

Davidsson 和 Wiklund（1997）在对瑞典进行调查后发现，文化作为一种非正式制度，仍然成为影响企业家精神水平的重要因素。Suzuki 等（2002）在对比美日两国的企业家精神研究中发现：教育培训是美国企业家精神的主要来源，而日本的企业家精神则主要来自家庭或团队精神的影响。Estay（2004）对美国和法国两国企业家的创业环境比较分析后发现：法国企业家精神落后于美国除了缘于法国经济的特点外，企业家对于不同创业环境的洞察力也是重要因素。Shivani 等（2006）研究发现：印度的种姓制度、宗教信仰、家庭结构等社会文化因素对男女企业家的创业成功有明显影响。从以上不同国家或地区的研究比较可以看出，不同地区的企业家精神受不同的文化背景影响，制度和文化因素对企业家的成长显示了越来越重要的影响力。

（4）基础设施、服务和教育

在企业创立和成长的过程中，基础设施和服务是否完善是影响企业家成长的一个重要因素。Batstone 和 Mansfield（1992）认为，大城市为企业家提供了更多的市场机会。Guesnier（1994）也认为：城市的集聚效应可以为创业者提供丰富的劳动力、具有广大顾客的市场空间以及供应商资源。同时，城市还具有基础设施、可得的风险资本以及来自其他公司的服务。Delmar 和 Davidsson（2000）也认为，城市具有聚集优势，在寻找消费者和获得资源方面更具有优势，能为企业家提供更多的机会。

Meier（2000）发现，信息技术能够促进微型企业的形成等。Abetti（1990）也认为，一个地区的人力资源状况、支持性服务状况、融资渠道等都会影响企业家精神的发展。

对于一国和地区来说，教育体系很大程度上促进了小企业或成长中的企业的发展，教育培训的质量对企业家的成长也有重要的影响。Etzkowitz 和 Klofsten（2005）的研究就发现，大学教育、政府以及行业的联合推动了公司的形成，并促进了区域经济的发展。Mok（2005）通过对香港的研究，发现大学在促进企业研究和创新中也具有重要作用。

（5）社会关系网络

在企业家成长过程中，社会资本、社会网络以及商业关系对企业家精神的产生具有重要影响（Smith 和 Lohrke，2008）。Dubini 和 Aldrich（1991）的研究表明，企业家通过个人社会关系网络可以增加其活动范围，从而获得通过其他方式难以取得的低成本资源。Starr 和 MacMillan（1990）认为，企业家在社会关系网络中获得的资源越多、成本越低，企业家在成本方面赶超竞争对手的机会就越多。Barney（1991）也认为，社会关系资本的难以模仿性，可以产生比有形资产更大的竞争优势。Mueller（2006）的研究则发现，创业企业家在创业之前的工作和自营经历比接受的教育更重要，因为工作经历所形成的社会关系和社会资本，会成为创业企业家产生的重要推力。因此，Birley（1985）、Johannisson（1988）等都认为企业家个人的社会关系网络是影响企业家成功的重要因素。

企业家的社会关系网络除了有可能获得有形的低成本资源的优势外，还在无形资源的获取上具有重要意义，Nahapiet 等（1998）就认为，企业家个人的社会关系网络在获取隐性和显性知识方面发挥了巨大的作用。这种基于个人社会关系网络的信息交流和沟通平台，往往能通过企业家个人传导到企业组织，从而实现知识整合，提升组织能力，为企业带来直接和间接收益，对企业家成长造成巨大影响。Witt（1999）的研究认为，信息网络是中小企业成功的重要因素。

在社会网络的结构测度方面，Granovetter（1973）从网络联结的强度进行了探讨，他认为企业家的个人网络有强弱两种结构：以感情为基础的朋友和家庭成员这种关系构成了强社会联结，而以利益和工作为基础的同事、商务伙伴、老板这类理性因素居多的关系则构成了弱社会联结。由这两类不同的社会联结，信息交换量和可靠性也存在差异。一般来说，以信任和感情为基础的强社会联结相对于弱社会联结而言，可靠性更高，信息交换量更大。但弱社会联结在新信息的提供上更具有优势。

从以上影响企业家成长的外在环境的文献回顾来看，众多学者对影响企业家成长的各项环境因素进行了深入的分析，总结了影响企业家成长的各项因素，明确了环境对企业家成长过程的重要意义，为研究企业家成长提供了具有重要参考性的理论依据。但是，以国外学者的研究来分析中国企业家的成长环境，根本无法解释中国企业家的成长：成熟的市场经济国家的环境基础与中国有着很大的不同，尤其是与中国改革开放初期，经济转轨时期企业家产生的环境存在巨大的差异。按照国外的研究标准，在金融支持、风险资本、基础设施和服务等方面几乎一片空白的最早产生企业家的中国农村地区，无一具有能满足企业家成长的外在环境。另外，现有的研究也忽略了人的主观能动性，很多学者过于强调资源的重要性，如Penrose、Vesper、Bruno 和 Tyebjee、Kirchhoff、Lohmann 等都认为资源是影响企业家成功的首要因素，这就很难解释一些资源匮乏的地区更容易催生企业家这一现象。如浙江温州地区作为浙江资源禀赋较差的地区，率先成长出一批企业家，河南长垣、长葛作为河南省资源匮乏的地区，率先成长出企业家，开启工业化道路。对中国经济中这些具有典型性的现象，尤其是某一地区群体企业家的兴起，现有的研究缺乏解释力。而且，国外对企业家成长环境的研究，特别强调了基础设施和服务良好的城市对企业家成长的集聚作用。由于发达国家已经实现了农业的现代化，缺乏正处于启动工业化进程阶段的传统农区这一环境基础，因此，国外学者在这块的研究也是空白，没有条件对缺乏基础设施及服务、资源禀赋较差的传统农区企业家成长的外部环境进行研究。

2.3.3 国内学者对企业家成长影响因素的研究

国内学者在国外学者研究的基础上，也探讨了影响企业家成长的各项因素。对影响企业家成长的个体因素，国内学者石秀印（1998）就认为，一个人要想成为企业家，必须具备特殊性格与特殊精神力量，以应对瞬息万变的市场风险；同时还要有适宜的外部环境。丁栋虹（1998）认为，企业家是一种异质性资本，企业家的成长是异质性资本的形态转换。王安全（2002）将影响企业家成长的个体因素概括为独立性、冒险性、成就动机、善于总结学习失败的经验、对不确定性的承受能力等特质。贺小刚、李新春（2005）在对国内近300家企业调查的基础上研究认为，企业家的个人背景因素比外部经济结构对企业家能力的发挥影响更显著。李博、闫存岩（2006）认为企业家成长受到企业家所拥有的物质资本、人力资本和社会资本三方面的影响，但是，在不同的制度环境和历史阶段，企业家所积累的资本类型的差异，导致了企业家成长模式的差异。

在探讨外部环境对企业家成长的影响时，杨建君、陈波（2001）从内部和外部两方面探讨了影响企业家成长的因素，他们认为，企业家能力既受到资本市场、劳动力市场、产品市场等外部因素的影响，也受到企业组织结构、所有制性质等内部因素的影响。蔡宁、刘志勇（2003）从西方企业家成长的环境分析理论入手，从社会、产业、个体环境三方面分析了环境对企业家成长的影响。汪艳（2005）认为市场环境、信用环境、文化环境和制度环境影响了企业家的成长。戴玲（2005）认识到了内生环境对企业家成长的影响，认为企业家群体间的互动和企业家的主观能动性构建的环境氛围，可以对企业家形成反馈。群体企业家形成的创业氛围对企业家的成长具有重要作用。唐丁祥、王艳辉（2011）运用演化博弈论动态考察了外部环境对企业家成长的影响，博弈结果显示，企业家群体的初始状态是由外部环境决定的，但是，企业家群体在演化过程中，可以通过自身的行为影响所处的环境。企业家成长与外部环境之间存在路径依赖与正反馈两种效应。

在研究企业家成长的影响因素时，国内学者更加关注制度环境对企业家成长的影响。王诚（1999）认为对企业家需求的制度性约束限制了企业家的发展。吕福新（2001）也认为企业家角色是由社会经济关系及制度决定的。其中，经济制度对企业家的生成具有很大作用。张军（2001）认为，敢于冒险的具有创业精神的企业家才能的发现过程其实就是一个制度不断创新的过程，所有的制度创新几乎都有利于对企业家精神的"甄别"和企业家能力的实现。阮德信（2003）认为中国有效制度供给不足限制和约束了企业家的发展，需要从宏观层面和微观层面建立促进企业家成长的制度。刘雪斌、黄春梅（2005）在对欠发达地区企业家的研究中，认为封闭的文化和制度环境限制了企业家的成长。林新奇（2007）在2005年对北京地区的企业家调查的基础上，认为企业家成长受到政治、经济、社会三种文化生态的影响。中国不充分的市场经济束缚了企业家的成长，因此，制度转型是促进企业家成长的重要内容。李晓敏（2011）的研究也证明，发展中国家企业家缺乏，根本原因在于缺乏将社会精英转变为生产性企业家的制度保障。

总结国内学者对企业家成长影响因素的研究发现，目前国内对企业家成长的研究还处于初始阶段，缺乏系统和完整的研究体系。受中国处于转型时期的制度约束，政府对行业和企业的进入管制政策这一大的背景，使国内学者在对企业家成长影响因素的分析中，更多地关注了制度环境对企业家成长的影响。这也是特定制度环境下，学术界对这一问题的思考。但是，国内学者在关注制度对企业家成长的影响时，没有解释相同或相近制度环境下，不同区域企业家成长状况的差异。在研究影响企业家成长的因素时，没有建立系统的企业家成长理论的框架。在研究的范围上，也没有关注当前对国家经济发展具有重要意义的传统农区开启工业化进程过程中企业家的成长问题。因此，本书试图在借鉴前人理论和经验的基础上，将影响企业家成长的各项因素置于传统农区工业化进程这一宏观背景下，研究企业家成长所面临的各种制度和环境约束，完善现有企业家成长理论中的这一部分。

2.4 "资源诅咒"理论的文献回顾

2.4.1 "资源诅咒"的经验研究

20世纪80年代以来，一些经济学家在研究各国经济增长产生差异的过程中发现，资源丰裕国家的经济增长绩效远不如资源贫乏的国家。Auty（1993）首次使用了"资源诅咒"的概念，通过研究他发现，对一些国家而言，丰富的资源不仅没有对经济增长产生有利的影响，反而成为一种限制。Sachs 和 Warner（1995，1996，1997）针对"资源诅咒"这一问题选取 95 个发展中国家进行了深入的研究，回归结果显示，资源禀赋与经济增长之间存在显著的负相关性。在这些发展中国家，矿产品、农产品、燃料等资源类产品的出口在国民生产总值中的比重越大，经济增速也越慢。Gylfason（2001）通过研究 85 个国家长达 30 年的数据发现，丰富的自然资源可能因"挤出"效应而阻碍地区的经济增长，并且，在自然资源丰裕的国家，过多的人力资本投入对人力资本要求低的资源开采行业，一方面导致整个社会人力资本配置不合理，另一方面，使整个社会对人力资本的教育投资不足，最终阻碍了整个社会的进步和经济发展。Gylfason 的研究结果证明在多个国家的发展中，同样存在"资源诅咒"效应。

国内学者对"资源诅咒"的研究，从各省际层面的研究来看，徐康宁、韩剑（2005）最早进行了"资源诅咒"问题的研究，他们将各省煤炭、石油和天然气三种矿产资源的基础储量占全国的相对比重构建了以能源为代表的资源丰裕度指数，以 1978 年为基期，2003 年为计算期，以各省资源充裕度指数为横轴，生产总值年均增速为纵轴，做两个变量的散点图，研究显示，1978～2003 年，我国存在"资源诅咒"现象，资源丰裕地区的经济增长速度普遍要慢于资源匮乏的地区。徐康宁、王剑（2006）又以省际面板数据为样本，建立回归模型，连续考察了 1995～2003 年全国各省资源禀赋与经济增长的关系，以采掘业部门（包括石油、煤炭、天然气、金属和非金属矿采选业等）的投入水平反映各地区自然资源禀赋状况。计量结果表明，多数省份丰裕的自然资源并未成为经济发展的有利条件，反而通过资本转移排挤了制造和技术产业，制约了经济增长。

韩亚芬等（2007）通过考察 1985～2004 年全国各省能源消耗与生产和经济增长之间的关系发现：能源储量丰富、生产量大的地区，经济增长速度往往较慢。胡援成、肖德勇（2007）通过对全国 31 个省级截面单位 6 年时间（1999～2004 年）的研究，同样证实了"资源诅咒"现象在我国省际层面存在的事实。他们认为人力资本投入不足是产生"资源诅咒"的最明显的经济因素。张菲菲等（2007）为全面评价资源与区域经济发展之间

的关系，选取了水、耕地、森林、矿产、能源5种资源，通过对1978~
2004年全国30个省级面板数据长达27年的数据检验，结果证实除水资源
外，耕地、矿产、能源、森林这4种资源的丰裕度由高到低都对区域经济
发展产生负面影响，"资源诅咒"原理在中国内部区域之间仍然成立。邵
帅、齐中英（2008）以能源工业产值在工业总产值中的占比作为衡量资源
禀赋的指标，通过1991~2006年的省际面板数据重点研究了西部地区的能
源开发与经济增长之间的关系。结果表明：自20世纪90年代以来，西部
地区的能源开发确实对区域经济发展具有"资源诅咒"效应，二者呈明显
的负相关性。

从国内对典型地区的实证研究来看，姚文英（2009）通过对比新疆与
广东的资源状况与经济增长速度，证明新疆存在明显的"资源诅咒"现
象。徐盈之、胡永舜（2010）通过对内蒙古1987~2007年的经济发展与资
源相关性的研究发现，在这30年间，内蒙古经济发展存在"资源诅咒"
现象。栾贵勤、孙成龙（2010）通过对全国各省及山西省各县级层面数据
的研究，发现"资源诅咒"现象在省际层面是成立的，但是，对于县级层
面的研究却显示相反的结果，山西省内各县能源丰富的地区经济增长要快
于资源禀赋较差的县。周亚雄、王必达（2011）以甘肃省为研究对象，选
取了煤、石油、天然气3种能源资源证明甘肃省拥有的资源禀赋与经济增
长速度呈负相关，甘肃省的经济发展存在"资源诅咒"现象。

国内学者的研究基本上证明，在我国省际层面"资源诅咒"现象是成
立的。但是由于资源本身所涵盖的范围广，不同的学者在选取资源评价指
标时也存在很大的差异，并没有统一的标准，因此，结论尚存疑。如郑长
德（2006）就认为，经济增长率和自然资源禀赋之间的关系并不显著。另
外，目前所有关于"资源诅咒"的研究所涉及的资源主要是经济性的可以
量化的资源，并没有涉及如区位（包括港口、运输距离、运输成本等）等
不可以量化的资源，而这些不可量化的区位优势等资源在现代经济发展中
所起的作用尤为重要。英国工业革命之后，英国、美国等兴起的地区无不
显示这一点。如果考虑到这些不可量化的资源之影响，"资源诅咒"这一
命题可能就存在疑问。如丁菊红、邓可斌（2007）以中等规模以上的21
个城市连续4年（1999~2002）的数据作为样本考察了资源与经济增长之
间的关系，发现如果控制住地理位置、政府干预等，在这些城市层面"资

源诅咒"现象并不明显。孙大超、司明（2012）通过省际截面数据的实证研究发现，在控制制度因素、区位变量等因素后，资源丰裕程度与地区经济发展没有呈现显著相关性。他们认为，"资源诅咒"这一命题在中国省际层面的结论还有待继续验证。国外也有学者对"资源诅咒"命题提出质疑。如 Papyraki 和 Gerlagh（2004）在 Sachs 和 Warner 的分析框架中控制人力资本的教育变量后，发现"资源诅咒"现象消失了。

总体来看，尽管对"资源诅咒"这一命题学术界存在争议，但是，从国内外大量的实证检验来看，"资源诅咒"这一现象客观上还是存在的，只不过导致"资源诅咒"现象的传导机制存在差别，传导机制的不同，或许会造成资源对经济增长不同的影响。

2.4.2　"资源诅咒"的传导机制研究

从国外学者对"资源诅咒"传导机制的研究来看，对"资源诅咒"的传导机制主要持有贸易条件恶化论、"荷兰病"效应、人力资源不足论、"挤出"效应、资源引发战争或冲突、政治动机和政治体制、寻租与腐败、制度质量劣化等。从这些传导机制的主要作用机制来看，"荷兰病"效应、人力资源不足论这两个传导机制从人力资源的角度对"资源诅咒"进行了相应的解释。

"荷兰病"效应的实质在于，自然资源丰富的发展中国家，会由于自然资源的优势使大量的劳动和资本转向资源出口部门，这会导致可贸易的制造业需要花费更大的代价来吸引劳动力，造成制造业成本上升，削弱其参与国际竞争的能力。另外，资源出口带来的外汇增加会导致本币升值，这会进一步打击制造业的出口竞争力，最终形成恶性循环，导致制造业衰落。从产业发展的角度分析，制造业在一国的经济发展中，不仅承担着组织变革和技术创新的使命，而且肩负着培养企业家的重任。而凭借资源优势形成的资源开采部门，产业关联度低，既不能带动相关产业的发展，也不需要高素质高技能的人力资本，对人力资本的要求相当低。所以资源的丰裕不但没有为发展提供支持，反而造成了制造业的衰落，使国家失去了发展的动力。从"荷兰病"效应我们可以发现"资源诅咒"现象的传导机制在于，某个地区自然资源状况可能影响要素投入在不同行业的配置，最终对经济增长造成影响。

人力资源不足论对"资源诅咒"传导机制的解释在于，在资源丰富的国家或地区，由于资源开采部门缺乏对高素质劳动力的需求，整个社会缺乏投资人力资本的内在动力，造成人力资本投资的长期价值被低估。Sachs和Warner（1995）与Gylfason（2001）等人已经证明：资源丰裕的国家开采部门并不需要高技能的劳动力，个人的就业领域大部分以初级产品生产部门为主，进行人力资本投资的收益低于预期，导致个人的理性选择是放弃人力资本的投入。而政府凭借资源开采轻易获得收入的同时，会认为扩大教育支出培养人才对国家意义不大，导致整个社会降低对人力资本的投入，最终因创新的动力不足，经济增长受抑制。

"荷兰病"效应和人力资源不足论两种传导机制在解释"资源诅咒"现象时都涉及了人力资本的投资问题，但是，他们都认为资源开采部门对劳动力技能的要求不高导致了人力资本投资不足。这一研究的不足，一方面在于他们是从市场对劳动力低技能的需求解释劳动力供给方由于收益不高而对人力资本投资不足，没有从机会成本选择理论去探讨和解释"资源诅咒"现象。另一方面，国外学者对这一问题的研究是在国家层面，如果将传导机制的研究范围从国与国之间缩小到地区之间，尤其是具有相似政策制度和文化的同一省内或同一地区内，在解释"资源诅咒"时会更有说服力。而国内学者胡援成、肖德勇（2007）尽管研究认为人力资本的投入水平是我国省际层面"资源诅咒"存在的关键因素，增加人力资本投入能够有效地解决"资源诅咒"现象，但是，并没有从人力资本的选择角度研究造成"资源诅咒"的原因。实际上，换一个角度来解释"资源诅咒"这一命题就会发现，"资源诅咒"的产生很大原因在于资源的丰裕使得劳动力可以在较为轻松的状态下生存，从而失去了奋斗的动力，并且，放弃现有收入而导致的机会成本的存在，使得劳动力在既有条件下在职业选择上趋于保守，创业和创新精神不足，从而导致了经济增长落后。

2.5　小结

自有企业家这个术语以来，学界对影响企业家的因素从个体微观、公司中观、环境宏观等多维度进行了分析。尽管研究人员越来越重视企业家在经济体系中的作用，但是，现有的研究并没有关注传统农区开启工业化进程这一特殊环境下行为主体——企业家的作用和形成机制。战略资源学派强调了企业家成长过程中可得资源的问题，但是，从传统农区工业化的背景来看，既缺乏工业化生产条件下所需要的自然资源，也没有区位优势，战略资源学派无法解释传统农区企业家的形成。其他现有的理论，基本上是从普遍意义上来探究影响企业家成长的各项因素，缺乏对传统农区这一特定背景下企业家成长的关注和研究。而实际上，对传统农区来说，开启工业化的进程，只能依靠企业家精神。因此，本书将对传统农区这一特定环境下企业家形成的影响机制进行深入的研究，力求对传统农区工业化的微观主体的形成机制有深刻的认识，推动企业家形成和影响机制在特定环境和背景下的研究。

内生增长理论的出现，为将以创业和创新为代表的企业家精神引入经济增长理论提供了可能。实证分析表明，不管是发达经济体还是处于转型的经济体，企业家精神对经济增长均具有明显的正效应。在国外学者的示范下，国内学者如庄子银（2003，2005）、李宏彬等（2009）、李杏（2011）等做出了开创性的研究，这些分析为后续的研究奠定了基础。本书也试图对传统农区工业化进程中企业家的作用进行分析。但目前还没有文献使用中国的省内地级市面板数据对企业家精神和地区经济增长进行相关的研究，现有的研究基本上都是使用各省之间的面板数据进行分析，由于各省政策、文化之间存在差异性，因此，并不能很好地解释企业家精神与地区经济增长之间的关系。而由于一省之内政策、文化等因素的趋同性，利用省级地市级面板数据衡量企业家精神与地区经济增长，解释力更强。

现有理论对影响企业家成长的各项因素进行了分析和探讨，但是，这些研究忽略了人面对不同约束条件时的行为选择，而外部约束条件下的行为选择，虽然在初始是一个小的变量，但是会在后期形成巨大的路径依赖。因此，单纯从企业家形成的影响因素来探讨企业家的形成，并不能很好地解释企业家的产生，尤其是不能解释为什么资源禀赋等条件较差的地区会更容易产生企业家。本书试图对现实中的这一现象进行解释。

3 对企业家形成的"资源诅咒"
——假说与计量

一个普遍的共识是：从农业社会向工业社会转型的工业化过程中，初始条件越有利于资本形成，那么也就越有利于经济增长，越有利于工业化进程的开启。中国改革开放以来的一些事实也能说明这一问题：中国农村的工业化始于传统的"鱼米之乡"苏南一带。但是当我们将研究的视角放在更为局部的范围，则会发现一些反常现象：作为传统农业大省的河南，其农村地区的工业化并非源自传统的农业优势地区，如商丘、周口、驻马店、信阳等所谓黄淮四市，倒是在诸如长垣县、长葛市等缺乏农业资源和其他发展条件的地区开启了工业化的道路。

相对于河南省的其他地区，工业化发展较好的长垣县等地缺乏足够好的农业资源条件，而且其他的发展条件也很落后。按照传统的观点，这些地区由于农业生产条件落后，没有多余的生产剩余，最不易形成资本积累。但恰恰是在长垣县等地区成长起众多的企业，率先推动了整个地区的工业化。与此对应的是，按照传统观点资源禀赋条件较好的黄淮四市却未能实现有效的工业化。现实的状况使我们不得不重新审视传统农区工业化的发展条件。长垣县、长葛市这些区域的工业化进程，更多地依赖本地企业家建立的工业企业的兴起，而非依赖外部投资形成的工业企业的带动。是否在传统农区，资源禀赋较差的地区较禀赋更优的地区更有利于企业家的形成，从而推动工业化的发展？这一问题是本章研究的主要内容。

本书力图研究的问题是缺乏资源禀赋优势及其他发展条件的传统农区如何开启工业化道路，研究的目的在于探求传统农区经济发展的内在机制。考虑到传统农区内部以及沿海发达地区与传统农区之间，都存在资源禀赋差异的状况，似乎都应予以分析。但正如前边所述，本书以可观察到的现实为基点，因而在书中仅以传统农区内部不同区域的资源禀赋差异为研究起点，开启对这一问题的研究，并由此探讨传统农区相对于沿海发达地区在缺乏资源优势的情况下，在实现工业化的进程中，如何开启工业化道路。

3.1 理论与假说

鉴于长垣县、长葛市的启动工业化的现实案例，如果从"资源诅咒"这一命题来看待传统农区的发展，似乎能解释为什么农业资源禀赋较好的传统农区工业化的发展反而落后于资源禀赋较差的地区。在"资源诅咒"这一命题的框架下，本书提出以下假设：农业生产条件的禀赋差异对于企业家的形成具有重要的选择作用。具有较好农业生产条件的地区，不易形成企业家群体，从而不利于启动本地区的工业化进程；农业生产条件相对较差的地区，更易于形成企业家群体，从而有利于启动本地区的工业化进程。

3.2 研究所涉及的数据说明

3.2.1 研究对象

根据 3.1 节所阐述的理论假说，本书的研究取向为河南省这一特定区域内的工业化问题。因此本书的研究标的为河南省行政区划内的 18 个地级市及其所辖农村地区。选择这一研究标的的原因在于，其一，本书所得到的关于农业生产条件方面的"资源诅咒"现象，仅限于作者的调研，而这一调研的区域也仅限于河南省。其二，这种特殊的"资源诅咒"现象在较大尺度的数据考察方面并不能得到支持，因此它可能仅仅与河南省特殊的工业化条件和工业化道路有关。本书的研究试图提供一个新的视角以审视这一问题。

另须说明的一点在于，更好的研究对象应为县域经济体，因为即使处于同一地级市辖区范围之内的各县经济发展、资源条件等都有可能存在巨大的差别。更重要的是，县域经济体可以提供更多的截面数据。[①] 但是考虑到县域经济体的各类统计数据难以获得，本书不得不选用地级市及所辖农村地区作为研究对象。

3.2.2 计量所涉及的变量及平稳性检验

本章使用的各个变量均来自《河南统计年鉴》，涉及 1997～2009 年各个版本。截面数据以河南省各地级市为单元。数据的时间序列为 1996～2008 年的年度数据，选取这一段时间序列数据的原因在于：1996 年前各项统计的统计口径与其后的统计口径有区别。区别一方面在于劳动就业统计和工业企业统计方面的统计口径发生了变化，另一方面自 1996 年之后河南省济源市开始作为一个独立地级市，具有了单独的统计数据。此外，我们应当注意到，全国的民营经济创业活动大多起自 20 世纪 90 年代，特别是1992 年我国经济全面向市场化方向进行改革之后，河南省作为一个工业化发展较迟缓的区域经济体，创业活动的发展相对较迟缓，故选取自 1996 年开始的数据并不妨害本书的解释力。自 2008 年以后，相关的统计口径再度发生重大变化，为保证时间序列数据的数据质量，故不再取 2008 年以后的数据。

从 1996 年至 2008 年共 13 年，这 13 年期间个体和民营企业得到了迅速的发展。本书解释"资源诅咒"的现象，意在指出工业化之初始阶段，农业生产条件的优劣差别可能对创业活动产生的影响。这 13 年的数据应当足够反映本书要解释的命题。

（1）被解释变量 Emp

本书在这一章试图验证的命题是：农业生产条件存在"资源诅咒"的可能，从而对企业家的形成产生负面的影响。对于这一命题，衡量"企业家的形成"是一个困难的问题。一般来说，一个地区内企业家占总人口的比重似乎可以是一个较好的变量，但是在各种人口统计的数据中缺乏职业方面的统计数据。作为一个变通的办法，可以统计一个地区中企业的数目与每万人常住人口的比值作为一个合适的代理变量。但关于企业数量的统

---

① 河南省有 108 个县，分属于 17 个地级市。从数据来看，108 个截面数据非常有利于回归。

计在官方的统计年鉴①中，其口径不断变化，无法形成有意义的时间序列数据。最后，本书在考虑数据的可获得性的前提下，选取了"个体及私营企业雇佣从业人员占人口比重"作为"企业家的形成"的代理变量，以Emp命名。

需要注意的是，本书选取的这一代理变量并不包含除个体及私营企业以外的企业。原因在于本书对企业家的理解类同于凯恩斯的看法，其应当具有凯恩斯所描述的"动物精神"。对于非个体和私营企业之外的企业，特别是公有制企业，本书并不认为其存在企业家，或者至少说并不普遍。因此这一代理变量的选择仅考虑了个体和私营企业。

需要特别指出的是，这一代理变量的选择可能存在争议。一般认为，个体企业或者私营企业的所有人可被认为是企业家。但一个企业的规模可能很大也可能很小，一个企业的雇员可能较多也可能较少。这不仅与企业的规模有关，而且与企业所处的行业、其主营业务的性质都有关。如果不加区分地认为"个体及私营企业雇佣从业人员占人口比重"就代表了当地企业家活跃的程度，恐怕难以说明问题。但本书考虑到尽管河南省各地的个体和私营企业在规模及产业上存在差别，而这一差别不会使相应的分析完全失去意义。

本书选取了1996~2008年河南省各个地级市的个体企业从业人数和私营企业从业人数，将两个人数加总，然后除以这一年度该地级市的常住人口，共计有234个数据。

考虑到数据所包含的时间序列问题，因此有必要检验数据的平稳性。本书用计量经济学软件 EVIEWS 6.0②首先做出了18个地级市 Emp 均值的点线图（见图3-1）。明显可以看出数据总体上呈持续上升的趋势，因而初步显现其可能是非平稳的。

此外，本书绘制了这一数据的自相关系数图（见图3-2），从数据的自相关图来看，自相关系数也是不断减小的，同样说明数据是非平稳的，因而有必要做单位根检验。对于面板数据，本书同时考虑了各个截面数据服从同一单位根过程和不服从同一单位根过程两种情况，并分别使用多种

---

① 指由官方统计部门河南省统计局所发布的河南统计年鉴。

② 本书使用的计量经济学软件包为 EVIEWS 6.0，下文相同，不再报告。

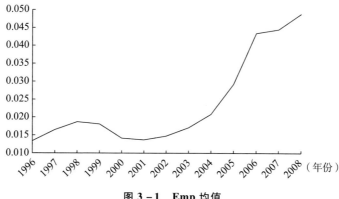

图 3 - 1　Emp 均值

检验方法，如 Levin, Lin &Chu t 方法、ADF 方法等，除 Levin, Lin &Chu t 方法外，大多数方法的检验结果显示原数据序列拒绝了不含单位根的原假设（详见表 3 - 1）。出现这一结果的原因可能是 18 个地市的截面数据并不符合同一单位根，但各自的时间序列数据都有自己的单位根过程。

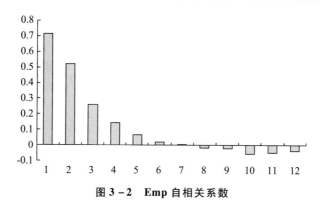

图 3 - 2　Emp 自相关系数

表 3 - 1　Emp 原序列数据平稳性检验

LLC 检验	Breiting 检验	PS 检验	ADF - F 检验	PP - F 检验
- 2. 18095 **	1. 18554	1. 79984	24. 136	11. 3217

注：*、**、***分别表示在 10%、5% 和 1% 的显著性水平上显著。

考虑到原序列数据未能拒绝包含单位根的假说，因此本书利用同样的方法，检验了 Emp 一阶差分序列的数据平稳性，结果显示一阶差分数据不能拒绝不含单位根的原假设。详细报告见表 3 - 2。

表 3 - 2　Emp 一阶差分数据序列平稳性检验

LLC 检验	Breiting 检验	PS 检验	ADF – F 检验	PP – F 检验
– 8.411175 ***	– 1.70954 **	– 4.77476 ***	83.196 ***	121.492 ***

注：＊、＊＊、＊＊＊分别表示在 10%、5% 和 1% 的显著性水平上显著。

（2）解释变量 Land

就本书要检验的假说而言，"资源诅咒"特指优势的农业生产条件限制了企业家的形成。而农业生产条件在本书中用人均占有的耕地数量代表，以 Land 表示。

我们知道，农业生产条件的好坏不仅取决于人均耕地的多少，而且取决于其他一系列自然条件，如水浇地在全部耕地中的比例，积温、降水、土壤质地及其他耕作条件等。但本书并未采用这些变量，原因在于，其一，难以取得上述变量的官方统计数据；其二，在河南省这一区域内诸如积温、降水和土壤质地在各地级市之间差别不大。因而选取人均耕地这一变量作为主要的解释变量。另外需要特别指出的是，耕地使用权的取得在于 20 世纪 70 年代末至 80 年代初我国农村的家庭联产承包责任制，时至今日，其间的调整并不太大，因而具有较好的外生性，这十分有利于本书计量模型最终的回归结果。

解释变量 Land 的数据同样来自河南统计年鉴。本书选取了 1996 ~ 2008 年河南省各个地级市的耕地数据，然后除以这一年度该地级市的常住人口得到人均耕地面积，单位为公顷/万人，共计有 234 个数据。

与大多数人的印象有区别的是，河南省各市的人均耕地数量在 1996 ~ 2008 年非但没有减少，却有所增加。这可能与更多的闲置土地被开垦利用有关。同样，本书首先通过观察 18 个地级市 Land 均值的点线图（见图 3 - 3）来初步了解数据的性质。从图 3 - 3 中可以看到这一数据存在一个指数增长的态势（特别是自 2004 年以后）。通过观察各个地级市这一数据的点线图①也发现多数地级市存在这一现象。为了剔除数据指数增长对线性模型的影响，本书将这一数据取自然对数后形成新的数据序列，将其纳入计量模型。

_____

① 限于篇幅，本书不再一一作图展示。

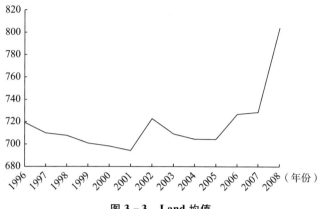

图 3 - 3 Land 均值

对人均耕地取自然对数以后，同样需要检验新的数据序列的平稳性。本书检验此序列数据平稳性的方法与此前 Emp 数据的检验方法相同：既有包含同一单位根过程的原假设，也有包含不同单位根过程的原假设；检验的方程中包含了趋势项及截距项。检验的结果表明，原序列数据对这两种原假设都不能拒绝，因而原序列数据同样是非平稳的。详细的报告见表 3 - 3。

表 3 - 3 Land 原序列数据平稳性检验

LLC 检验	Breiting 检验	PS 检验	ADF - F 检验	PP - F 检验
3. 51922	8. 94791	5. 93517	15. 4825	8. 06427

注：*、**、*** 分别表示在 10%、5% 和 1% 的显著性水平上显著。

随后本书对上述数据的一阶差分序列做了单位根检验。检验的方法同原序列数据。其报告的结果显示一阶差分序列拒绝了包含单位根的假设。不过需要注意的是，Breiting t - stat 检验显示其不能拒绝包含同一单位根过程的原假设。但对于包含不同单位根过程的原假设，更常用的 ADF 检验和 PP 检验则拒绝了这一假设。详细的报告见表 3 - 4。

表 3 - 4 Land 一阶差分数据序列平稳性检验

LLC 检验	Breiting 检验	PS 检验	ADF - F 检验	PP - F 检验
- 5. 49289 ***	4. 60983	- 2. 02935 **	69. 0781 ***	116. 833 ***

注：*、**、*** 分别表示在 10%、5% 和 1% 的显著性水平上显著。

（3）控制变量人均 GDP

经济增长本身往往意味着微观企业数目的增加，其中不乏个体企业及私营企业。因此本书引入了各地市人均 GDP 作为控制变量，以控制人均 GDP 的增长所导致的"个体及私营企业雇佣从业人员占人口比重"的变化。

由于本书的计量是以面板数据为基础的，因而时间序列上的名义 GDP 数据被换算成实际 GDP，从而避免通货膨胀的影响。控制变量 GDP 的数据同样来自河南统计年鉴。原始数据选取 1996～2008 年河南省各个地级市的人均 GDP 数据，共计有 234 个数据。为了剔除通货膨胀的影响，得到人均 GDP 的可比数据，本书查询了河南省 18 个地市按可比数据计算的人均 GDP 增长率，以 1996 年为基准年，计算了其后 12 年的可比数据的人均 GDP，形成计量模型所使用的数据序列。事实上，人均 GDP 的真实增长率并不见得是一个可靠的计算标准。统计部门未能对这一数据生成的办法做出足够详细的解释。就数据的直观观察来看，似乎统计部门在各个地方不同的地区使用了不同的价格平减指数。这有可能与平减指数中的商品篮子有关，或者与各地的价格整合程度较低有关。或许更可靠的方法应当是通过国民经济消胀指数及历年 GDP 的现值来计算真实的 GDP 数据，但由于缺乏国民经济消胀指数，故采用这一相对简单的处理方法。

一般来说，GDP 被看作差分平稳的过程，也就是说 GDP 的一阶或高阶差分是一个平稳可逆的 ARIMA 过程。河南省 18 个地市的人均 GDP 数据理应不会有别。数据的检验显示人均 GDP 原序列数据在多个检验方法下都不能拒绝包含单位根的假设，因而数据是非平稳的。检验的结果见表 3－5。

表 3－5　GDP 原序列数据平稳性检验

LLC 检验	Breiting 检验	PS 检验	ADF－F 检验	PP－F 检验
8.55148	7.82875	11.7443	1.18393	0.04331

注：*、**、***分别表示在 10%、5% 和 1% 的显著性水平上显著。

而人均 GDP 的一阶差分序列的检验则显示其为平稳序列，各个检验中除 Breiting t – stat 检验外，均拒绝了包含单位根的原假设。检验的结果见表 3 – 6。但要注意的是，常用的 ADF 单位根检验，仅在 10% 的显著性水平上拒绝了原假设。

表 3 – 6 GDP 一阶差分数据序列平稳性检验

LLC 检验	Breiting 检验	PS 检验	ADF – F 检验	PP – F 检验
– 6. 46644 ***	0. 98187	– 1. 70466 **	49. 0651 *	67. 4286 ***

注：* 、** 、*** 分别表示在 10% 、5% 和 1% 的显著性水平上显著。

（4）控制变量人均贷款余额 Loan

一个地区的创业活动是否活跃、经济是否增长，在很大程度上还同这一地区的金融发展有关，特别是创业活动更依赖金融的深化。为讨论"资源诅咒"的问题，必须充分地考虑金融发展对创业活动的影响。因此本书引入人均贷款余额作为控制变量，以 Loan 表示。

需要讨论的是，个体及私营企业的创业活动一方面会依赖商业银行的贷款，而另一方面也依赖民间金融所提供的资金支持。后者在一定程度上更为重要，但是民间金融无论从量上来看，还是从价上来看，抑或从配给的角度上来看都没有完整的数据。因此本书的研究仅能从正规金融渠道的数据入手，这可能是本书的一个不足之处。

控制变量人均贷款余额 Loan 的数据同样来自河南统计年鉴。原始数据选取 1996 ~ 2008 年河南省各个地级市商业银行的年底贷款余额，然后换算成人均数据。共计有 234 个数据。

作为一个经济体重要的经济变量，显而易见贷款数据通常也是非平稳的，通过观察这一数据的点线图及自相关系数图即可发现。但不同地级市的点线图还存在一些差别：2008 年的数据显示，约有一半的地级市贷款数量出现下降而非上升，这在整个数据周期中是不同寻常的，而工业化水平较高的一些地级市如郑州、洛阳、新乡、鹤壁、许昌等未出现这种状况。对原数据序列的平稳性检验显示，除了 Levin，Lin & Chu t 检验不能拒绝数据序列不包含单位根（同一单位根过程）以外，其他检验都拒绝了原假设（不含同一单位根过程的原假设及不含不同单位根过程的原假设）。因此这一数据同样是非平稳的。具体见表 3 – 7。

表 3 – 7   Loan 原序列数据平稳性检验

LLC 检验	Breiting 检验	PS 检验	ADF – F 检验	PP – F 检验
– 2. 53574 *	0. 21931	0. 76577	31. 2236	17. 3644

注：*、**、*** 分别表示在 10%、5% 和 1% 的显著性水平上显著。

对数据的一阶差分序列所做的单位根检验的结果显示，除 Breiting t – stat 检验拒绝了不含单位根（同一单位根过程）的原假设外，其他检验均不能拒绝不含单位根的原假设。因此结论应当是明确的：一阶差分数据序列应当是平稳的。具体见表 3 – 8。

表 3 – 8   Loan 一阶差分数据序列平稳性检验

LLC 检验	Breiting 检验	PS 检验	ADF – F 检验	PP – F 检验
– 8. 95813 ***	– 0. 31418	– 4. 96915 ***	86. 1574 ***	110. 374 ***

注：*、**、*** 分别表示在 10%、5% 和 1% 的显著性水平上显著。

3.3   计量模型

在数据的基础上，本书首先尝试对以下模型做回归分析：

$$Emp = c + \beta_1 \log(Land) + \beta_2 GDP + \beta_3 Loan + m \qquad (3-1)$$

公式（3 – 1）的含义，或者其代表的假说简单而明确：被解释变量 Emp 与解释变量 $Land$ 和控制变量 GDP 及控制变量 $Loan$ 之间存在线性关系。如果"资源诅咒"的假说不能被拒绝，那么应当得到一个统计上显著的、负的 β_1 估计值。不过回归的结果却不能令人满意，在尝试了不同的回归方法之后都不能得到一个统计上显著的结果。出现这一结果的原因可能在于模型未能更准确地刻画经济发展中的现实。因此本书着手对计量模型进行修订。在充分考虑了人均耕地、人均 GDP 及人均贷款余额可能存在与被解释变量的非线性关系之后，本书对回归所用的计量模型进行了新的调整，得到如式（3 – 2）所示的基本形式。

$$Emp = c + \beta_1 \log(Land) + \beta_2 \log(Land)^2 + \beta_3 GDP + \beta_4 Loan$$

$$+ \beta_5 Landm * GDP + \beta_6 Landm * Loan + m \qquad (3-2)$$

模型修订的原因如下。

3.3.1 人均耕地与被解释变量之间的关系

人均耕地作为本书关键的解释变量,具有不同一般的意义。其与被解释变量之间的关系是计量是否存在意义的关键。根据本书观察到的事实,因人均耕地所产生的"资源诅咒"现象似乎只发生在一些特定的时段和特定的地区。具体而言,这一现象仅发生在工业化水平十分落后、收入水平低下的欠发达平原农区。正如前文所描述过的那样,这种"资源诅咒"的现象并未在更大尺度上被观察到——比如我国农业生产条件最为适宜的"苏南"地区同时亦是我国农村工业化的发祥地。因此,本书怀疑解释变量与被解释变量之间的关系可能并非线性关系,而是一种类似于 U 型曲线的关系。从技术上来说,这种关系意味着被解释变量对解释变量存在一阶偏导数为负,但二阶偏导数为正的情况。将这种关系转化为可供计量的线性模型,最方便的方法是引入解释变量的平方项。基于这一点考虑,本书认为应将这一解释变量的平方项纳入线性模型,使其具有解释倒 U 型曲线的能力。因此,这一解释变量的平方项也作为一个重要的解释变量被纳入模型中考虑,用 $\log(Land)^2$ 表示。

由于这一变量仅是 $\log(Land)$ 的平方,所以数据序列的平稳性性质应当与 $\log(Land)$ 一致,故而不再对其做平稳性检验。它也应当是原序列拒绝无单位根假设,而一阶差分序列不能拒绝无单位根假设。

3.3.2 人均 GDP 与被解释变量之间的关系

在回归模型中纳入人均 GDP 作为控制变量的原因在于控制经济发展中的景气周期因素对被解释变量的影响。但进一步的思考也让本书怀疑人均 GDP 对被解释变量的影响是否仅仅是一种线性关系。一个合乎逻辑的考虑是,景气周期中的上升阶段应当会促进创业活动的发生,而景气周期中的下降阶段应当会抑制创业活动的发生。对于被解释变量来说,人均 GDP 应当对其有着正向的作用。但是,除此之外,我们还应注意到本书所指的创业活动有可能与农业的发展存在某种替代关系——在那些农业资源(主要是人均耕地）更多的地区，景气周期对创业活动的影响相对于那些农业资源更少的地区来说也许更弱一些。因此，对于理论模型来说，GDP 与被解释变量之间也许并不单纯地是某种线性关系。为了识别这种影响，有必要引入一个新的变量：历年来各地的平均人均耕地与人均 GDP 增长之间的乘积项。在本书的模型中，这一项用 *Landm* * *GDP* 来表示。意味着各地的历年平均人均耕地 Landm 与人均 GDP 之间的乘积。

这一新变量的数据在时间序列上同样没有必要做单位根检验，因为它仅是人均 GDP 序列各自乘以一个常数所得，其平稳性不应出现新的变化。因此，它也是原序列拒绝无单位根假设，而一阶差分序列不能拒绝无单位根假设。

3.3.3 人均贷款余额与被解释变量之间的关系

类似于 GDP 的影响，基于同样的考虑，本书也怀疑人均贷款余额对被解释变量的影响不仅仅是一种线性关系。如前文所述，人均商业银行的贷款余额用于控制金融发展的状况对创业活动的影响。考虑到创业活动有可能与农业的发展存在某种替代关系，也有必要引入这一变量与历年各地的平均人均耕地的乘积项，纳入回归模型。在本书的模型中，这一项用 *Landm* * *Loan* 来表示。

与 *Landm* * *GDP* 类似，新变量 *Landm* * *Loan* 的数据在时间序列上同样没有必要做单位根检验，因为它仅是人均贷款余额序列各自乘以一个常数所得，其平稳性不应出现新的变化。因此，它也是原序列拒绝无单位根假设，而差分序列不能拒绝无单位根假设。

3.3.4 变量之间是否存在协整？

式（3-2）的各个变量平稳性检验的结果均显示一阶单整的性质，因此本书怀疑数据之间可能存在协整关系。但遗憾的是，由于数据的时间序列长度太短，从 1996 年至 2008 年，仅有 13 个年度数据，这么短的数据序列无法做协整检验。基于数据间可能存在的协整关系，本书分别对原数据序列及其一阶差分序列各自进行了回归。如果协调关系的确存在，那么原序列数据的回归结果可能在统计上更有优势。另外，本书还同时报告了一阶差分序列的结果，并依据各自的结果来解释本书的研究问题。

3.4　面板变量模型的选择

在面板数据模型的选择方面，通常有三种形式：混合估计模型 (Pooled Regression Model)、固定效应模型 (Fixed Effects Regression Model) 和随机效应模型 (Random Effects Regression Model)。混合估计模型要求各个截面的截距项在不同时间上不应存在显著的差别，且从时间上看，各个个体在时间序列上，其截距项也不应当存在显著性的差别。

识别数据是否适用于混合估计模型通常通过 F 检验来进行，本书计算了混合估计数据和固定效应模型各自的残差平方和，并据此计算了 F 分布统计量。经查 F 分布表，拒绝了对于不同横截面模型截距项相同（建立混合估计模型）的原假设。本书所使用的 EVIEWS 并未直接给出这一统计量的检验，因而其过程比较烦琐，故不再一一报告具体过程。事实上这一结果应当是理所当然的：毕竟，在经济发展的不同时间，各个截面数据得到同一截距项和斜率项是不合常理的。

同时应注意到，根据理论常识，当数据来自统计而非随机抽样，一般来说这些数据更适合采用固定效应模型。为了区分数据适用于固定效应模型还是随机效应模型，本书分别对原序列数据和差分序列数据做了 Hausman 检验。在 EVIEWS 中，Hausman 检验的原假设是指固定效应和随机效应模型没有差别。根据这一检验的报告（见表 3 – 9 和表 3 – 10），可以看出无论是原序列数据还是差分序列数据，Hausman 检验都不能拒绝原假设，因此本书采用了固定效应模型。

表 3 – 9　原序列数据豪斯曼（Hausman）检验

检验总览	卡方检验统计量	卡方检验自由度	概率值
截面随机	0.000000	6	1.0000
时间随机	0.000000	6	1.0000
截面和时间随机	0.000000	6	1.0000

表 3 – 10　一阶差分序列数据豪斯曼（Hausman）检验

检验总览	卡方检验统计量	卡方检验自由度	概率值
截面随机	2.443948	6	0.8747
时间随机	0.000000	6	1.0000
截面和时间随机	1.056226	6	0.9834

3.5　回归方法的选择

最为简单和常用的回归方法是最小二乘法（OLS）。但是本书的数据从理论上应当包含各期滞后项的影响，因此并非一个静态面板，而是一个动态面板。因而不能使用最小二乘法的估计方法，而是使用了两步最小二乘法（TSLS）来进行估计。两步最小二乘法的估计过程中，我们使用了以下一系列工具变量。对于原数据序列的估计模型来说，工具变量的设定见表 3 – 11。

表 3 – 11　原数据序列估计模型工具变量设定

$\log(Land)$	人均耕地的对数值
$\log(Land)^2$	人均耕地对数值的平方项
$GDP(-1)$	人均 GDP 的一阶滞后项
$Loan(-1)$	人均贷款余额的一阶滞后项
$Landm*(GDP(-1))$	年度平均人均耕地与人均 GDP 一阶滞后项
$Landm*(Loan(-1))$	年度平均人均耕地与人均贷款余额一阶滞后项

对于一阶差分数据序列的估计模型来说，工具变量的设定见表 3 – 12。

表 3 – 12　一阶差分数据序列估计模型工具变量设定

$D(\log(Land))$	人均耕地的对数值的一阶差分
$D(\log(Land)^2)$	人均耕地对数值的平方项的一阶差分
$D(GDP(-1))$	人均 GDP 的一阶滞后项的一阶差分
$D(Loan(-1))$	人均贷款余额的一阶滞后项的一阶差分

D（*Landm* ∗（*GDP*（﹣1）））	年度平均人均耕地与人均 GDP 一阶滞后项的一阶差分
D（*Landm* ∗（*Loan*（﹣1）））	年度平均人均耕地与人均贷款余额一阶滞后项的一阶差分

无论是表 3 - 11，还是表 3 - 12，都可以看出，在工具变量的设定上，人均耕地的滞后项被设计为不进入模型。这一考虑正如前文所述，本书认为人均耕地具有较好的外生性，不应造成估计的内生性问题，因此它的工具变量就是其本身。而对于其他变量诸如 GDP 和贷款余额，本书认为它们的前一期变量值应当对当期被解释变量产生相应的影响。至于更高阶的滞后项，一则是缺乏解释的经济意义，二则是在如此一个短的时间序列当中，更高阶的滞后项被引入也会造成估计的困难。

3.6 回归的结果

最终，模型的回归结果是饶有兴味的。对于本书所定义的关于"资源诅咒"的假说，数据提供了一定程度的支持。并且，关于控制变量的一些回归结果也可以给我们一些很有意义的解释。原序列数据回归的结果见表 3 - 13，一阶差分序列的数据回归结果见表 3 - 14。

表 3 - 13　原序列数据回归结果

变量	系数
log（*Land*）	﹣1. 315765 (0. 3291) ***
log（*Land*）^{2}	0. 099014 (0. 02483) ***
GDP	4. 17E﹣06 (1. 12E﹣06) **
Loan	3. 81E﹣06 (2. 72E﹣06)
Landm ∗（*GDP*）	﹣5. 89E﹣09 (2. 14E﹣09) *
Landm ∗（*Loan*）	﹣8. 47E﹣09 (5. 75E﹣09)

续表

变量	系数
C	4.4003
	(1.0915) ***
Observations	216
R – squared	0.86398
F – statistic	34.356

注：*、**、***分别表示在10%、5%和1%的显著性水平上显著。

表3-13显示，整个回归方程的经调整后的R平方（拟合优度）高达0.84，但这不足为奇，毕竟原数据序列是非平稳的。各个解释变量的显著性检验大多不错，其中$\log(Land)$、$\log(Land)^2$、GDP、$Landm*(GDP)$的T统计量显示在1%的显著性水平上显著。不理想的是人均贷款余额及平均人均耕地与人均贷款余额的乘积项的显著性检验未能达到10%的水平。而DW统计量显示其值为1.48，似乎支持存在正的一阶自相关问题，但考虑到本模型的样本在时间序列上数量十分有限，因此这一值也可以接受。

表3-14　一阶差分序列数据回归结果

变量	系数
dlog（Land）	– 1.0408
	(0.5526) *
d（log（Land）^{2}）	0.0765
	(0.04137) *
d（GDP）	9.53E – 06
	(5.40E – 06) *
d（Loan）	– 2.81E – 05
	(1.65E – 05) *
Landm * d（GDP）	– 1.55E – 08
	(1.04E – 08)
Landm * d（Loan）	6.47E – 08
	(3.55E – 08) *
C	– 0.0021
	(0.0032)
Observations	198
R – squared	– 0.1074
F – statistic	5.2974

注：*、**、***分别表示在10%、5%和1%的显著性水平上显著。

在表 3 – 14 当中，对于一阶差分的动态面板数据来说，调整后的 R 平方值意义不大。我们主要关心的几个解释变量当中，可以看到解释变量 dlog($Land$)、其平方项 d(log($Land$)^2)，d(GDP)、d($Loan$)、$Landm*$ d($Loan$)的 T 统计量均通过了 10% 显著水平上的检验。只有 $Landm*$ d(GDP)一项未能通过 10% 显著水平上的检验。而 DW 统计量为 2.42，经查 DW 统计量临界值表，可以认为模型误差项不存在自相关。

结合表 3 – 13 和表 3 – 14 的结果，这一回归结果基本上可以被接受，用以支持本书的假说。回归结果显示各个解释变量的斜率与本书此前的假设颇有吻合，现一一加以分析。

3.7 对计量结果的经济理论解释

3.7.1 人均耕地与创业活动之间的关系

无论是原数据序列还是差分数据序列，人均耕地变量的斜率均为负，且都通过了显著性检验，[①] 这与本书关于"资源诅咒"的假说是一致的，数据检验的结果没有拒绝本书的假说。这一结果说明：在河南省的 18 个地级市当中，人均耕地资源越多的地级市，其私营和个体雇佣的劳动量在其人口中的占比就越少。这一结论可以粗略地被表述为私营和个体的企业数量按人均来衡量越少，企业家在总人口中的比例就越低。由此看来，黄淮四市农业生产条件较好，但产业发展落后，至少可以部分地归因于农业生产条件的相对较好，挫伤了居民的创业和冒险精神，这正是农业生产条件优势为工业化道路所设下的陷阱。更深层次的原因可能在于农业社会的小富即安和自给自足的保守精神状态并不适合工业化所要求的市场精神。本书作者曾经走访过许多欠发达地区的农村家庭，直接感触过农业优势地区的农村居民的这种保守状态。

尽管回归结果中，解释变量人均耕地的结论令人满意，但更有趣的结

---

① 对于差分序列的回归结果来说，显著性水平不算太高，仅为 10% 的显著性水平，这可能与本书所使用的数据序列长度较短有关。原序列数据的 T 检验显著性水平很高，达到 1% 的标准，但这一结果可能与数据非平稳有关。

果却是人均耕地的平方项方面，这一解释变量的回归系数为正。与解释变量人均耕地相类似：原数据序列和差分数据序列的回归结果在方向上是一致的，且其 T 统计量分别通过了显著性检验 1% 和 10% 的标准（见表 3 - 13 和表 3 - 14）。平方项正的回归系数说明了人均耕地农业生产条件存在"资源诅咒"的现象，但是这种"资源诅咒"的作用却是不断递减的。抵消掉"资源诅咒"现象的机制是什么呢？其实主流的文献和观点早已进行了解释。本书在此进一步说明：经济增长离不开资本形成。对于一个农业社会来说，工业化进程如果要启动需要从传统的农业中得到足够的积累，形成最初的资本，才有工业化和经济增长的可能。越是优越的农业生产条件，则越有可能为资本形成提供足够的积累。

特别需要指出的是，最初阶段的资本形成应当存在一个门槛：只有人均的农业产出超过了一定的数量，满足了居民的基本温饱之后，才有资本形成的可能。正是基于这一点，才能在经济发展欠发达的平原农区，发现这种农业生产条件优势对工业化所产生的"资源诅咒"现象。

在本书最初的回归模型当中，并未引入"人均耕地平方项"作为解释变量。主要原因在于：最初作者试图寻求河南省在工业化初期（20 世纪 70 年代或 80 年代初期）的横截面数据进行研究，可以认为那个时期河南省各个地方均未能跨过"工业化资本形成门槛"，从而仅需要考虑"资源诅咒"的现象即可。但是作者可得到的统计数据上的限制使得横截面数据缺乏足够的回归使用的样本量，因而使用了前文所述的可得到的面板数据。这些面板数据中时间序列自 1996 年至 2008 年，显然再假设河南省未跨过"工业化资本形成门槛"是不合时宜的，并且在回归中也不能得到统计上显著的结果。

综上所述，关于人均耕地这一解释变量的回归系数的解读与本书的理论假说完全一致。这也是本书这一章最为重要的结论。

3.7.2　人均收入与创业活动之间的关系

尽管人均 GDP 是被作为一个控制变量引入模型当中的，但是从回归的结果来看，这一变量也是耐人寻味的。同样，无论是原序列数据还是差分序列数据都显示人均 GDP 对创业活动存在一个正向的作用，回归系数均为正值，且其 T 统计量均通过了显著性检验。这说明人均收入的提高会激励创业活动的展开,或者人均收入增速的提高会加快创业活动的增速。无疑,这一结果反映的应是经济运行的繁荣周期对创业活动的影响。事实上,诸多关于创业活动与繁荣周期之间关系的文献,最早可追溯至熊彼特的创新理论。但创新理论更关心的是那种"机会型创业",而非在平原农区工业化初期更常见的"生存型创业"。考虑到这一因素,本书在构建这一回归模型的时候对这一变量的期望不高,但是回归结果还是相当令人满意的。

除此之外,与人均 GDP 相关的另一个变量是年均人均耕地与 GDP 的乘积项。正如前文所述,引入这一项的目的在于克服 GDP 与创业活动之间的非线性影响:无论是个体还是私营企业,它们产生的领域均在非农业的制造业或者服务业,如果经济周期的确会对经济活动产生明确的影响的话,那么这种影响应当不仅作用在制造业或者服务业领域,还要作用于传统的农业领域。如果传统的农业部门与制造业及服务业部门之间存在资源的竞争关系的话,那么农业生产条件的比较优势应当也会发挥其应有的作用。在这种作用下,具有农业生产条件比较优势的地区将有更多的资源投入农业领域而非制造业和服务业领域,从而造成对制造业和服务业的"挤出"。如果"挤出"效应存在,那么创业活动应当受到制造业和服务业被"挤出"的负面的影响,从而对被解释变量产生一个抑制的作用。

正是由于这种"挤出"效应的存在,我们看到这一乘积项的回归系数为负。不过需要强调的是,这种"挤出"效应在差分序列数据的回归中并不显著,因此它并不能够被确认和识别。另外,虽然在原序列数据中这一回归系数显著,但这一显著结果有可能是数据非平稳的因素造成的,因为本书并非对原序列数据做协调分析,不能判断是否存在变量间的长期协调关系。所以,关于是否存在这种"挤出"效应,如果有丰富的数据,或许可以得到进一步的结论。

3.7.3 人均贷款余额与创业活动之间的关系

将人均贷款余额引入本书计量模型的初衷同样是控制金融因素的变化对被解释变量的影响。但正如本书此前的说明所解释的那样:对于私人部门的创业活动来说,可能更有影响的金融因素在于民间金融而非正规的商业银行所提供的金融。但是由于缺乏民间金融的相关数据,因此不得不选用这一数据。尽管这一数据并非一个理想的代理变量,但本书依然期望这一数据可以部分地反映金融因素的影响。

从表3-13中可以看到,人均贷款余额变量的原数据序列的回归系数并未通过最低要求的10%的显著性检验。这也许与两个方面的因素有关:其一在于数据量的问题,本书的面板数据仅包含了13期的时间序列数据和18个截面个体数据,更多的数据可能会有更明确的结论;其二在于模型的设定问题,商业银行体系中的贷款余额并不是一个理想的代理变量,因为它并不对应于影响因素更大的民间金融的发展水平。不过我们依然可以从中解读出一些有意义的启示:在原序列数据的回归中,这一系数为正,表明即使是正规部门的金融发展也是有利于创业活动的。或许我们可以这样理解:即使商业银行体系的金融支持并不指向于个体和独资企业,其他所有制企业的发展也会给个体和独资企业提供更多的商业机会,从而有助于创业活动的产生。

更有意思的结论在于表3-14所提供的结果:差分数据的回归系数通过了10%的显著性检验,并且这一回归系数为负。我们知道,差分数据意味着人均贷款余额的"变化量",如果民间金融与正规金融之间存在某种相互"替代"性的此消彼长式的变化,那么差分数据的回归结果就可以被理解了:正规金融的变化量代表了民间金融的变化量,他们的符号是相反的。[①] 所以,负的回归系数对于民间金融来说,应当是一个正向影响的结论。这一结论至少可以支持这么一种假说:以商业银行体系为代表的正规金融部门的贷款余额可能会对民间金融部门产生一个"挤出"效应。

与对人均GDP的理解相仿,本书同时也考虑了人均贷款余额对农业生产条件的优势地区和非优势地区可能是非线性影响的。因此类似于处理人均GDP变量的方式,本书加入了另一个与人均贷款余额相关联的变量:年均人均耕地与人均贷款余额的乘积项。加入这一变量的原因同样是农业与其他产业之间可能存在的"挤出"效应。如果"挤出"效应存在,即使金融发展(特别是民间金融部门的发展)对创业活动产生积极的影响,这种

---

① 原序列数据一般不应存在这种此消彼长的关系。在整个增长的过程中,金融发展无论是正规部门还是民间金融部都应是趋于增长的。但是两个部门的增速却有可能在不同的时期和不同的地区快慢不一。正规部门较快的增长可能对应着民间金融部门较慢的增长。如果这种情况存在,那么差分数据的回归系数就应当是符号相反的。

积极的影响也会因为产业发展条件的比较优势而被部分地"挤出",所以合乎逻辑的回归结果应当是这一变量的回归系数与人均贷款余额的回归系数在方向上相反。

对于原数据序列的回归,表 3 – 13 显示"年均人均耕地与人均贷款余额的乘积项"($Landm*(Loan)$)具有一个负的系数。虽然这一系数与"人均贷款余额"($Loan$)类似,在统计上并不显著,但负的系数至少与 $Loan$ 的系数相反,与本书关于这一变量所反映的那种"挤出"效应的方向是吻合的。

对于差分数据序列的回归,表 3 – 14 显示"年均人均耕地与人均贷款余额的乘积项"的差分($Landm*d(Loan)$)具有一个正的系数,并且其 T 统计量在 10% 的水平上显著。这一系数同样与"人均贷款余额"的差分 $d(Loan)$ 的系数在方向上相反,同样与本书关于这一变量所反映的那种"挤出"效应的方向是吻合的。

总体上来说,关于人均贷款余额与创业活动之间的关系,差分数据的回归结果更为可靠一些,毕竟 $d(Loan)$ 及 $Landm*d(Loan)$ 的回归系数均通过了显著性检验。并且差分数据的回归结果更是提供了一种可能:如果正规金融与民间金融在增长速度上存在"挤出"效应的话,人均贷款余额的变化量将是一个反映民间金融发展速度的不错的反向代理变量。

3.8 本章总结

在本章内,本书正式提出,"人均耕地"作为一个关于"农业生产条件"的代理变量,会对创业活动产生一种特定的"资源诅咒",抑制欠发达农业地区的工业化起步。这是本章也是本书的一个主要创新点。传统文献中关于工业化的理论或者关于"资源诅咒"的理论均未涉及这一点。工业化的理论往往强调资本积累是工业化的前提,因而较好的农业生产条件可能更有利于工业化的起步;"资源诅咒"的文献多集中于矿产资源和国家层面的经济增长,也与本书关于农业生产条件的"资源诅咒"完全不同。

通过对河南省 18 个地市 13 年的经济发展数据的回归,计量结果未能拒绝本书关于这一特定类型的"资源诅咒"的假说。计量研究的结果同时显示这种特定的"资源诅咒"的发生是有条件的——它是一种 U 型曲线的影响方式，仅在农业生产条件均不太良好且收入水平较低的情况下才发生。而后则表现为正统工业化理论所指出的那种结果。这是本章经验研究的一个重要成果。

本章第二个主要的创新点在于：经验研究的结果显示农业生产条件的比较优势可能会产生一种"挤出"效应，表现为经济的繁荣周期及金融发展情况会因为这种比较优势的不同对创业活动产生一个非线性的影响，农业生产条件的比较优势抑制了经济的繁荣周期和金融发展对创业活动的积极影响，从而产生一种"挤出"效应。但这一结论需要进一步的验证。

本章第三个主要的创新点在于：正规金融的发展和民间金融的发展可能是同方向的，但是二者的发展速度则有可能是相互消长的。同样，这一结论也需要进一步的验证。

4 对企业家形成的"资源诅咒"
——模型与解释

在前面的实证分析中，我们已经发现，农业资源禀赋对企业家的形成具有显著的解释力。具有较好农业生产条件的地区，不易形成企业家群体，从而不利于启动本地区的工业化进程；农业生产条件相对较差的地区，更易于形成企业家群体，从而有利于启动本地区的工业化进程。

为什么传统农区的工业化发展存在与经济学传统观点相背离的现象，是什么原因导致了这一结果？本章设计了一个模型，在理论上解释为什么农业生产条件较差的地区更易于出现企业家群体。

4.1 职业选择的基本模型

目前学术界对企业家成长的研究，既涉及了影响企业家成长的微观个体的因素，也探讨了环境对企业家成长的影响，这些研究都对企业家成长过程中的影响因素做了深入的探讨。其中，基于个体效用最大化的分析框架建立的收入选择模型，将个体视为理性经济人，在对不同职业的预期效用进行比较后进行职业选择，建立了企业家的选择模型。自改革开放以后个体可以自由择业以来，我们也可以看到，个人对职业的选择确实是对预期效用比较后的选择，从 20 世纪 90 年代首选外资企业就业，到现在优先考虑国有垄断企业，个体对预期效用的比较决定了整个社会群体择业的方向。如果按照这一理论去分析传统农区企业家的形成，显然也是具有重要的借鉴意义的。但是，依据收入选择理论，我们发现，作为个体的理性经济人，在本书所讨论的传统农区，在不同农业资源禀赋的地区之间，职业选择呈现巨大的差异，以至于个体的职业选择汇聚成的群体职业选择，最终影响了一个地区的工业化进程和道路，这显然不是收入选择理论可以充分解释的，除非我们可以对构成选择理论的一系列外生条件做出详尽的研究及合理的解释，才能细致入微地分析我们观察到的现实。在本章中，我们以作为个体的理性经济人为出发点，构建一个职业选择模型来解释为什么在传统农区，农业资源禀赋更差的地区更容易产生企业家。鉴于此，在本书的研究中，我们提出关于模型的第一个假定。

假设 1：在本书中，我们假定传统农区为行为人所能提供的职业选择机会只有两种，其一为创业，其二为从事农业。这一假设的合理性在于：在改革开放初期，并未形成一个有效率的全国统一的劳动力市场，因而也难以形成大规模的人口跨区域流动。考虑到传统农区工业化的水平较低，这一区域也难以大规模地吸收非农业劳动。从而这一地区的从业人员所能选择的职业即可以假设为上述两种情景。

假设 2：尽管从事农业的收益较低，但从事农业的一个重要的好处在于风险较低。农业地区长期的耕作传统使得行为人掌握了从事农业相对完备的信息，从而其收益稳定。本书假设从事农业的收益为 r_f。

相对于农业就业而言，创业活动所面临的风险显然更大，与之相对应的则是期望收益更高。因此本书假设创业的期望收益为 r_e，标准差为 σ_e，显然有：$r_e > r_f$。

假设 3：本书假设传统农区典型的行为人为风险规避型。从而其效用函数可表述为：

$$u(r_e, \sigma) \tag{4-1}$$

对于风险规避型的行为人来说，其风险态度应满足凸性偏好的假设，故存在以下假设：效用函数对期望收益的均值 μ 的一阶偏导数 $u_1 > 0$，对 μ 的二阶偏数 $u_{11} < 0$；效用函数对期望收益的标准差 σ 的一阶偏导数 $u_2 < 0$，对 σ 的二阶偏数 $u_{22} > 0$。

在面临不确定性的时候，典型的行为人的职业选择可以假设为一组主观的最优选择概率。其中，设从事创业的概率为 p_e，而与之对应，从事传统农业的职业选择的概率即为 $1 - p_e$。那么，行为人理性的选择即可以理解为以下最优规划：

$$\max u(r, \sigma) \tag{4-2}$$

约束条件为：

$$\text{s. t. } r = p_e r_e + (1 - p_e) r_f \tag{4-3}$$

及：

$$\sigma = p_e \sigma_e \tag{4-4}$$

求解此最优规划，可得到均衡的一阶条件：

$$\frac{u_1}{u_2} = \frac{(r_e - r_f)}{\sigma_e} \tag{4-5}$$

即：

$$\sigma_e \frac{\partial u}{\partial (p_e^* (r_e - r_f) + r_f)} - (r_e - r_f) \frac{\partial u}{\partial (p_e^* \sigma_e)} = 0 \tag{4-6}$$

尽管此最优规划并未给出最优解的具体形式，但是本书关心的仅是最优解的比较静态分析的结果，即在行为人职业决策的过程中，创业活动的最优概率与创业活动收益的期望值、务农职业的收益值之间存在何种关系。这也是更进一步展开农业生产条件分析的基础。本书关心的问题是，最优的概率 p_e^* 与无风险的务农收益 r_f 之间的关系究竟如何，即 $\frac{dp_e^*}{dr_f}$ 的符号如何决定。定义以下函数：

$$f(p_e^*, r_f) = \sigma_e \frac{\partial u}{\partial (p_e^* (r_e - r_f) + r_f)} - (r_e - r_f) \frac{\partial u}{\partial (p_e^* \sigma_e)} \tag{4-7}$$

根据隐函数定理可以知道：

$$\frac{dp_e^*}{dr_f} = - \left. \frac{\partial f}{\partial p_e^*} \middle/ \frac{\partial f}{\partial r_f} \right. \tag{4-8}$$

根据式（4-7）可求出函数 f 对 p_e^* 的偏导数：

$$\frac{\partial f}{\partial p_e^*} = \sigma_e (r_e - r_f)(u_{11} - u_{22}) \tag{4-9}$$

在式（4-9）中，创业活动的标准差 $\sigma_e > 0$；依据本书的假定，创业活动的期望收益应当大于农业就业的收益，因而（$r_e - r_f$）> 0；依据本书对行为人风险规避态度的设定，$u_{11} < 0$ 且 $u_{22} > 0$，因此（$u_{11} - u_{22}$）< 0。因此，$\frac{\partial f}{\partial p_e^*} < 0$。

同样，根据式（4-7）可求出函数 f 对 r_f 的偏导数：

$$\frac{\partial f}{\partial r_f} = \sigma_e u_{11}(1 - p_e^*) + u_2 \qquad (4-10)$$

考虑到职业选择的最优概率不可能小于 0 或者大于等于 1，因此有 $\sigma_e u_{11}(1 - p_e^*) < 0$，且根据本书假定风险对于行为人来说是厌恶品，即 $u_2 < 0$，因此有 $\frac{\partial f}{\partial r_f} < 0$。

将式（4-9）及式（4-10）代入式（4-8）可得：

$$\frac{dp_e^*}{dr_f} = -\frac{\sigma_e(r_e - r_f)(u_{11} - u_{22})}{\sigma_e u_{11}(1 - p_e^*) + u_2} < 0 \qquad (4-11)$$

至此，式（4-11）告诉我们行为人最优解的部分比较静态性质：随着农业收益的提高，行为人选择创业活动的最优概率是不断下降的，这一结论显示创业活动的机会随着农业收益的增加而减少。类似的比较静态分析①可以延伸至创业活动的最优概率与创业活动的期望收益之间的关系。其结论同样明确：

$$\frac{dp_e^*}{dr_e} > 0 \qquad (4-12)$$

即：随着创业活动期望收益的提高，行为人选择创业活动的最优概率是不断上升的。

本书的上述分析建立在一个代表性行为人最优决策的基础上，从而得出这个代表性行为人的最优选择概述。从全社会的角度来说，根据大数定理，如果整个研究地区的行为人具有与代表性行为人一致的风险规避态度，那么这个最优概率应当等价于整个地区选择创业活动的行为人的总的比重。从而，选择创业活动的行为人在整个地区当中所占的比例恰好可以表示为这种最优概率。最优概率的比较静态分析结果也适用于整个地区中

---

① 详细推导过程见附录1。

创业人员的比例。或者进一步可以说，企业家在全体居民中的比例等价于这个最优概率，企业家比例也具有最优概率的比较静态分析结果。

4.2 农业生产及创业活动生产函数

前文的结论固然简洁且明了，但与我们分析农业生产条件的"资源诅咒"现象依然存在距离。不过这一分析却可以给我们一个基本的问题框架：农业生产条件是否以及怎么影响到农业收益？农业生产条件是否以及怎么影响到创业活动的收益？通过回答上述两个问题，我们最终可以明确农业生产条件对企业家成长的影响和传递渠道。为此我们有必要建立特定的生产函数以刻画我们所分析的问题。

中国作为一个发展中国家，是一个生产率低的农业部门和生产率相对较高的城市工业部门并存的二元结构社会。在这种社会结构下，我国长期以来存在农村劳动力过剩问题。众多的专家学者也都对我国农村劳动力过剩的规模按不同的方法做出过多种估计，以众多学者在 20 世纪 90 年代中后期对农村剩余劳动力的估计结果来看，从最少估计农村过剩劳动力规模 4000 多万（夏积智，1996），到估计农业剩余劳动力数量 1.17 亿（王红玲，1997），到最高估计 2 亿多剩余劳动力（钟甫宁，1995）。尽管不同的学者在对农村劳动力过剩的估计结果上存在差异，但是，一个不可掩饰的事实就是，中国农村确实存在大量的剩余劳动力。

对农村过剩劳动力的界定，目前，不同的学者采用了不同的评判标准。国外学者以刘易斯（1989）为代表采用了边际生产率标准，而乔根森（1961）则提出了"农业剩余标准"。国内学者郭熙宝（1995）以地劳比例作为判断农村剩余劳动力的界定标准，何景熙（1999）在对农村剩余劳动力的界定上，采取了有效工时标准。侯风云（2004）则提出了不同于以上的判断标准。他认为，将农民作为理性的经济人，以农民选择从事不同务工收益的职业的比例作为判断农村剩余劳动力的标准，能体现农民作为理性的追求个人利益的市场主体的意志，也更符合市场经济条件下劳动力作为重要的生产要素的配置要求。从各位学者对农村过剩劳动力的界定标准和依据看，都有其合理性。

本书倾向于接受郭熙宝的评判标准。按刘易斯以边际劳动生产率作为衡量劳动力产出的标准，很容易即可得出有利于本书观点的推断——中国农村存在大量的剩余劳动力。但这一评判标准，即使在农村劳动力大量转移到城市、转移至非农产业的今天，依然能够轻松地满足，毕竟二元经济的特征在今天依然未能完全消除，城市经济与农村经济的边际劳动力产出在今天还存在差距。因此，以这一标准来推断存在农村劳动力过剩现象，显然太为宽泛了。

而乔根森判断农村剩余人口的"农业剩余标准"，对于本书的研究来说也不适宜。乔根森标准的逻辑在于如果缺乏足够的市场整合条件，农业上的劳动投入可能会过多且不能转移至其他行业，因而农产品可能"过多"且无法通过价格机制来调节。但中国的二元经济所具备的特点在于消费品市场的整合程度很高而要素市场的整合程度较低，因此农产品市场的价格机制可以发挥作用，实现出清，而不存在所谓"农业剩余"。但这并不意味着劳动市场上具备同样的特点：制造业和服务业的就业与农业就业在改革之初因户籍等制度被分隔，即使在今天依然受到城市化发展过程的诸多掣肘而不能完全整合。因此，以农业剩余标准来判定中国，特别是欠发达的平原农区的劳动力状况，并不具备合理性。

而有效工时的判定标准，则更倾向于理论和书面的检验，忽略了实际生活中，农村劳动力在有效工时之外要从事职业转换所面临的空间障碍及其他障碍。因此，在农村剩余劳动力的判定上，采取相对简单的判定标准，更符合中国的现实经济状况。由于本书所研究的是传统农区不同的农业资源禀赋下，为什么会存在"资源诅咒"这一问题，因此，结合所研究的问题，在本书中，我们将农村过剩劳动力的判断标准界定为地劳比例。

资料显示，我国农业劳动力人口1952年为1.7亿人，到1979年改革开放之初增长到3亿人，二十几年间，农业劳动力增长了1.3亿，与此同时，人均耕地面积由3亩下降到1.6亩（杨成钢，1983）。到1994年，人均耕地面积更是下降到1.2亩（袁志刚、胡书东，1996）。在人均耕地下降的同时，我国的机耕面积比例则在不断增长，从1965年的12.4%到1976年的35%，这种状况，意味着我国的农业劳动力出现了过剩。即便是改革开放之后近二十年的时间，我国农村劳动力过剩仍然是一个不争的事实。袁志刚在1996年关于农村剩余劳动力转移的研究中，按农业从业人员占全社会劳动力的比例来判定各省的农村剩余劳动力多少，其中，属于传统农区的安徽、河南从事农林牧渔业的劳动者比例都超过了 60%，山东因为改革开放导致经济增长快，先一步实现了农村剩余劳动力的转移，因此，从事农业劳动的人口占比低于 60%。不过，从这些数据我们可以认定的一个基本事实就是，在改革开放之初及改革开放后 20 年时间里，我国的农村劳动力过剩是现实经济生活中普遍存在的状况，传统农区更属于劳动力密集、人口众多的地区。鉴于此，我们在设定本章的农业生产函数时，将劳动力过剩作为一个被广泛认定和接受的基本假设，提出以下假设。

假设 4：劳动力过剩条件下的农业生产函数。

$$r_f = \alpha k_a \qquad (4-13)$$

式（4-13）中，r_f 仍为前文所述的农业生产的收益，α 则是一个固定的技术系数。

k_a 为人均农业生产条件，相当于投资于农业生产的资本要素，但这一资本要素却不是行为人的选择变量，而是取决于某一地区特定的自然条件及在社会历史发展过程中已经被决定的社会条件（如人口密度等）。我们知道，自 1958 年之后直到改革开放初期，受制于国家的户籍制度管理，农村人口基本固定在所在土地不能流动。国家的人口管理政策阻断了农村劳动力作为生产要素自由流动，而随后的农业合作化以及人民公社运动，更使得农民只能依附于土地。尽管我国改革开放之后在农村开始推行家庭联产承包责任制，让农民拥有了生产经营自主权，但是，以村为单位的家庭联产承包责任制，在开始推行时其所面临的土地规模及人口规模是固定的。因此，我们在假设 4 中所提到的 k_a 这一人均农业生产条件，并非行为人可以选择的变量，而是既定历史所决定的。

当然，式（4-13）所示的生产函数与通常的新古典式生产函数并不一致，我们看到这一生产函数并不会随着人均资本的增加而出现边际生产力递减的现象。之所以使用这一生产函数来刻画中国农村工业化之初的农业生产是有明确原因的：在作为人口大国的中国，农村一直是潜在失业的一个蓄水池，劳动力过剩是中国农村当时直至改革开放多年以来的现实情况。

在这一现实基础上，我们可以看到，农业生产收益并不取决于投入的劳动，而是取决于光、热、水等自然条件及人均耕地面积。考虑到耕地是农业生产的主要资本，那么人均耕地面积直接决定了人均产出，在劳动力过剩的条件下，耕地不可能出现边际生产力递减的情况。因此，在考虑到存在过剩劳动力的情况下，线性的生产函数或许更能刻画工业化起步阶段中国农村的现实。式（4-13）所示的生产函数因而也更有意义。

在前面我们假定了农业劳动力过剩条件下的农业生产函数，由于本书需要分析传统农区在农业资源禀赋约束下为什么农业资源禀赋更差的地区更易产生企业家，因此，在引入农业生产函数的同时，我们还需要引入企业家创业活动的生产函数，以便对创业活动和农业生产活动进行比较。在此，我们提出假设5。

假设5：有限融资能力条件下的创业活动的生产函数。

$$E(r_e) = \beta(\omega + s(r_f)) \tag{4-14}$$

式（4-14）中，$E(r_e)$ 为期望的创业活动收益。$s(r_f)$ 为储蓄函数，意味着从农业就业中得到的收益，是形成储蓄的来源。ω 为初始的禀赋，这个初始的禀赋大小与当期在农业方面的收益无关。β 同样为一个技术系数，它描述了生产技术为线性生产技术的一个基本特点。

我们知道，对创业活动而言，资本是一个重要的生产要素。传统理论认为资源禀赋优的地区更容易催生企业家，更容易开启工业化道路，一个重要的原因就是认为在资源禀赋优的生存状态下，更容易形成积累，从而转化为资本，为工业化道路提供资金支持。尽管本书讨论的是"资源诅咒"问题，与传统理论的观点存在不一致，但是，资本作为重要的生产要素，在任何创业活动中都是不可或缺的因素。上述假设中，我们同样将资本作为重要的生产要素纳入生产函数。在本假设中，作为企业家个人的生产函数，其中的 $(\omega + s(r_f))$ 部分可以理解为资本，其构成就是初始禀赋再加上农业收益中储蓄的部分。β 是一个技术系数，在不考虑技术进步及社会环境变化的情况下，它是一个固定的技术参数。

在这里，我们将创业活动的生产函数假定为线性的生产函数。导致线性生产函数的原因在于工业化起步阶段资本的极度短缺。在一个劳动力无限供给而资本极度短缺的环境里，新古典式的、劳动总是可以替代资本的那种生产函数即使存在,其替代的比例也是不能接受的(毕竟劳动的成本不可能无穷低)。无限供给的劳动导致资本的边际收益率不会下降,从而人均资本与人均产出之间是一种线性的关系。产出仅受限于资本形成。

对于传统农区的创业者而言,尽管家庭联产承包责任制使农户成为独立的生产经营者,但是,国家从新中国成立后一直采取的从农村聚集资金支持城市建设的政策,使农村金融一直没有得到充分发展,存在严重的金融抑制,无法满足农民的资金需求。另外,在个体分散的农户与正规金融打交道的过程中,借贷双方面临的信息不对称,以及农户融资时受到的信用担保约束等高昂的信贷交易成本,都对创业农户的融资产生重要影响,从而使得传统农区工业化初期的创业企业家并不能获得与其投资机会相适应的融资。在这种情况下,创业者只能在其亲友圈子中得到有限融资。国内众多学者对我国农户借贷行为的调查可以佐证这一点。

何广文(1999)在对河南、江苏等5省21个县农户借贷行为的调查中发现,农户的借款更多依赖非金融渠道,60.96%的借款是在民间放贷主体间发生的。这种非正规金融的借款,呈现较强的情结关系,按放款笔数统计,93.95%农户的放款行为是在亲戚、邻居、朋友之间进行的。

孙学敏、赵昕(2007)在对经济不发达的河南南阳卧龙区57户农户的借贷调查中也发现,85.96%的农户存在非正规金融的借贷行为,而且,这种借贷行为建立的基础是血缘关系及地缘关系,大多是通过亲戚、朋友或邻居实现借款。

孔荣等(2009)在对河南、甘肃、陕西三省的1600户农户借贷调查中统计发现,78.03%的农户向亲戚和朋友借钱,而且,河南省新安县有97.19%的被调查农户采用非正规借贷方式。

尽管这些学者对农户借贷行为的调查并不是发生在改革开放初期,但从这些调查我们可以发现,即便改革开放多年后,国家对农村金融体制做出了较大改进,我国农村金融抑制的状况仍然很明显。由此,我们也可以推论出,传统农区作为经济发展的边缘地带,在改革开放初期,创业企业家要想从正规金融机构获得融资,显然属于小概率事件。因此,在创业活动的生产函数中,我们将有限融资能力作为创业生产函数的基本前提。在这种有限融资的情况下,工业化初期的企业家并不能够获得与其投资机会相适应的融资,创业者只能在其亲友圈子中得到有限融资。由此所能形成的资本受制于其融资能力，资本作为稀缺要素，不会存在新古典式的资本报酬递减现象。因此，假设 5 的创业活动的生产函数中，创业活动的最终收益实际上取决于资本的多少。

β 的值为生产技术、融资的亲友圈子大小所决定，但无论如何这一技术参数均应大于 α，以反映工业化的生产技术要比农业生产具有更高的收益率。因此有：

$$\beta > \alpha \qquad (4-15)$$

假设 6，一个额外的假设是：有限融资能力限制的仅是创业活动的规模，因此它影响的仅是创业活动收益的期望值，而不会影响这个值的分布标准差，从而在标准差意义上风险不变。

将农业生产函数（4-13）代入创业生产函数（4-14）中可得：

$$E(r_e) = \beta(\omega + s(\alpha k_a)) \qquad (4-16)$$

根据本章第一节的讨论，p_e^* 可用以表示企业家在全体社会居民当中的比例。因此 p_e^* 的大小如何依据农业生产条件 k_a 的变化而变化则反映了"资源诅咒"的特点和性质。因此 p_e^* 对 k_a 的比静态分析可以通过复合函数的链式法则得到：

$$\frac{dp_e^*}{dk_a} = \frac{dp_e^*}{dr_f}\frac{dr_f}{dk_a} + \frac{dp_e^*}{dr_e}\frac{dr_e}{dk_a} \qquad (4-17)$$

根据式（4-13）很容易知道，r_f 会随着 k_a 的增大而增大。因此在 k_a 不影响到 $E(r_e)$ 的情况下，我们可以很容易根据链式法则得到以下结论：由于 $\frac{dp_e^*}{dr_f} < 0$，且 $\frac{dr_f}{dk_a} = \alpha > 0$，所以 $\frac{dp_e^*}{dk_a} < 0$。即农业生产条件越好，创业活动的机会成本越大，从而行为人选择创业活动的最优概率就越小，这反映了"资源诅咒"这一现实。但是，根据我们设定的生产函数式（4-16），k_a 是否会影响到 $E(r_e)$ 却是有条件的，它取决于储蓄函数的性质。因此有必要进一步讨论 $s(r_f)$ 的性质。

4.3 工业化之初的储蓄函数

关于居民的储蓄函数是何种形式，经济学家有着不同的认识。储蓄作为消费的余项，在经济学家的研究中，往往是与消费紧密联系在一起的。具有突出影响的储蓄函数如凯恩斯（1936）由其消费倾向理论而得出的储蓄函数：对应于不断递减的消费倾向，存在一个不断递增的储蓄倾向。采用这一理论假说，将会比较有利于本书模型的结论。但是这一理论假说的一个主要的缺点在于它并不具备相应的微观基础，而是建立在凯恩斯自己定义的行为设定之上。本书不打算直接应用凯恩斯关于消费函数的理论。

自凯恩斯提出绝对收入假说之后，众多经济学家提出过不少关于储蓄函数的理论，如杜森贝里（1949）所提出的相对收入假说。他根据大萧条时期所观察到的消费现象，指出人们在消费上具有不可逆性，消费的决策不仅受到现期收入水平的影响，而且会受到往期消费水平的影响。因而储蓄不仅受到现期收入的影响，也会受到此前繁荣时期收入的影响。这一储蓄理论的着力点在于经济增长过程中的周期性因素，与本书研究工业化及经济发展的背景并不吻合，因此本书也不打算应用这一理论作为文章的假定。

影响力较大的消费理论还有莫迪哥里亚尼（1954）提出的生命周期假说，这一理论相对于凯恩斯和杜森贝里理论的一大优势在于其包含了更为坚实的微观基础。莫迪哥里亚尼假定消费者要平滑其一生的消费，储蓄的决定取决于行为人在其一生当中整个生命周期总收入的贴现值和居民的跨期偏好。这一理论虽然有较好的微观基础，但与本书的研究背景显然是背离的，何况生命周期理论本身暗含了费雪分离定理，亦即完全金融市场的假设。

除此之外，弗里德曼（1957）的永久收入假说理论也有重大影响。虽然这一理论如同莫迪哥里亚尼的生命周期理论一样，考虑了行为人一生的收入，但其讨论方式却是凯恩斯式的。弗里德曼的这一理论也未给出足够坚实的微观基础，本书并不打算采用。另外，永久收入假说本身也包含了对各种金融市场工具不同收益率的预期，这也与本书研究的背景大相径庭。

在此之后，关于储蓄理论和储蓄函数的讨论有很多。但主流理论讨论的背景与本书的背景根本不相一致。这些理论及模型研究建立的外部条件是已实现工业化的发达国家的个人消费及储蓄，其经济及社会环境与本书所研究的传统农区工业化初始阶段存在巨大的差距。由于本书着眼于讨论中国农村工业化初始阶段的企业家形成机制，研究的视角着力刻画工业化初始阶段农村的储蓄行为，因此，本书对储蓄函数的构建和研究，完全建立在以下特定条件上：低收入（从而消费可能存在角点解问题）、金融市场不完全（从而即使存在跨期偏好，储蓄的决定也不能完全反映跨期偏好的特征）。

回顾历史可以知道，在改革开放之初我国居民（特别是农村居民）的可支配收入几乎全部用来购买食品等生活必需品，几乎没有储蓄。我国统计年鉴显示，1978 年改革开放之初，我国农村居民人均纯收入仅为 133.6 元，猪、牛、羊肉的人均年消费量仅为 2.4 公斤，家禽消费更低，人均仅 0.4 公斤，食品支出占了消费支出的 67.71%，衣服、食品二项最基本的生活开支占了个人消费支出的 80.41%。而包含在传统农区范围内的河南、山东、安徽、河北四省，1978 年农村居民纯收入分别仅为 101.4 元、101.2 元、101.7 元、91.5 元，远低于全国平均水平。在这种收入水平下，显然几乎没有储蓄。尽管自 1978 年之后，农民的食品支出在整个生活消费支出中所占比例不断下降，但是，直到 2000 年，农村居民的食品支出占消费支出的比例才下降到 50% 以下。理论界以食物支出占居民总支出的比例作为恩格尔系数。这一指标在 20 世纪 70 年代被联合国粮农组织作为判定一个国家居民生活贫富的标准。恩格尔系数大于 0.6，说明居民生活处于绝对贫困状态，系数大于 0.5 小于 0.6，说明居民生活处于温饱状态，如果 0.4 < 恩格尔系数 < 0.5，则说明居民生活实现了小康。从表 4-1 中的数据来看，1981 年之前，我国农村居民的恩格尔系数一直高于 0.6，按恩格尔系数的判定标准，生活处于绝对贫困状态。1981~1984 年，恩格尔系数始终在 0.6 附近徘徊，说明我国农村居民在这一阶段的生活尚处在刚刚脱离贫困、准备进入温饱的阶段。赵卫亚（1999）通过对农村居民消费结构的研究也证明，改革开放之后的最初几年（1980~1985），农村居民的生活正处于由贫困向温饱过渡的阶段，吃、穿等基本的生存开支占了整个收入的绝大部分。

表 4-1　1978~2002 年我国农村居民收支及储蓄状况

	人均纯收入（元）	生活消费支出（元）	恩格尔系数（%）	金融储蓄（元）	实物储蓄（元）
1978	133.6	116.1	67.7	1.16	—
1979	160.2	134.5	64	2.87	—
1980	191.3	162.2	61.8	7.22	4.14

	人均纯收入 （元）	生活消费支出 （元）	恩格尔系数 （%）	金融储蓄 （元）	实物储蓄 （元）
1981	223.4	190.8	59.9	8.05	4.16
1982	270.1	220.2	60.7	8.79	34.14
1983	309.8	248.3	59.4	14.26	51.83
1984	355.3	273.8	59.2	22.64	62.03
1985	397.6	317.4	57.8	21.88	75.4
1986	423.8	357	56.4	33.41	90.31
1987	462.6	398.3	55.8	38.92	106.73
1988	544.9	476.7	54	39.98	134.96
1989	601.5	535.4	54.8	42.3	139.58
1990	686.3	584.6	58.8	64.2	135.12
1991	708.6	619.8	57.6	78.01	157.49
1992	784	659.2	57.6	114.87	155.25
1993	921.6	769.7	58.1	130.76	178.21
1994	1221	1016.8	58.9	206.21	233.15
1995	1577.7	1310.4	58.6	195.14	302.22
1996	1926.1	1572.1	56.3	228.6	378.67
1997	2090.1	1617.2	55.1	252.12	396.17
1998	2162	1590.3	53.4	242.49	390.5
1999	2210.3	1577.4	52.6	215.53	401.76
2000	2253.4	1670.1	49.1	254.22	435.33
2001	2366.4	1741.1	47.7	282.16	450.92
2002	2475.6	1834.3	46.2	356.69	479.74

资料来源：根据《新中国55年统计资料汇编》和刘丽敏《中国农村居民储蓄行为研究》（博士学位论文，中国农业大学，2004）整理所得。

本书研究的正是传统农区在改革开放之初工业化的初始阶段，观察这一时间段农村居民的收入和消费结构会发现，储蓄对于整个社会而言更像一种典型的奢侈品。因此，如果我们将储蓄及消费理解为行为人选择的两个变量的话，那么一个拟线性偏好的行为函数才能比较接近地刻画这种情景。在此，本书提出以下假设。

假设7：行为人在消费和储蓄之间的选择合乎拟线性偏好的性质。因此有以下最优规划：

$$\max v(c,s) \tag{4-18}$$

其中，c 表示消费，s 表示储蓄，v 表示效用函数。考虑到此效用函数合乎拟线性偏好的假设，因此其性质可规定为 $v_1 > 0$，$v_{11} < 0$，$v_2 = 1$。另外，考虑到消费品的必需品的性质，因此有：$\lim\limits_{c \to 0} v_1 \to +\infty$，$\lim\limits_{c \to +\infty} v_1 \to 0$。

其中 $v_2 = 1$ 意味着储蓄的效用不会产生边际效用递减的性质。

约束条件则为：

$$s.t.\ pc + s = r_f(k_a) \tag{4-19}$$

其中，p 表示消费品的价格，r_f 为农业收益，即行为人的预算。求解此最优规划可知：当 $v_1 \geq 1$ 时，则全部的收入用于消费，当 $v_1 < 1$ 时，则超出的收入用于储蓄。因此储蓄函数将成为一个分段函数：

$$\begin{cases} s(r_f) = 0 & r_f \leq \bar{r}_f \\ s(r_f) = r_f - \bar{r}_f & r_f > \bar{r}_f \end{cases} \tag{4-20}$$

其中，$\bar{r}_f$ 为收入的某一临界值。高于此值，则开始储蓄，低于此值则不储蓄。这一分段函数对应于消费合乎恩格尔系数随收入增长而不断下降的基本特点。从表 4-1 可以看到，随着农村居民收入水平的不断提高，恩格尔系数开始逐渐下降，农村居民储蓄则不断增加。尽管表中没有如本书储蓄函数中所设定的具有一个明确的收入临界值，但是，数据显示的恩格尔系数所呈现的农民生活状态，基本符合这一函数的设定。

式（4-20）告诉我们，当自然及社会既定的农业生产条件 k_a 处于较差的阶段，从式（4-13）所示的农业生产函数 $r_f(k_a)$ 的结果低于 $\bar{r}_f$ 时，储蓄函数为一常数 0。当自然及社会既定的农业生产条件 k_a 处于较好的阶段，从而式（4-13）所示的农业生产函数 $r_f(k_a)$ 的结果高于 $\bar{r}_f$ 时，储蓄函数为收入的线性函数 $r_f - \bar{r}_f$。设临界的农业生产条件为 $\bar{k}_a$，则有：当 $k_a \leq \bar{k}_a$ 时，农业生产条件不会影响到储蓄函数，从而不会影响到式（4-16）所示的创业活动生产函数，因而不会影响到创业活动的期望收益，即：

$$\frac{dr_e}{dk_a} = 0 \tag{4-21}$$

当 $k_a > \bar{k}_a$ 时，农业生产条件会影响到储蓄函数，从而影响到创业活动生产函数，并且其结果很明确：

$$\frac{dr_e}{dk_a} = \alpha\beta > 0 \qquad (4-22)$$

4.4 居民创业比例与农业生产条件分析
——有条件的"资源诅咒"

将式（4-21）代入用于揭示"资源诅咒"特点的式（4-17），可得到在 $k_a \leqslant \bar{k}_a$ 时，行为人最优概率（居民创业比例）对农业生产条件的比较静态分析结果。此时式（4-17）退化为：

$$\frac{dp_e^*}{dk_a} = \frac{dp_e^*}{dr_f}\frac{dr_f}{dk_a} + \frac{dp_e^*}{dr_e}\frac{dr_e}{dk_a} = \frac{dp_e^*}{dr_f}\frac{dr_f}{dk_a} \qquad (4-23)$$

在式（4-23）中，$\frac{dp_e^*}{dr_f} < 0$ 是前文已经得到的结论，而 $\frac{dr_f}{dk_a} = \alpha > 0$ 则是由农业生产函数的性质所决定。那么此时 $\frac{dp_e^*}{dk_a} < 0$。其结论可描述为，当农业生产条件较差（低于某一特定临界值）时，初始的农业生产条件越好，越不利于激励当地居民进行创业，企业家在居民中的比例将越低。

将式（4-22）代入用于揭示"资源诅咒"特点的式（4-17），可得到在 $k_a > \bar{k}_a$ 时，行为人最优概率（居民创业比例）对农业生产条件的比较静态分析结果。此时可确认 $\frac{dp_e^*}{dr_f}\frac{dr_f}{dk_a} < 0$，但 $\frac{dp_e^*}{dr_e}\frac{dr_e}{dk_a} > 0$，因此 $\frac{dp_e^*}{dk_a}$ 可能大于零，也可能小于零。究竟为何种结果要看农业生产条件的改善所导致的两个不同效果的大小的比较：其一，提高了农业的收成，增加了创业活动的机会成本；其二，促进了资本积累，增加了创业活动所依赖的"有限融资能力"，从而提高了创业活动的收益。只要这个收益足以补偿创业活动所具有的风险，那么农业生产条件的改善将有助于更多的居民选择创业活动。

4.5 资源条件与企业家形成：基于
河南省长垣县的调研案例[①]

本章通过模型设计对"资源诅咒"条件下的企业家形成进行了解释。实际上，这一模型映射到现实的社会生活中，恰好验证了资源条件与企业家形成之间的这种特殊的"资源诅咒"现象。在此，以河南省长垣县为例，结合模型进行具体的说明。

长垣县位于河南省东北部，地处黄河的"豆腐腰"河段，全县有1/3的乡镇位于黄河滩区。历史上长垣曾多次遭受水患，一旦黄河泛滥，庄稼即颗粒无收。30多年前，长垣以"灾多粮少花子多"而出名。长垣地下无矿藏地上无资源，其农业生产条件极为恶劣，是典型的"零资源"县。改革开放以前，在长垣广为流传着"春天喝不上糊糊，冬天穿不上棉裤，十里八乡见不着瓦屋，小伙子娶不上媳妇"的歌谣，充分反映了长垣县的经济及人民生活状况。1978年改革开放前夕，全县人均生产总值仅156元。即使是在长垣县工业化已经起步的1990年，长垣全县的粮食作物平均亩产也只有189公斤，而以生产起重机械为支柱产业的恼里镇，1990年粮食平均亩产仅为62公斤。[②]而现在，经过30多年的跨越式发展，2012年长垣的民营企业达到7039家，从业人员达17万余人。[③]2013年长垣县地区生产总值226.6亿元，城镇居民人均可支配收入18289.4元，农民人均纯收入11381.2元。[④]在2012年全省108个县（市）综合实力排名居第30位。长垣是中国起重机械名城、中国卫生材料生产基地、中国防腐蚀之都、中国厨师之乡、中华美食名城。企业家中，98%都是长垣本地人。长垣走的是典型的内生工业化道路。外界将长垣经济的飞速发展誉为"长垣现象"，长垣也获得了"北方温州"的美誉。长垣的经济发展，虽然得益于改革开

---

① 本节内容根据耿明斋教授带领包括本书作者在内的工作小组在长垣调研的资料整理汇编。
② 长垣县统计局编《长垣县统计年鉴》（1990~1992）。
③ 数据转引自何云景等《河南"长垣模式"的探秘与发展研究——基于支持理论的视角》，《科学决策》2013年第6期。
④ 数据来源：长垣县政府网站"长垣概况"介绍。

放这一大的历史背景，但是，也与当地企业家群体的成长密不可分。

长垣企业家的成长始于20世纪80年代末。

中国起重行业产销量最大的企业卫华集团的创始人韩宪保，1958年出生于长垣县魏庄镇韩了墙村。韩宪保幼年丧父，仅靠母亲拉扯家里的兄妹，生活艰难困苦，本想通过发奋读书改变命运，却由于赶上"文化大革命"，只好中学未毕业就回家务农，替家里承担一些责任。但是，由于长垣县农业生产条件极差，田间的辛苦劳作并不能换来生活的改善，农业产出满足不了韩宪保自己的温饱需要，更谈不上分担家里的责任。为了给家里多挣点钱，韩宪保在田间劳作之余，开始了其他的尝试。刚开始，他帮邻居做爆米花、米花团儿，这个生意有百分之六七十的利润，一个月能赚100多元。后来，他又贩卖过铁钉，生、熟铁边角料。偶然的机会，听说修千斤顶很赚钱，他就开始转行，从维修简单的千斤顶开始，逐渐走上了创业道路。1988年，韩宪保向村里要了3亩地，东挪西借了20万元，由家庭小作坊白手起家，建立卫华起重机厂。从学打铁开始，从事简单的配件生产和销售，经过20多年的发展，卫华集团已成为中国最大最强的起重运输机械设备制造商之一。2013年实现营业收入66.39亿元。[①]

河南巨人起重机集团有限公司的创始人韩红军，同样出生在盐碱内涝、土地贫瘠的长垣县韩了墙村，因家中弟兄多，家境贫寒，他很早就开始了为了生计跟随家人在外奔波。1987年，韩红军在自家的责任田里建起了河南豫北起重建筑设备厂（现巨人公司的前身），作为一间生产起重配件的家庭作坊，韩红军开始了创业之路。"（当时）没有想做多大的事业，就是穷怕了，找口饭吃。"韩红军说，这都是"穷则思变的结果"。

韩宪保、韩红军的个人经历，是长垣众多企业家成长的缩影。包括河南华东起重机厂的韩永章、河南省矿山起重机有限公司崔培军、河南重工起重集团总裁胡国和、中原起重机械有限公司董事长齐景光，从事卫生材料、医疗器械的河南驼人集团的创始人王国胜等众多的企业家，在20世纪70年代末到80年代初，在贫穷的逼迫下，或早或晚地开始了向务农领域之外的尝试，从最早外出谋生受雇于他人，经过一段时间的经验和资本积累，先后在1990年前后走上了创业之路。并且，通过返乡或就地创业，在

---

① 数据引自《河南日报》（农村版）2014年1月23日，记者马丙宇。

地区范围内通过亲戚朋友的互帮互带，逐渐在长垣形成和发展起一批企业家。

长垣企业家群体的形成和发展，尽管存在制度、文化等多种因素的影响，但本书认为，与长垣的资源匮乏有着直接的关系，同时也与当时特定的经济环境密切相关。长垣企业家群体的兴起和发展，从另一个侧面验证了本书企业家形成的"资源诅咒"的模型。

考察长垣企业家的成长过程可以发现，无论是韩宪保、韩红军还是众多在这一背景环境下成长起来的企业家，他们的创业之路均开始于20世纪70年代末及80年代，这一时期的外部宏观环境，正如模型提出的假设1所描述的，是可供选择的职业只有两种，要么创业成为企业家，要么从事传统的农业。如卫华集团的韩宪保，在农业生产满足不了自己的温饱需要的状况下，为了给家里多挣点钱，在田间劳作之余，开始了其他的尝试。从刚开始帮邻居做爆米花、米花团儿，到后来贩卖铁钉，生、熟铁边角料，再到偶然的机会听说修千斤顶很赚钱开始转行。整个职业选择就从最开始的务农到最终完全走上创业道路。而河南巨人起重机集团有限公司的创始人韩红军，同样是在1987年在自家的责任田里建起了生产起重配件的家庭作坊，开始了创业之路。

当然，创业相对于务农而言，面临的风险更大，期望收益更高。在模型的假设2中，假设从事农业的收益为 r_f，创业的期望收益为 r_e，标准差为 σ_e，并且有：$r_e > r_f$。从长垣县企业家群体最初的创业收益情况来看，确实与模型的假设相一致。由于改革开放之初创业者少，市场竞争不激烈，创业提供的收益要远大于农业收益。对比长垣县企业家群体务农与创业的收益，也呈现创业收益远大于务农收益这一特点。如韩宪保最早做的爆米花、米花团儿的生意就有百分之六七十的利润，一个月能赚100多元。相对于务农满足不了温饱需要的状况而言，创业收益明显较高。

同时，模型通过假设传统农区典型行为人的效用函数，通过求解行为人的最优解，将比较静态分析结果延伸至创业活动的最优概率与创业活动的期望收益之间的关系，得出结论：随着创业活动期望收益的提高，行为人选择创业活动的最优概率是不断上升的。结合长垣县企业家成长的现实状况可以看出，韩宪保在尝试卖米花团儿获得的创业收益后，就已经完全放弃了务农活动，而是积极尝试其他利润更大的创业活动。

从全社会的角度来说，根据大数定理，如果整个研究地区的行为人具有与代表性行为人一致的风险规避态度，那么这个最优概率应当等价于整个地区选择创业活动的行为人的总的比重。从而，选择创业活动的行为人在整个地区当中所占的比例恰好可以表示为这种最优概率。最优概率的比较静态分析结果也适用于整个地区中创业人员的比例。长垣县企业家群体的形成，实际上也就是类似于韩宪保、韩红军等这些行为人创业活动概率选择的汇总结果。

前文的职业选择模型解释了个体职业选择的最优概率与不同职业选择的期望收益之间的关系。与此同时，我们通过引入农业生产和创业活动的生产函数分析了农业生产条件对企业家成长的影响和传递渠道，解释农业资源条件与企业家形成的"资源诅咒"现象。在引入农业生产和创业活动的生产函数时，我们将农村劳动力过剩作为农业生产函数设定的前提要件。从长垣的状况来看，长垣尽管只是一个县，但 1990 年统计的人口数为 70.99 万。[①] 改革开放之后，长垣先后输出了 13 万多人到全国各地从事建筑、防腐、厨师、营销等行业。[②] 从改革开放之后外出打工的人数，可以想见，长垣同样具有我国二元结构社会普遍存在的劳动力过剩现象。

考虑到在存在过剩劳动力的情况下，耕地不可能出现边际生产力递减的情况，我们假设农业生产函数为 $r_f = \alpha k_a$，农业生产收益 r_f 是固定的技术系数 α 和人均农业生产条件 k_a 的线性函数。其中，农业生产条件 k_a 相当于投资于农业生产的资本要素，这一要素依赖某一地区特定的自然条件及在社会历史发展过程中已经被决定的社会条件。长垣作为地处黄河"豆腐腰"河段的地区，有 1/3 的乡镇位于黄河滩区，历史上曾多次遭受水患，这一地区特定的自然条件是既定事实。因此，假设 4 中所提到的 k_a 这一人均农业生产条件，并非行为人可以选择的变量，而是既定历史所决定的。结合这一生产函数分析长垣的状况，可以发现，尽管长垣的人均耕地面积与全省平均水平一致——长垣人均耕地面积为 1.238 亩，全省平均耕地面积 1.2 亩[③]——但是，由长垣地理位置所决定的农业生产条件的恶劣状况，

---

① 《河南省统计年鉴》（1991）。

② 《长垣：13 万"草根"创出温州式财富》，《河南商报》2007 年 7 月 27 日。

③ 数据根据《河南省统计年鉴》（1991）计算得出。

导致其农业生产收益极差。即便是改革开放之后一段时间，1990 年长垣全县的粮食作物平均亩产也只有 189 公斤,[①] 此即为明证。

在引入农业生产函数的同时，我们还需要引入企业家创业活动的生产函数，以便对创业活动和农业生产活动进行比较。考虑到工业化起步阶段资本的极度短缺，在创业活动的生产函数中，我们将有限融资能力作为基本前提。对于欠发达农区的创业者而言，在改革开放初期，要想从正规金融机构获得融资，显然属于小概率事件。长垣企业家的创业过程中，起步资金很多来自亲戚朋友的借贷。如韩宪保 1988 年创立卫华起重机厂时，就是用东拼西凑的 20 万元钱，而驼人集团的王国胜，在 1993 年，也是靠着向亲朋好友借贷的 2 万元办起了长垣县华新医疗器材厂。在其他长垣企业家的创业活动中，都不同程度地存在借贷行为。当然，在这种有限融资的限制条件下，无限供给的劳动将导致资本的边际收益率不会下降，因此，我们将有限融资能力条件下创业活动的生产函数 $E(r_e) = \beta(\omega + s(r_f))$ 同样假定为线性的生产函数。由于工业化的生产技术要比农业生产具有更高的收益率，有 $\beta > \alpha$，在前面设定的各种假设和模型的基础上，通过比较静态分析得到结论：农业生产条件越好的情况下，创业活动的机会成本越大，从而行为人选择创业活动的最优概率就越小，这反映了"资源诅咒"这一现实。反之亦然。长垣成长出众多企业家的现实状况，从相反的一面恰好印证了这一结论。正是长垣的农业生产条件差所导致的农业收益差，降低了创业活动的机会成本，从而大大提高了行为人创业活动的概率。

正是通过对照着模型的分析，我们从"资源诅咒"的反面对长垣县企业家群体的形成做出解释：在工业化起步阶段，在某些农业生产条件（或者农业生产技术）比较落后的地区，那些条件最差的地区相对于条件略好的地区，由于创业收益大于务农收益，降低了创业机会成本，更易于激励居民从事高风险的创业活动，从而诞生支撑工业化发展的企业家。从河南范围来说，长垣、长葛、固始即为代表。全国范围内，则以温州为典型。与此相对应，在工业化起步阶段，落后地区较好的农业生产条件遏制了居民创业活动，从而产生"资源诅咒"。全国范围内的传统农区河南、河北、

---

① 长垣县统计局编《长垣县统计年鉴》(1990~1992)。

安徽、山东等地区即为证明,而在省内地区层面,黄淮四市同样证明了存在农业资源禀赋的"资源诅咒"现象。

当然,按照传统的观点,在工业化起步的阶段,也一定会存在一些农业生产条件优越的地区,这些地区良好的农业生产条件为工业化积累了更多的可用资本,也会有利于激励居民从事高风险创业活动,诞生支撑工业化发展的企业家。这些地区以苏南为典型。正如模型所刻画的,苏南地区对农业"资源诅咒"现象的超越,在于农业生产条件的改善所形成的资本积累效应超过了创业活动的机会成本效应,从而提高了创业活动的收益。只要这个收益足以补偿创业活动所具有的风险,那么农业生产条件的改善将有助于更多的居民选择创业活动。

尽管本书的分析似乎局限于传统农区工业化初期的社会环境,但我们应注意到居民职业选择方面可能存在的路径依赖现象:成功创业的企业家群体一旦进入非农领域,则很难再转向收益低风险低的传统农业领域。这种路径依赖强化了初始选择的长期动态结果,从而改革开放初期农业资源所形成的"资源诅咒",在当时的环境下可能只是一个微小的偶然因素,但这个偶然因素却导致了此后一个地区工业化进展的巨大差别。当年"灾多粮少花子多"的长垣,现在已经是工业化程度相对较高的富庶地区。经济社会发展所取得的巨大成就,不能不说肇始于"置之死地而后生"的恶劣环境。

4.6　结论

基于上述模型的分析,可以得到本书对"资源诅咒"的解释:工业化起步的阶段,在某些农业生产条件(或者农业生产技术)比较落后的地区,那些条件最差的地区相对于条件略好的地区更易激励居民的冒险精神,从而诞生支撑工业化发展的企业家。同时,在工业化起步的阶段,也一定会存在一些农业生产条件优越的地区,这些地区良好的农业生产条件为工业化积累了更多的可用资本,从而更有利于激励居民的冒险精神,诞生支撑工业化发展的企业家。落后地区较好的农业生产条件将会遏制居民的冒险精神,从而产生"资源诅咒"。这一特殊的"资源诅咒"离不开本书所限定的几个关键条件。

第一，有限的融资能力。在本书对传统农区工业化的研究中，之所以会出现"资源诅咒"现象，一个重要的原因在于我国农村存在严重的金融抑制。在信息完全的金融市场，个人在自有资金满足不了创业需要时，会通过向市场发送信息，让市场认识到其创业价值而获得满足创业需要的融资。但是，在我国，尤其是在欠发达的传统农区，个人创业想要从正规金融机构获得贷款，困难重重。一方面，农村金融机构网点少，四大国有商业银行在农村的网点分布严重不足，农村金融的大部分功能依赖资金规模实力弱的各级农村信用社。这种正规的金融服务，从网点设置上就无法满足农村地区的需要。另一方面，正规金融机构贷款手续复杂，需要担保等一系列的限制条件，使得传统农区的创业个人几乎不可能获得需要的融资。刘锡良（2006）在对农村金融的调查中发现，农村各级县乡村小企业的贷款满足率不到10%。在这种外部金融约束条件下，传统农区的个人创业只能依赖亲戚、朋友等有限范围内的小额借款，这种金融抑制状况下的有限融资能力限制和约束了创业规模。如果传统农区的居民不受金融抑制的影响，那么行为人"改务农为创业"将提供高得多的报酬，农业生产条件所能带来的职业选择的机会成本的差别也将不再重要，从而不会存在这种"资源诅咒"。

第二，职业选择的有限性。在本章对"资源诅咒"的解释模型中，模型的解释力建立的前提和基础是劳动力不能大规模流动的特殊情况。这种状况符合改革开放初期我国劳动力市场的基本情况。尽管我国1978年之后拉开了改革的序幕，但是，要素市场的改革落后于商品市场的改革。在农村，尽管实行了家庭联产承包责任制、赋予了农民生产经营的自主权，但是，在农民的职业选择和流动上，国家仍然采取了严格控制的政策。1981年12月，国务院还专门下发了《严格控制农村劳动力进城做工和农业人口转为非农业人口的通知》，在限制农村人口自由流动的同时，也限制了农民的职业选择权。可以说，尽管1978年开始了改革开放，但是，在随后的五六年时间里，农民在区域间的自由流动和职业选择上与改革开放前并没有太大的差异。直到1984年国家才在政策层面上有所松动，中央正式发文"允许务工、经商、办服务业的农民自理口粮到集镇落户"。但是，受制于城市户籍人口与农村户籍人口在社会福利待遇上的差异，以及当时仍然实行的粮食定量供应的票证经济对人口流动的限制，在80年代中后期，农民在地域的流动上仍然局限于农村的本土区域，并没有形成劳动力在全国范围内的大规模流动。只不过在这一时期，随着乡镇企业的兴起，农民的职业选择范围有所扩大，农民开始从单一的农业生产向兼业生产以及非农产业转移。直到90年代之后，随着票证经济的取消，以及邓小平南方谈话进一步推动改革开放而带来的经济高速增长对劳动力的大规模需求，我国农民才开始了真正意义上的全国范围内的自由流动和自主择业。纵观我国农村劳动力转移的发展历程，我们可以看出，直到改革开放十年之后，我国才形成了真正的劳动力市场，才赋予了农民真正的职业选择权。因此，本书对"资源诅咒"解释假设建立的前提，即农村居民职业选择的有限性这种状况，是符合改革开放初期我国劳动力市场的基本情况的。正因为农民无法自由流动和自由选择职业，创业活动的机会成本由农业生产条件所决定，才形成了传统农区这种"资源诅咒"现象。如果劳动力可以大规模流向城市，流向具有更高工资收入的城市制造业或者服务业部门，那么创业活动的机会成本将不再由农业生产条件来衡量，从而不会再有上述"资源诅咒"的解释。

第三，低收入阶段的特殊情况。在本章对传统农区"资源诅咒"问题的解释上，模型的解释力还将局限于它仅能分析低收入阶段的欠发达地区，只有这样的地区，其居民的储蓄函数才合乎本书的设定。这一设定与新古典模型存在不相一致的地方，但是可以呼应罗斯托的经济起飞理论。如果是经济发达的高收入阶段，居民的储蓄函数将不再是分段函数，那么也就不存在"资源诅咒"现象。

第四，市场整合有限。这一模型的解释力同时也局限于市场整合有限的暗含假设。回顾我国市场经济的建设和发展历程，从1979年到1982年，国家提出"计划经济为主，市场调节为辅"的宏观经济管理原则，再到1984年十二届三中全会确立发展有计划的商品经济，最后到1992年正式提出确立建设社会主义市场经济，在这十几年的时间里，我国的市场经济建设一直处于慢慢摸索、逐渐完善的过程。即便是改革开放后相当长时期，各地区的地方保护主义，国家的户籍管理制度及对农村人口流动的管制，都使得市场的发展面临诸多的阻碍。并且，我国的要素市场的建设一直落后于商品市场的建设。姚会元（2005）通过对商品市场、要素市场等各项指标数值的估算，认为 2001 年中国的市场化程度大约为 83%，要素市场程度则在 50% 以下。也就是说，即便在改革开放 20 多年之后，市场整合的程度仍然有限。对于创业者来说，更为关键的要素市场化程度低，限制了投资机会的选择。在这种情况下，利用本地的要素资源、政策保护进行当地创业，成功的概率显然要远远大于到异地寻找机会。事实上，在改革开放初期甚至 2000 年以前，无论是浙江、江苏、广东等沿海地区还是地处内陆的传统农区河南、河北、山东等地，除了沿海地区因优惠政策而吸引的外来投资，农村居民的个人创业基本上都是在本地发生。本模型对"资源诅咒"解释建立的假设也正符合中国市场发展的状况。如果市场整合良好，那么创业者投资机会的选择将不再局限于当地产生的投资机会。企业家可以在整个市场寻求投资机会而不会一定形成当地的工业化。随着我国市场经济的不断深化，2000 年之后异地投资、产业转移等现象不断出现，这一点也得到了证实。因此，传统农区的"资源诅咒"这一现象也仅限于特定时期。超过这一时期，当市场完全整合后，资源更为优异的地区将获得更好的发展和投资机会，"资源诅咒"这一现象也将不再存在。

5　金融抑制对传统农区企业家形成的影响

在第四章对传统农区企业家形成存在"资源诅咒"现象的解释模型中，我们将有限的融资能力作为"资源诅咒"这一现象的关键前提条件，若非有限融资能力，企业家的出现仅与居民的风险偏好及对未来的预期有关，居民自身及其社会关系人群自身的积累将不再重要——这也是"费雪分离定理"所解释的命题。如果传统农区的居民在创业过程中能够得到正规金融机构的融资支持，那么企业家形成过程中出现的"资源诅咒"将因缺乏前提条件而不复存在。但在传统农区的现实经济运行中，金融抑制的现象普遍存在，创业者无法摆脱融资约束，从而如前文中所指出的，农业生产占比较高的传统农区，无法克服企业家形成过程中的"资源诅咒"。中国农村地区的金融抑制究竟如何？是否随着中国的经济发展而不断改善？本章将结合中国的现实来讨论金融抑制对传统农区企业家形成的影响。

5.1　农村地区金融抑制的既有文献

既有的文献已经指明，欠发达地区的金融抑制是一种普通的现象而不仅是中国的特例。国外学者 Banerjee、Newman（1993）和 Ahlin、Jiang（2008）就分析过金融约束对农户创业行为的影响。他们的研究表明：农民在选择成为雇佣工人的企业主还是成为雇佣工人时，金融约束是重要的影响因素。当然，抛开农民个体的职业选择，仅从创业角度分析金融约束的影响，完善的信贷市场、充分的创业信贷支持也是有利于创业产生的

（Black and Strahan，2002；Klapper 等，2006）。我们知道信贷配给是金融市场的普遍现象，但不同国家和地区之间金融市场体系的发育程度颇有区别，更为完善的多层次的金融体系可以在一定程度上克服信贷配给产生的负面影响。Bianchi（2010，2012）的理论模型也支持了这一假说，他证明了完善的金融体系能够缓解信贷约束，增加企业家数量，激发企业家才能。国内学者张小蒂、王永齐（2009），袁红林、蒋含明（2013），李磊、郑妍妍、刘鹏程（2014）等都通过模型和经验研究阐明了良好的金融环境对企业家创业的有利影响。这些研究认可了金融发展对创业的积极影响，但是现实经济运行中金融环境可能并不令人满意。对处于转轨时期的中国经济来说，金融约束和信贷配给是经济运行中普遍存在的现象。麦金农和肖（1973）在研究金融发展和经济增长问题时发现发展中国家普遍存在"金融抑制"，主要反映为政府通过人为进行利率和汇率管制、实施信贷配给、行业准入限制等一系列手段干预金融体系，造成金融市场扭曲和金融运行机制的缺陷。尽管麦金农和肖提出的金融抑制理论旨在解释发展中国家金融市场中普遍存在的问题，但事实上金融抑制现象绝不仅仅限于发展中国家。美国的金融市场也是在 20 世纪 80 年代金融深化改革后才实现了利率的市场化，而在此之前同样存在政府对金融市场的干预。与此相类似，如澳大利亚、日本等发达国家，也都存在过金融抑制现象。

追逐利润规避风险是银行在市场机制下自然的选择，信贷配给本身是一种普遍的现象。但需要说明的是，遭受配给的贷款申请却往往集中于农村地区和小贷款人。麦金农和肖提出的金融抑制理论认为欠发达国家和地区的金融抑制源自政府管制所导致的金融市场扭曲。但事实上，即使没有政府的管制，欠发达的农村地区也更容易出现金融抑制现象。麦金农指出，金融机构天然存在的"嫌贫爱富"的特性，会导致信贷资源倾向于投放给大企业、大客户，造成以小农户和小额借款人为代表的融资者难以从正规金融部门获得贷款。对比中国的现实情况确实如是：中国 20 世纪 90 年代后期国有银行的商业化改革，导致这些银行纷纷从欠发达的农村地区撤并网点，信贷资金在这些地区的投放比例变得更低。Pischke 等（1983）根据对发展中国家的农村借贷市场的研究，发现仅有极少部分农户能获得正规金融组织的贷款，发展中国家农村地区确实存在严重的金融抑制现象。因此，以麦金农和肖提出的金融抑制理论为基点，审视和分析中国农村地区的金融发展具有重要的意义。

国内众多学者用金融抑制理论分析了中国农村存在的金融抑制现象。目前，学者们普遍认为我国农村存在三种金融抑制形式。一是以叶兴庆（1998）、乔海曙（2001）、马晓河和蓝海涛（2003）、那洪生和周庆海（2004）等人为代表，认为我国农村地区的金融抑制主要是供给型金融抑制。他们认为正规金融部门控制了资金的供给，对农村地区的农户提供的金融服务有限，这造成了农村的金融抑制。二是以高帆（2002）、刘祚祥（2007）为代表，认为我国农村的金融抑制主要是需求型金融抑制。这一派观点认为，农户借入资金的预期收益较低，以及非正规金融对正规金融的替代效应和挤出效应，导致了农户借款需求不足，形成了需求型金融抑制。三是以王彬（2008）为代表，从农业、农村金融体系、政府三个层面分析了金融供需的均衡，并指出了我国农村金融抑制的原因。这些学者分别从供给和需求的角度分析了我国农村金融抑制现象的成因，对于我们的研究具有借鉴意义。

根据本书的模型，企业家形成过程中的融资约束作为一个重要的条件影响了欠发达地区居民的职业选择。因此本书并不认可农村地区的金融抑制是需求型金融抑制的观点，而倾向于支持农村地区的金融抑制是供给型金融抑制。因此，探求供给型金融抑制背后的成因，对于破解融资不足，打破企业家形成过程中的"资源诅咒"显得尤为重要。

目前大多数研究者认为，农村地区供给型金融抑制的主要成因在于发展中国家的金融体系存在明显的"二元结构"。白晓燕、李锋（2004）认为，基于我国经济的二元结构特点，经济政策长期以来对城市的支持导致了农业乃至农村地区没有受到应有的重视，金融抑制在农村地区表现得尤为突出。林毅夫（2000）则认为区域的不平衡、对农业信贷的总体限制、非正规信贷市场发育不足等原因造成了一些农村地区的信贷短缺。翟书斌（2004）认为国家对农村金融市场准入的严格控制，导致民间金融的发展受到限制，不能弥补修正正规金融供给不足，造成了农村地区的金融抑制。

从这些学者的观点来看，大家普遍认为我国正规金融市场客观造成的市场分割，导致只有小部分经济主体能获得正规金融的支持，众多创业的中小企业和农村地区的农户被隔离于正规金融市场之外。而政府对金融行业的过度管制和干涉，导致金融市场缺乏有效的价格机制。资金无法按市场化原则进行资源配置，造成信贷资金的供不应求，金融市场效率低下，不能合理配置资源。何广文（1999）基于对江苏、浙江、河南、河北、陕西等省 365 个家庭的问卷调查资料实证研究认为，金融抑制是农户资金借贷行为扭曲的根本原因。

为了详细分析农村金融抑制与城市金融抑制之间的差别及其成因，平新乔和张海洋（2012）从微观个体的视角剖析了金融抑制现象。他们认为造成中国农村金融抑制的主要原因是由信息不完全而产生的道德风险问题，以及农户自身财产水平不足造成的有限责任问题，这两大原因制约了金融机构对农户的放贷规模，从而造成了农村地区农户创业过程中的金融抑制。平新乔、张海洋基于理性经济人的角度，分析了正规金融机构作为追求盈利的市场主体在面对收益与风险时的决策行为，从微观层面解释了正规金融机构信贷过程中的客户选择行为。这一讨论更具有微观基础。而微观基础以上的宏观政策，更强化了农村地区金融抑制的现象。钟笑寒、汤荔（2004）的研究也表明，国有银行在农村地区的机构收缩对农村经济产生了负面影响。这也说明国家宏观金融政策的倾斜和管制，确实对农村地区的经济发展产生了严重的影响。

本书无意于从微观基础上讨论农村地区金融抑制的成因，而更关注宏观层面上发生的关于金融抑制的事实。本章着力于讨论宏观层面上传统农区所面临的金融抑制。由于学术界对传统农区的范围界定并没有统一的认识，以及考虑到数据获取上存在的困难，因此在本章中，我们以普遍意义上的农村地区来代替传统农区分析金融抑制对传统农区企业家创业的影响。

5.2　中国农村地区金融体系的发展

农村正规金融体系作为国家的一种制度性安排，是 1978 年后伴随农村经济体制改革形成和发展起来的。农村家庭联产承包责任制的实施，使家庭作为独立经营的个体承担起生产和再生产的职责。伴随着农业组织形式和农村经济结构的转变，个体经营单位所面临的资金短缺问题需要相应的金融支持。由于"三农"问题是国家的重点工作，国家必须建立相应的制度安排以满足农民扩大再生产的资金需要。基于这样的背景，国家于改革开放之初随着中国商业银行体系的重新建立，开始构建起以中国农业银行和农村信用社为主的农村金融体系。农村正规金融体系的形成和发展，大致可划分为三个阶段。

第一阶段（1979~1993年）：配合农村经济体制变革的需要，恢复和构建农村金融体系。1978年之后，国家开始了以农村信贷为主的中国农业银行的重建工作，支持其开展农村地区的业务。农业银行重建的同时，国家也着手恢复农村信用社的合作金融组织地位，并将农信社划归中国农业银行管理。在这一时期，国家放开了对农村非正规金融的管制，允许民间自由借贷，允许成立民间合作金融组织。在这一政策背景下，从20世纪80年代末在四川省成立第一个农村合作基金会，短短几年间，全国农村建立了数量众多、覆盖面极广的农村互助金融组织。到1992年止，全国建立乡（镇）一级农村合作基金会1.74万个，村一级11.25万个（农业部农村合作基金会办公室，1993）。可以说，经济体制改革之后，国家通过以上措施，快速构建形成了以农业银行为主体、农村信用社为其基层机构的农村正规金融体系，恢复了农村金融体系。

第二阶段（1994~1996年）：政策性金融、商业金融和合作金融并存。这一时期，我国在第一阶段恢复建设的基础上，开始构建具有不同经营性质的农村金融组织体系。1994年国家成立了中国农业发展银行，将政策性金融业务从中国农业银行和农村信用合作社业务中剥离。新成立的中国农业发展银行主要承担国家农副产品收购，以及实施其他国家政策的职能。与此同时，中国农业银行开始转变为以工商企业为主要服务对象的商业性金融机构。而农村信用社在国家关于金融体制改革的政策指引下，在1995年大量组建农村信用合作银行，并在1996年摆脱了与中国农业银行之间的行政隶属关系，改由中国人民银行直接对其进行业务及金融监管。农村信用合作社作为合作性金融机构，在金融政策的明确指导下确立了主要为农户服务的基本职责。在这一时期，国家通过一系列的金融改革措施，明确了不同金融机构的职责，形成了以农村信用社合作金融为基础，中国农业发展银行政策性金融和中国农业银行商业性金融分工协作的农村金融体制的新格局。

第三阶段（1997年后）：国有银行全面商业化改革，农村信用社形成垄断阶段。1997年亚洲金融危机之后，基于金融安全考虑，国家全面调整了农村金融政策，确立了四大国有商业银行撤并地县以下基层机构的战略。这一阶段，几大国有银行明确了商业化经营目标，在大规模撤并县级及以下基层机构的同时，不断收紧县级及以下基层机构的信贷审批权。而中国农业银行作为最初定位服务农村经济的国有银行，在这轮商业化改革进程中，开始逐渐退出农村金融市场。在国有银行商业化改革的同时，国家开始严厉打击农村非正规金融。1999年在全国范围内撤销了原隶属农业部管理的农村信用合作基金会，并对其进行清算。随着国家商业银行的全面退出及打击农村非正规金融活动，农村信用社逐渐取得了农村金融市场的完全主导地位。

5.3　中国农村地区金融抑制的表现

回顾改革开放后农村金融体制的演变和发展可以看出，自1978年后，国家为了配合农村经济体制改革的顺利推进，对农村金融组织及农村金融体制也适时做出了调整和安排。在这一过程中，先后恢复重建了中国农业银行，新设了农业发展银行，并且反复调整了农村信用社的隶属性质及业务安排，使之成为农村基层金融机构。经过近四十年的发展，农村地区已形成了农业银行、农业发展银行、邮政储蓄银行、农村合作金融机构等四大类九种机构的农村金融服务体系。但是，即使到今天，农村金融体系的发展与农村经济发展的要求仍然不相适应。在农村地区仍然存在相当严重的金融抑制，更不用说改革开放初期农村地区所面临的金融抑制状况了。前文在解释传统农区企业家形成的"资源诅咒"时指出，在金融抑制条件下个体无法从正规金融机构获得创业需要的资金，创业规模受到限制。这导致创业与务农之间的报酬差别不足以让行为人放弃务农而转向创业，因而造成了传统农区企业家形成的"资源诅咒"。鉴于此，我们回顾改革初期及其后多年农村地区面临的金融抑制状况，以便理解造成传统农区企业家形成"资源诅咒"背后更为深刻的原因。

5.3.1   正规金融机构在农村地区组织机构不完善

从我国农村金融机构的建设历程可以看到，正规金融机构在农村地区的布局始于 1978 年后中国农业银行的重建。改革开放初期，由于农村金融机构的建设一方面受制于投资的速度，另一方面受制于农村地区广阔的地域范围，因而其远远不能覆盖大部分农村地区。20 世纪 80 年代初期，农村地区正规金融机构的网点数量和网点密度远远比不上城市地区。根据《中国金融统计年鉴（1986）》中国农业银行披露的数据，自 1978 年①到 1985年的七年间，中国农业银行在农村的网点布局虽然取得巨大成绩，但依然远远不能满足农村居民的需要。到 1985 年底，中国农业银行共设有 2472个县支行（包括县支行级办事处），27325 个营业所（包括驻国营农场营业机构），2158 个储蓄所。而同期中国农村乡镇总数量为 91138 个，即便假定中国农业银行所有营业网点都布局在农村乡镇所在地，每个乡镇所拥有的营业网点也仅为 0.3 个，更不用说全国乡镇最为基层的 940617 个村的网点布局了。另外，中国农业银行大部分营业网点均设立在县及县以上行政地区。按此假定推算，作为国家定位服务农村金融业务的农业银行在农村地区能够提供服务的营业网点数量更少。

农村信用合作社作为帮助农民解决生产生活困难，推动农村经济发展的基层金融机构，也是农村正规金融的组成部分。这类机构在 1985 年的总结中披露的数据显示：1985 年底全国有信用社 5.8 万多个，加上信用分社、储蓄所和信用代办站，共有信用网点 40 多万个，平均 1.7 个行政村有一个信用机构。从这一数据可以看到，即便是立足于农村的信用合作社，也没有能够实现农村村级网点的全覆盖，尚有大约一半的村庄没有任何能提供金融服务的组织机构。②

在 20 世纪 80 年代中期，正规金融机构中除了中国农业银行以外，中国银行只在城市设立有相关业务机构和办事处；中国工商银行只是设立了2032 个县支行和 2201 个集镇办事处的基层业务单位。除了农业银行和农村信用合作社，在乡镇以下的农村地区，其他正规金融机构的营业网点布

---

① 1978 年中国农业银行在农村地区开启重建工作。
② 行政村的数量远少于自然村。

局等于空白。即便从乡镇这一层面来考虑，其他正规金融机构的营业网点数量也太少。① 从 1986 年金融统计年鉴中呈现的数据来分析，1978 年经济体制改革启动之后的七八年时间内，正规金融机构在农村地区的网点布局远远不够。农村地区在金融组织体系的建设上，相比于城市地区存在先天的不足。按金融可持续发展理论的观点可以知道，这种现象充分体现了农村地区所面临的金融抑制状况。

在第四章的经验研究中，本书使用了 1990 年以来数年间河南省的相关数据。其原因在于河南工业化自 1990 年开始进入快速发展期，这一现象在全国具有普遍的意义。因此自改革开放以来至 20 世纪 90 年代之前的时期，应被视为中国农村地区工业化的起步阶段，这一阶段的金融抑制问题也是本书研究的重点。

从表 5-1 中 1985 年和 1990 年的数据可以看到，正规金融机构在这五年时间内，在网点建设上有了迅速的发展。工、农、建三家银行储蓄所的网点数目都有了很大的提高。中国农业银行在这五年的时间内，储蓄所的数目由 1985 年的 2158 个增长到 1990 年的 20943 个，增长到近 10 倍。建设银行的储蓄所数量在 1990 年也达到了 20118 个。

表 5-1   中国四大商业银行各级营业机构数量变化

单位：个

年度	1985				1990			
	工商银行	农业银行	中国银行	建设银行	工商银行	农业银行	中国银行	建设银行
年末机构总数	21552	32624	320	2720	30566	55342	1483	26868
地（市）分支行	302	467	191	389	304	305	110	452
县支行	2032	2472	—	2284	2066	2161	788	2498
城市（郊区）办事处	930	—	97	—	1159	474	543	2050
分理处	2654				6244			1214
储蓄所	13141	2158	—	—	20392	20943		20118
集镇办事处	2201	—			—			—

---

① 工商银行在全国设立的 2201 个集镇办事处，相比于全国 91138 个乡镇也显得太少，平均每个乡镇的网点数不足 0.03 个。

年度	1985				1990			
	工商 银行	农业 银行	中国 银行	建设 银行	工商 银行	农业 银行	中国 银行	建设 银行
营业所	—	26156	—	—		30798		
其他	264	1342	—	17	357	617		491

数据来源：《中国金融统计年鉴（1991）》。

由于没有专门的对农村地区网点数目的统计，因而储蓄所的网点数目并不能代表农村基层网点布局的增长。但是，有理由认为随着正规金融机构营业网点数目的增多，必然会有更多的网点向县域地区的基层拓展。从正规金融机构在这五年机构数量变迁的状况来看，20世纪90年代初期已经比80年代中期有了长足的进步。随着工商银行和建设银行的储蓄所网点数目的增加，其他正规金融机构开始深入县域地区开展业务。农村地区正规金融组织机构的建设客观上改变了80年代中早期，国家正规金融机构中仅有农业银行一家在农村地区开展业务的状况。

但是在国有银行逐渐向县以下地区布局营业网点时，农村信用合作社作为立足于农村的基层金融机构，在这五年的时间却并没有增加网点布局。1990年，农信社包含独立核算机构和非独立核算机构以及县（市）联社机构在内的总机构数仅为387726个。[1] 相较于1985年其披露的信用网点40多万个，不仅没有增加，反而呈减少态势。结合农信社在农村地区的网点数量和国有银行在这一时期的网点拓展可以发现，虽然以国有银行为代表的正规金融在90年代初期开始涉足以县域为代表的农村地区，但是以乡镇和村为代表的农村地区的金融抑制状况并没有得到多大的缓解。

在90年代后期正规金融的商业化改革之后，国有商业银行在欠发达地区和农村地区大量撤并网点，则导致本来数量少且覆盖率低的农村金融服务机构数目进一步锐减。1995年至2001年，中国农业银行在全国裁撤了34%的机构，减少了13%的人员，其中大部分为农村地区的支行或分理处，且这一趋势一直持续到2004年（陈伯军，2006）。四大国有商业银行都在同一时期开展了大规模的撤并地县以下基层机构的类似行动。1998年

---

[1]　数据来自《中国金融统计年鉴（1991）》。

至 2007 年，四大国有商业银行共撤并 3.1 万个县及县以下机构（韩俊等，2007）。正规金融机构大规模撤并分支机构的商业化行为，导致原本数量就不足以覆盖广大农村地区和众多的农村人口的正规农村金融机构网络覆盖率更低。2007 年中国银监会编制的《中国银行业农村金融服务分布图集》显示，到 2006 年末，全国县及县以下的农村地区仅有 111302 个金融机构营业网点，且这些金融机构的营业网点 30% 以上集中分布在县城城区，具体到乡镇一级，平均每个乡镇的银行网点不足 3 个，而且还有 3302个乡（镇）未设任何银行业金融机构的营业网点。即便到 2014 年底，全国金融机构空白乡镇仍然有 1570 个。[①] 中国农业银行战略规划部与中国家庭金融调查与研究中心发布的《中国农村家庭金融发展报告（2014）》显示，61.8% 的村附近没有银行网点，平均每个村的银行网点仅为 0.7 个，整个农村地区的正规金融组织覆盖率远低于全国平均水平。

从 1978 年改革之后三十多年国家正规金融组织机构在农村地区的网点及发展来看，农村地区的正规金融组织严重缺位。按金融可持续发展理论的观点，金融组织体系这类实体性中间金融资源在农村地区存在严重的不足，正规金融机构在农村地区组织机构不完善，网点数量少，存在大量的空白服务点。这些状况充分体现了农村地区所面临的金融抑制现象。

5.3.2 农村正规金融机构服务功能缺位

我国农村地区的金融抑制，除了正规金融组织机构在农村地区的网点布局缺位、组织机构不完善外，更多体现在农村金融机构服务功能缺位。从表 5-1 中四大商业银行的网点机构设置来看，工、农、建三大银行主要的机构设置都是储蓄所。农业银行除了储蓄所外，还有营业所这一更为底层的机构设置。而储蓄所的主要职责是面向个人办理存取款个人储蓄业务，并不办理与信贷相关的业务。这意味着以工商银行、农业银行和建设银行为主的国有银行，在农村地区提供的服务主要是吸收存款、办理取款这类负债业务。而各大银行的基层单位对于地区经济发展中发挥重要作用的资产业务及汇兑业务则几乎没有涉及。以农业银行为例，1985 年尽管有26156 个营业所，但除了 2472 家县支行外，全国没有设立一家分理处。这

---

① 数据来自《中国农村金融服务报告（2014）》。

意味着农村地区的居民如果涉及贷款业务，必须到支行才能办理。到 1990年，即便农业银行在 2161 家县支行的组织机构设置下，新增了 474 家城市（郊区）办事处，并拥有了 2 万多个储蓄所和 3 万多个营业所，但是基层营业网点仍然只能提供负债业务，依然没有涉及经济运行的资产业务及一些涉及融资的中间业务，如票据业务。因此，改革头十年的时间，仅从国有银行机构在农村地区设置的基层网点所能提供的金融服务来看，是难以满足农村地区居民除了存取款服务的其他金融需求的。

而农村正规金融体系中，除了四大国有银行之外，还有 1994 年国家组建的中国农业发展银行。农业发展银行的职责是在农村地区从事政策性金融业务，专门为国家收购农副产品、粮油棉储备、农业开发等提供政策性贷款业务。尽管中国农业发展银行承担有农业开发的职能，但是在实际的运作中，中国农业发展银行几乎只履行了粮、油、棉的收储贷款职能。从表 5－2 中中国农业发展银行成立之后连续十年的主要贷款业务内容及规模可以明显看出这一点。农业发展银行实际运作过程中职能的单一化趋势，导致国家对其最初定位的支持农业开发、农村基本建设等职能根本没有发挥出来。因此，作为国家正规金融中定位于支农业务的政策性银行，中国农业发展银行在农村地区同样存在金融服务功能缺位的状况。从对农户和农村经济的发展角度来看，农业发展银行基本没有发挥出政策性金融机构对农户和农村企业的扶持职能。

表 5－2　中国农业发展银行各项贷款余额和农副产品贷款余额

单位：亿元,%

项目	1995	1996	1997	1998	1999	2000	2001	2002	2003	2004
各项贷款余额	4687.6	6248.0	8638.1	7094.8	7274.8	7400.9	7432.4	7366.3	6901.9	7189.8
农副产品贷款余额	4078.4	5398.1	6886.1	7023.1	7241.3	7214.1	7344.5	7291.9	6809.8	7104.3
占比	87.00	86.40	79.72	98.99	99.54	97.48	98.82	98.99	98.67	98.81

数据来源：中国农业发展银行历年年报。

中国邮政储蓄银行作为农村地区网点覆盖面最广的正规金融机构，在农村地区有近 60% 的储蓄网点和近 70% 的汇兑网点，是能提供最广泛覆盖

农村地区金融服务的正规金融机构。但是邮政储蓄银行这一金融组织体系
的设置，并不是基于服务农村集体或个体金融需要的考量，而是基于国家
对金融组织职责的整体规划。国家对邮政储蓄银行业务实行的是指令型管
理，这导致邮储在农村地区只吸收存款，不发放贷款。尽管邮政储蓄满足
了广大农民存款和汇兑的金融需要，但是，邮政储蓄在满足农民扩大再生
产、进行投资等借贷方面的需求上完全无作为，其服务网点越多，揽储能
力越强，从农村抽走的资金也越多，对于农村地区的扩大再生产产生的负
面影响就越大。邮政储蓄银行在农村地区具有的网点优势反而成为吸收农
村资金外流的重要渠道，不仅没有为农村地区的农户提供信贷支持服务，
促进农村地区的经济发展，反而进一步恶化了农村地区的资金供求矛盾。

　　综上所述，从正规金融组织在农村地区提供的金融服务来看，农业发
展银行、邮政储蓄银行在业务上都不对个体农户提供生活需要和生产发展
所需的信贷资金。而20世纪90年代初期及之前的时期，工、农、建三大
国有银行在农村金融领域的机构设置和职责安排，导致在农村提供的金融
服务大部分仍然是简单的存取款等基本业务，对农户扩大再生产和农村经
济至关重要的信贷业务、票据业务等要么是服务缺位，要么是高不可攀。
国家正规金融在农村地区的服务缺位客观上导致了农村信用合作社在农村
金融市场一家独大的地位。但是，农村信用社并没有提供与其在农村金融
市场的优势地位相匹配的服务，农村信用社作为信用联合社，并不是像四
大国有银行一样是建立在总行下的全国各分支机构，而是以省为单位建立
的各地区信用联合机构。因此，农村信用社在业务服务上，尽管能贴近农
村为农户和农村集体以及农村乡镇企业提供部分信贷服务，但是，受制于
组织机构的分散性，其相当长时间内并没有实现通存通兑，在汇兑服务上
还需要依托人民银行或其他全国性商业银行转汇。因此，从国家各正规金
融机构在农村地区提供的金融服务状况来看，普遍存在金融机构服务功能
缺位的现象，导致农村地区在业务的整体功能性方面面临严重的金融抑制
现象。

5.3.3　农村金融活动受到严格限制

　　尽管金融抑制现象在全国城乡普遍存在，但是国家对农村地区的金
融管制更为严重和普遍。即便是正规金融机构，在农村地区的经营业务

也受到严格限制。改革之初，国家在恢复重建中国农业银行时，就明确农业银行作为农村金融服务的机构，这种明确的行政指令直接限制了20世纪80年代早中期其他正规金融机构在农村地区的业务拓展。而90年代中后期国有银行的商业化改革，以及1998年亚洲金融危机之后国家确立的四大国有银行撤并县及以下基层机构的农村金融调整战略，一方面导致农业银行逐渐退出农村金融市场，另一方面，也导致其他几家国有银行不断收紧县级及以下基层机构的信贷审批权。这种政策上的调整带来的后果就是90年代中后期农村地区的金融环境急剧恶化，农村地区的服务网点短时间内大量缺失，农村居民更难以获得具有官方背景的正规金融组织提供的金融服务，直接导致了90年代中后期农村地区固定资产投资的断崖式下跌。

国家在调整农村金融战略时，除了要求四大国有银行撤并县及以下支行，还在1999年要求在全国范围内关闭原隶属农业部管理的上千家农村信用合作基金会，使得具有官方背景的半正规金融机构也完全退出农村金融市场，进一步加深了农村地区的金融服务困境。与此同时，国家在这一时期也严格限制农村非正规金融，取缔了民间合作金融组织，使得自80年代开始发展的广泛深入农村经济生活，为农村居民提供调剂互助功能的民间金融活动在其后一段时间受到冲击和严格的限制。

而90年代中后期国家农村金融调整中唯一幸存的农村信用社，其定位是央行批准的由社员入股的农村合作金融机构，目的是筹集农村闲散资金，为社员提供金融服务。但是，从农村信用社实际运作与其设立的定位来看，虽然经过几轮改革调整，但是一直保持着官办性质，并没有成为农村地区民众和社员合作构建的基层金融合作组织。尽管农村信用社在90年代后期国家金融调整中取得了农村地区金融服务的垄断地位，但是，由于官方一手操办，农村信用社在实际的业务运作中，仍然缺乏独立性和自主性，且经营效率低下，导致资产质量差，亏损严重，仅2004年地方政府和央行就拿出1650亿元给信用社的亏空买单。

国家对农村地区金融组织体系的安排和严格管控，导致农村金融发展缺乏活力，金融运作低效，远不能发挥金融对农村地区经济发展的支持作用。一方面，农村地区金融发展一直滞后于城市地区；另一方面，农村居民在寻求金融服务时花费更多成本，阻碍了正规金融服务信息的扩散，降低了农村居民获取金融服务的机会。而国家对农村金融政策实施的非连续性和突变性，导致农村金融服务市场无法稳步向前发展，反而出现一段时间的倒退。这种对农村金融活动急转性质的调整，不仅导致农村地区前期逐步发展的官方和半官方金融组织机构完全撤销和解体，极大地浪费整个社会资源，而且导致调整之后农村金融发展陷入停顿，农村居民一方面更难以获得正规金融服务；另一方面，为了获取融资支持，需要支付更高的隐性成本。从制度经济学的角度来说，国家对农村金融活动的限制，导致农村地区的金融发展付出了极高的社会成本。

除了国家层面对农村金融活动的限制外，各金融机构对农村地区的金融业务也进行了严格的限制。改革初期一直到90年代早期，各银行在县级及以下的网点设置都仅是储蓄所，这种机构设置本身就已规定了其金融业务范围仅限于存取款等最简单的基本业务。而90年代中后期正规金融机构的商业化改革，除了在农村地区大规模撤并分支机构外，各大银行还采取了一系列措施限制对农村地区的贷款。如农业银行通过提高欠发达地区分支机构的资金上存利率，促使其分支机构将资金上存到省行以获得高收益。在采用利益诱导机制将欠发达地区的资金上交转移的同时，农业银行还通过行政手段调整收紧分支机构的业务权限，将欠发达地区的信贷审批权集中到省行，并对主要的农产区县支行实行严格的贷款额度指标控制。因此，无论是国家层面还是银行层面，对农村地区金融活动的严格限制，均使农村地区面临较城市更为严重的金融抑制。

5.4　传统农区金融抑制的表现

农村地区作为从事农业生产的农民聚居地，是从社会经济领域角度划分的概念。但是，所处地理位置的差异，尤其是中国地域广阔的特点，也导致即便是农村地区，其经济环境也呈现巨大的差异。在东南沿海发达地区，其经济发展水平就明显领先于中西部农村地区。因此，即便是将目光聚焦于农村地区的金融抑制，也不难发现，传统农区相对于东南沿海发达地区，所面临的金融抑制更甚。主要体现在以下几个方面。

5.4.1　传统农区人均拥有的金融机构数偏低

传统农区作为地处内陆、农业生产条件较好的区域，在改革开放初期相当长一段时间，产业结构中第一产业占比均高于其他地区。农业生产的高风险性及附加值低的特点，以及传统农区相较于沿海农村地区农村居民更低的收入，导致正规金融机构更不愿意在传统农区开展各项金融业务。这客观上导致正规金融机构在传统农区的网点布局更少。我国部分省县及县以下农村金融机构网点分布见表5－3。

表5－3　我国部分省县及县以下农村金融机构网点分布

单位：个

地区	每万人拥有网点数	邮政储蓄银行	农村信用社	农业银行	其他银行机构网点	股份制商业银行
江苏	1.3	1586	1439	829	2027	29
浙江	1.7	1062	1453	598	2321	31
广东	1.5	1133	3581	696	1360	123
福建	1.3	595	1392	487	776	38
山东	1.2	2027	3423	986	1476	40
河北	1.3	960	4322	670	1031	0
河南	1	1715	4511	781	798	9
安徽	0.9	1064	2341	486	491	1
江西	1.3	1087	2035	472	731	9

数据来源：根据银监会《中国农村金融服务分布图集》（2007年）数据整理而来。

从表5－3我们可以明显看出，河南、河北、山东、安徽、江西等以农业为主的传统农区，每万人拥有的网点数低于浙江、广东、江苏等沿海省份。如果考虑到这些网点所属的金融机构性质，则会发现，传统农区大部分金融机构网点都属于邮政储蓄银行和农村信用社。从山东、河北、河南、安徽、江西这几个省份县级及以下金融机构中邮政储蓄与农村信用社网点数目占比来看，除了山东占比为68.54%外，其他四个省份邮储和农信社的网点占比均超过70%，其中河南更是达到79.68%。而众所周知，邮政储蓄只是承担揽储和汇款业务，完全无法对农村地区提供信贷支持，反而一直是农村资金的吸水池。因此，尽管通过每万人拥有的网点数目可以得出传统农区较沿海地区面临更为严重的金融抑制，但是深入探究每万人拥有的金融网点数目背后所能提供的金融服务，可以发现传统农区所面临的金融抑制远超这一数据所呈现的问题。对比江苏、浙江两省县及以下金融机构网点布局会发现，这二省中包含四大国有银行、政策性银行、城市商业银行的其他银行机构的数量远超传统农区的各省份。并且，东南沿海各省份县级及以下农村地区的股份制商业银行的网点数目远超传统农区各省份。这说明，沿海地区的农村居民比之传统农区的农村居民在获取金融服务上有更多的途径选择。从县级及以下农村地区每万人拥有的金融机构网点数目这一指标来看，很明显地发现，即便是农村地区，传统农区相较于发达地区而言，面临的金融抑制状况也更甚。

5.4.2 传统农区金融机构服务人员数量偏低

传统农区所面临的金融抑制，除了体现在正规金融机构在传统农区县及县以下农村地区的网点布局偏少外，还体现在正规金融机构在传统农区开展金融业务时服务人员的数量偏低。从表5－4我们可以看到，江苏、浙江、广东、福建等沿海地区，县及县以下农村每万人拥有的金融机构服务人员数均高于传统农区各省份，其中浙江省农村地区每万人拥有的金融机构服务人员数为21.3个，是河南省农村地区每万人拥有的金融机构服务人员数的2倍还多。对比沿海地区和传统农区县及县以下农村地区每万人拥有的金融机构服务人员数，同样说明传统农区农村地区比沿海地区农村地区受到更为严重的金融抑制。

表5－4　我国部分省县及县以下农村金融机构服务人员数

地区	服务人员（个/万人）
江苏	13.43
浙江	21.3
广东	13.24
福建	14.63
山东	12.9
河北	12.55
河南	9.86

地区	服务人员（个/万人）
安徽	8.23
江西	10.44

数据来源：根据银监会《中国农村金融服务分布图集》（2007 年）数据整理而来。

5.4.3 传统农区正规金融机构的存贷比低

存贷比作为银行业监管的一项重要指标，是金融机构进行流动性管理的工具。这一指标一方面反映了银行的风险控制能力，另一方面也可以在一定程度上衡量金融机构的经营业绩。在银行业的运营中，资金占用是有成本的。因此对金融机构来说，通过存款获得的资金如果贷出没有达到一定比例，就存在亏损的可能。但实际情况是，改革开放后相当长时间，由于我国资本稀缺，金融机构的存贷比一直居高不下。在 20 世纪 80 年代中后期到 90 年代初期，全国金融机构的存贷比一直维持在 130% 以上，绝大部分省份存贷比都超过 100%，仅有三四个省份的存贷比略低于 100%。[①] 直到 1995 年国家为了防止银行过度扩张的信贷风险，明确规定对银行的存贷比进行监管，银行存贷比才逐渐恢复到国家规定的标准。

因此从银行追求自身运营效益的角度来说，银行希望维持较高的存贷比。如果一个地区的银行存贷比偏低，只能说明这一地区的众多借款人发生的借贷行为不足以达到金融机构放贷的要求，而银行则将更多的资金从这一区域转移至其他区域发生资产业务。而从银监会公布的《中国农村金融服务分布图集》中的数据则可以看到，我国各省县及县以下农村地区金融机构的存贷比，除浙江和宁夏外其他省份都没有达到国家规定。这说明，对县及县以下农村地区，金融机构无论是发放涉农贷款的意愿还是实际的贷款行为都低于城市地区。对比城市地区金融机构的存贷比就可以发现，城市金融机构即便在国家规定了明确的存贷比标准后，仍然经常突破监管要求。因此，仅从存贷比这一指标不难判断，农村地区相比城市地区面临更为严重的金融抑制。而即便在农村地区，金融机构在不同地区的金融抑制程度依然存在差

---

① 根据 1989、1990、1991 年《中国金融统计年鉴》计算。

别。对比表5-5中东南沿海省份与传统农区省份县及县以下农村地区金融机构存贷比状况，则可以发现，传统农区的县及县以下农村地区金融机构的存贷比较之江苏、浙江、福建等沿海发达省份更低，这意味着河北、河南、安徽、江西等省的农村地区较沿海省份农村地区金融抑制的程度更深。而农村地区的存贷比低并不意味着县及县以下银行分支机构资金的无效留存，反而意味着大量的银行资金转移至农村地区之外。农村地区的存贷比越低，意味着金融机构对农村地区的贷款条件越严苛，达不到贷款条件的贷款人越多。因此，从表5-5中沿海地区与传统农区县及县以下农村地区金融机构存贷比数据，同样可以看出，传统农区的农村地区在寻求信贷支持时，面临农村金融机构更为严苛的放贷条件，相较于沿海地区而言，受到的金融排斥更多，金融抑制程度更深。

表5-5　我国部分省县及县以下农村金融机构存贷比

地区	存贷比
江苏	62.93%
浙江	77.67%
广东	43.15%
福建	59.35%
山东	66.56%
河北	43.01%
河南	52.77%
安徽	42.78%
江西	43.77%

数据来源：根据银监会《中国农村金融服务分布图集》（2007年）数据整理。

5.4.4　传统农区人均贷款额低

通过对金融机构网点分布、金融服务人员配备、银行存贷比方面的数据进行考察，我们可以看到传统农区较沿海经济发达省份面临着更为严重的金融抑制。银行金融机构在不同区域实施程度不一的信贷配给行为，所导致的直接后果就是不同地区的金融需求者得到的金融服务存在明显差异。虽然人均贷款的数量并不仅仅取决于信贷配给的水平，往往与当地的经济发展水平有关，但这一数据也可以部分地反映不同省份之间所受金融抑制的程度。反映在各省人均贷款规模上，就明显可以看出发达地区与欠发达地区的差别。表 5-6 是 1998 年到 2003 年部分省份农村人均贷款表。

表 5-6　部分省份农村人均贷款

单位：元

地区	1998 年	1999 年	2000 年	2001 年	2002 年	2003 年
江苏	1511.9	1605.5	1657.1	1813	2216	2897
浙江	2193.8	2447.6	2613.8	2892	3434	4612
广东	1703.4	1739.6	1551	1556	1712	1832
福建	605.38	663.36	731.09	785	916.2	1192
山东	1140.9	1229.9	1386.9	1702	2022	2452
河北	856.79	984.56	972.13	1100	1249	1404
河南	821.88	945.83	1008.3	1128	1276	1439
安徽	538.9	585.7	573.51	648.4	744.3	861.8
江西	608.99	613.51	564.98	549.3	602.7	902.8

数据来源：转引自武蔷薇《我国农村金融区域非均衡发展的评价及影响》，博士学位论文，中南大学，2010。

从表 5-6 中我们可以看到，作为传统农区的河北、河南、安徽、江西四省，在农村人均贷款金额上明显低于发达地区。四省 1998 年农村人均贷款均低于 1000 元，而同期浙江农村人均贷款额为 2193.8 元，江苏 1511.9 元，广东 1703.4 元。从以上东南沿海省份和传统农区省份连续几年人均农村贷款不难发现，江苏、浙江、广东农村居民的人均贷款额远高于传统农区农村居民的人均贷款额，这种状况从 20 世纪 90 年代中后期一直持续到 2003 年，其间没有得到任何的改善。2003 年河北、河南、安徽、江西四省的农村人均贷款余额甚至还低于 1998 年浙江、江苏、广东三省的人均贷款水平。从农村居民人均贷款增速来看，江苏、浙江两省的农村居民的人均贷款额从 1998 年到 2003 年，基本上实现了翻倍的增长。而河北、河南、安徽、江西四省的农村居民的人均贷款额，尽管在这六年间有所提高，但是，从增长速度来看，这六年农村居民的人均贷款增长率好的也仅保持了 60%～75% 的增长，而差的江西省，农村居民的人均贷款增幅更低。从连续几年各省份农村人均贷款额的情况可以看出，传统农区农村居民的人均贷款额在初始贷款额基数偏低的情况下，增长率也远远落后于发达地区。

因此人均贷款在省际上的差别，并不能够被经济发展水平或速度的差异完全解释，它必定在一定程度上反映了不同地区信贷配给水平的不同，传统农区所受配给的程度一定更严重。

正规金融机构在城市与农村地区实施差异化服务的同时，在农村地区内部也同样存在差异。这种差异化的服务导致传统农区面临更为严重的金融歧视，从而使得传统农区的农村居民一方面更难以获得正规金融提供的服务，另一方面，即便能获得正规金融的服务，其支持力度也极其有限，远不能达到经济发达地区农村居民的水平。

5.5 农村地区金融抑制的影响及成因

5.5.1 农村地区金融抑制的影响

前文我们已经分析了农村地区尤其是传统农区金融抑制的各种表现。农村地区的金融抑制，无论是从国家层面还是在金融机构层面，对农村地区造成了极为严重的影响，主要体现在以下方面。

（1）农村信用社成为农村地区金融服务的垄断者

从改革初期仅仅农业银行为农村地区提供正规金融服务，到亚洲金融危机后国家对农村金融实施收缩调整战略，在这不到二十年的时间里，前十年其他国有银行几乎没有涉足农村地区，20 世纪 90 年代之后，其他国有银行纷纷开始在县及县以下地区开设分支机构，但紧随其后国有银行在国家政策指引下在农村地区的收缩调整以及商业化改革，导致以四大国有银行为主的正规金融基本上撤离农村。在农村地区提供金融服务的仅剩下农业发展银行、邮政储蓄银行和农村信用社。而农业发展银行基本上只开展粮、棉、油的收储信贷工作，邮政储蓄银行只办理存款和汇款业务，从金融业务上来看，两者都不对个体农户提供信贷业务。因此，从农村信贷市场来看，客观上形成了农信社在农村金融市场一家独大的地位，也使农村信用社成为农村正规金融市场信贷服务的主要供给者。对于数量众多的农户而言，要想获得正规金融机构的信贷支持，只能求助于农村信用社。

中国人民银行的统计报告显示，2001 年，农信社提供的农业贷款占全部金融机构提供的农业贷款比例达 77.34%，2002 年农信社的农业贷款占比则达到了 81.04%。从以上数据可以看出，自四大国有银行撤并县级及以下分支机构后，农村信用社实际上已成为农村信贷市场的垄断者，其一家提供的农业贷款占据了全部农业贷款的绝大部分。即便是到现在农信社仍然是农村金融服务的主力军。据资料统计，截至 2013 年末，农信社的农户贷款占银行业金融机构农户贷款的 80%，农信社一家就承担了我国 98.4% 的乡镇金融服务。[①] 农信社在农村金融市场一家独大的格局，使得农村金融市场缺乏竞争，不能为农村地区提供丰富高效的金融服务，客观上限制了农村地区金融服务的完善和发展。

(2) 农村正规金融组织信贷业务"非农化"趋势严重

农村地区金融抑制导致的另一个直接后果就是农村正规金融组织信贷业务"非农化"趋势日益严重。亚洲金融危机后，由于国家对农村金融的收缩调整以及国有银行商业化改革的迅速推进，农村地区各金融分支机构在信贷业务权收缩的行政管辖以及提高资金上存利率的双重作用下，不断降低涉农贷款比重。以农业银行为例，20 世纪 80 年代中期以前，农业银行全部贷款的 98% 以上集中于农村，80 年代中期至 90 年代初，为解决农产品"卖难"和扶持乡镇企业，农业银行每年将 60% 的信贷资金用于农副产品收购和乡镇企业发展（张红宇，2004）。而在商业化改革之后的 2002 年，农业银行的农业贷款占全部贷款的比例仅为 26.7%，并且，信贷业务的"非农化"趋势不断加剧，到 2004 年农行内的农业贷款占全部贷款的比例更是下降到 18.6%（陈伯军，2006）。农业银行商业化改革后所表现出来的"非农化"趋势，使其信贷资金越来越集中投放于城市和沿海发达地区，其在农村地区正规金融服务上的地位和作用已完全不复存在。从表 5-7 可以明显看出，农业银行在农村的资金流向从 1989 年的净流入到 1995 年开始出现净流出。农业银行农村存贷款差额所导致的资金流向的转变，充分反映了金融抑制条件下农村金融组织业务经营的"非农化"趋势。

表 5-7 列出了农业银行、农信社、邮政储蓄 1989~2001 年在农村的

① 李玉伟：《我国农村信用社改革路径探析》，《中国农村信用合作报》2015 年 5 月 21 日。

存贷款数据，从这几家立足于农村的正规金融机构在农村的存贷款数据的变化趋势来看，正规金融机构信贷资金外流的"非农化"现象逐年加剧。

表 5 - 7　1989 ~ 2001 年农村金融机构在农村存贷款总量

单位：亿元

年份	农业银行存款	农业银行贷款	农业银行总存贷差	农信社存款	农信社贷款	农信社存贷差	邮政储蓄存款	总流出
1989	2055	3058	- 1003	1669	1095	574	21	- 408
1990	2640	3774	- 1134	2145	1410	735	46	- 353
1991	3315	4578	- 1263	2703	1808	895	88	- 280
1992	3138	5468	- 2330	3478	2454	1024	125	- 1181
1993	4501	6565	- 2064	4291	3262	1029	215	- 820
1994	5174	5525	- 351	5670	4159	1511	339	1499
1995	6940	6550	390	7170	5230	1940	547	2877
1996	8950	7710	1240	8790	6360	2430	740	4410
1997	11320	9810	1510	10620	7330	3290	880	5680
1998	13330	13670	- 340	12190	8340	3850	1080	4590
1999	15490	15530	- 40	13360	9230	4130	1260	5350
2000	17520	14500	3020	15130	10490	4640	1630	9290
2001	20250	16050	4200	17260	11970	5290	3550	13040

数据来源：《中国金融统计年鉴》（1990 ~ 2002 年）。本表的数据都指年末余额数。邮政储蓄存款的数据取自徐忠、程恩江《利率政策、农村金融机构行为与农村信贷短缺》（《金融研究》2004 年第 12 期）的计算。

不仅农业银行在农村地区的信贷服务中表现出资金外流的"非农化"趋势，即便是农村地区提供信贷服务的主力军农信社，借贷资金的"非农化"现象也日趋严重，其在农村资金的流动也一直处于净流出状态。按照刘民权、徐忠（2003）的估计，20 世纪 90 年代后期，每年从农村信用社外流的资金规模都在 3000 亿元至 4000 亿元之间。这说明，农信社作为农村正规金融体系中唯一与农户具有直接业务往来的金融机构，同样也成为农村资金外流的重要渠道。许多针对农村信用社的案例研究表明，无论在经济发达地区还是在欠发达地区，农村信用社在网点设置、资金流向上都呈现城镇化趋势（盛勇炜，2001）。从表 5 - 8 也可以看出，1993 年之后，农村信用社对农业及乡镇企业贷款占比一直维持在 70% ~ 80% 。而其中缺失的信贷部分，则流向其他的非农地区和非农部门。

表 5 - 8　1989 ~ 2001 年农村信用社贷款结构变化

年份	农信社贷款总额（亿元）	农业贷款（亿元）	占比（%）	乡镇企业贷款（亿元）	占比（%）	农业及乡镇企业贷款总占比（%）
1989	1095	523	47.8	572	52.2	100.0
1990	1413	652	46.1	761	53.9	100.0
1991	1809	801	44.3	1007	55.7	99.9
1992	2454	982	40.0	1294	52.7	92.7
1993	3262	657	20.1	1783	54.7	74.8
1994	4159	805	19.4	2277	54.7	74.1
1995	5234	1095	20.9	2779	53.1	74.0
1996	6365	1487	23.4	3264	51.3	74.6
1997	7326	1774	24.2	3468	47.3	71.6
1998	8340	2659	31.9	3761	45.1	77.0
1999	9226	3040	33.0	4187	45.4	78.3
2000	10489	3588	34.2	4569	43.6	77.8
2001	11971	4418	36.9	4843	40.5	77.4

数据来源：《中国金融统计年鉴》（1990 ~ 2002 年）。

从农信社贷款结构的数据可以清楚地看出，农村地区正规金融的资金外流现象日趋严重，正规金融机构在信贷资金的投放上从 20 世纪 90 年代早期开始倾向于城镇地区或非农产业，与此同时，则开始逐渐收紧对农村地区和农业产业的贷款，造成对农村集体或个体普遍的惜贷现象。按照中国社科院人口与劳动经济所农民收入课题组（2003）的估计，90 年代农村资金的外流规模和速度要远大于 80 年代。农村正规金融组织资金外流导致的信贷业务"非农化"趋势，使农村地区更难以获得信贷资金。

（3）农村地区农户贷款难，贷款覆盖率低

农村地区金融抑制导致的农村信用社在农村金融市场一家独大的格局，以及 90 年代中后期正规金融组织信贷资金投放的"非农化"趋势，反映在农村信贷市场的结果就是农村地区农户获得金融服务的难度加大，农村地区社会个体难以从正规金融机构获得需要的信贷资金。有关资料显示，截至 2003 年 6 月，农村信用社农户贷款覆盖面仅为 25%，多达 3/4 的农户没有享受到贷款（姚耀军，2005）。这一数据是对占农村信贷市场八成的农信社对农户贷款覆盖率的调查。在农村信贷市场占据绝对优势地位的农信社对农户贷款的覆盖率都是如此之低，更不用说以四大行为主的正规金融机构在满足农村信贷需要方面的覆盖比例了。以此类推可想而知，正规金融机构在农村地区提供金融服务缺口有多大。周正庆（2004）对农村地区的一项信贷调查表明，一般农户的贷款需求满足率在30%左右，而种植业大户的贷款需求满足率仅约为10%。即便是在农村金融改革深化之后，正规金融机构服务缺失导致农村居民可获得的金融服务的水平依然偏低。中国农业银行战略规划部与中国家庭金融调查与研究中心发布的《中国农村家庭金融发展报告（2014）》显示，农村家庭正规信贷需求为19.6%，正规信贷可得性水平为27.6%，在有信贷资金需求的家庭中，72.4%的农村家庭受到信贷约束，仅有14.1%的农村家庭拥有正规贷款，而43.8%的农村家庭通过民间借贷满足资金缺口。从以上数据可以明显看出，农村地区金融抑制带来的直接后果就是正规金融对农村地区提供的金融服务，无论是信贷规模还是信贷覆盖率，都远远满足不了农村金融服务的需求。

5.5.2 农村地区金融抑制的成因

金融抑制作为经济发展中的一种普遍现象，在农村地区较城市地区更为严重。从我国农村地区的金融抑制状况来看，虽然与国家对农村地区的金融发展策略调整有关，但是，金融抑制作为一种经济现象，也并不会随着我国市场经济的不断深入和发展而消失。

从正规金融机构在20世纪90年代中后期在农村地区经营运作的一系列行为来看，虽然是响应国家号召做出的调整，但是，抛开国家政策的因素，仅从市场运作的角度，同样会在农村地区造成更为严重的金融抑制。这是由农村地区及农业产业的内在特点所决定的。

新中国成立后的相当长时期内，即便是改革开放之后，中国仍处于城乡二元结构状况。农业产业及与之相关的涉农企业，面临的自然风险、市场风险和政策风险远远高于工业产业。与此同时，我国一直以来采取的以农补工的政策，使得农产品价格一直偏低。高风险、低收益的产业特点使得以农业为基础的农村地区尤其是传统农区获得正规金融机构的信贷支持的可能性大大降低。虽然农户在家庭联产承包责任制后作为独立的经营单位，受生产投资的驱动较之城市内在工厂上班拥有固定职业的城市居民更具有获取金融服务的需求，但是，由于我国土地的国有和集体性质，农村居民对土地只有使用权而无所有权，因此，农户在寻求金融服务时往往拿不出合格的抵押物。这对于开始商业化经营的银行机构来说，意味着此类型的信贷业务风险高。同时，农村个体经营的性质使其相比于城镇工业企业而言，普遍借贷规模偏小，即便是正规金融机构对农村居民提供信贷服务，所获得的收益也因借贷规模的限制而偏低。因此，正规金融机构在对农村地区提供金融服务时，普遍面临着风险大、收益低的状况。加之农村地区村落的小规模聚集和分散性，正规金融机构在提供金融服务时要想获得充分的信息评估信贷申请，需要花费大量的时间与精力，面临着极高的交易成本。正是农村金融服务的高风险、高成本、低收益的特点，导致正规金融机构不愿意服务农村地区，而更愿意将资金投放到收益更高、风险更小的城市经济和工业经济领域。由此导致农户和农村其他经营主体难以得到贷款，从而面临着极为严重的金融抑制。可以说，农业经济的特点及农村地区的发展现状，导致经济发展过程中，地区工业化水平越低、农业占比越高的地区，金融抑制现象尤甚。现实经济运行的基本规律，反映在农村金融市场上，就表现为农业占比较大的传统农区在正规金融服务上面临着更为严重的金融歧视，受到的金融抑制程度更大。

因此，农村地区的金融抑制，从市场的角度分析也是以银行为主的金融机构理性的经济行为。但是我国严格的金融管制，导致我国与其他发展中国家相比，对农村地区和农户的金融抑制程度都更为严重。也正因为农村地区尤其是传统农区极为严重的金融抑制，农村居民难以获得正规金融机构的信贷支持，从而无法突破资本形成的障碍约束，导致了传统农区企业家创业过程中的"资源诅咒"现象。

5.6 金融抑制对传统农区企业家
创业的影响

前面已经分析了正规金融体系对农村地区尤其是对传统农区的金融抑制及其表现。农村地区尤其是传统农区面临的金融抑制，从影响的结果来看，是 20 世纪 90 年代后期整个农村地区经济增速明显下降。金融抑制对农村地区经济增速的负面影响，除了金融通过多种传导途径影响经济发展外，其中一个不可忽视的因素在于金融通过作用于经济中的微观个体，通过影响企业家形成和发展形成对经济的反馈。传统农区面临的严重金融抑制，使得传统农区的个体在面对正规金融的信贷配给时，无法突破融资约束，从而使金融对企业家形成的正向影响得不到发挥。这种金融抑制对传统农区个体创业的影响主要体现在以下几个方面。

5.6.1 金融抑制降低了传统农区个体投资的增长

开始于 20 世纪 70 年代末的农村家庭联产承包责任制的改革，极大地释放了农村生产力。伴随着这一制度变革，农村资本积累的责任也从原来的农村集体转移到农户个体身上。这意味着农户个体必须面对解决农业再生产的资金积累问题。因此，满足农村居民融资需求在客观上构成了扩大再生产中的一个必要条件。据全国农村固定观察点常规调查资料统计的数据，以 1993 年为例，全国农户生产性借款占总借款比重约为 59%，中部地区约为 51%。这种借款比例充分反映了农户作为单个的具有自我决策的经营单位在资本积累过程中存在的困境，同时也证明了仅凭农户自身力量无法满足扩大再生产对资金的需求。调查数据从侧面说明了金融支持在满足农户扩大再生产时意义重大。

除了农业生产领域内的扩大再生产，20 世纪 80 年代率先开启工业化进程的乡镇企业，同样也有强烈的融资需求。但是，农村经济中的金融状况却无法满足上述需求。更为严重的是，正规金融机构在 20 世纪 90 年代后期的商业化发展，无论是对个体农户还是对乡镇企业都不是一个好的结果。他们面临着更为严酷的金融抑制环境。农村金融机构的商业化改革，固然提升了商业银行的经营效益，却导致乡镇企业和个体农户在寻求金融服务时面临更为困窘的局面，并直接导致了农村固定资产投资的下降。

对比城镇和农村在 80 年代至 90 年代的固定资产投资增长速度可以明显地看出这一趋势：在农村金融机构商业化改革之前的 80 年代，农村个体和集体固定资产投资年均增速达到 25%；进入 90 年代以后，农村地区的投资增速明显下降，在正规金融机构商业化改革之后的 90 年代后期尤其如此。在 1996~2001 年，农村投资年均增长速度只有 6.2%，而同期的城镇投资的年均增长率为 16.4%。农村经济投资增速的下降在农村个体经济领域内更为明显。根据宋洪远、赵长保（2002）的统计，1995 年之后，农村个体经济的固定资产投资增速出现断崖式下降，1995 年农村个体经济的固定资产投资增速为 32.2%，而到了 2000 年，农村个体经济的固定资产投资增速仅为 4.5%，到 2001 年农村个体经济的固定资产投资增速更是仅有 2.5%。而同期城镇个体经济的增速分别为 27.5%、29.2%（见表 5 - 9）。

表 5 - 9 城乡集体、个体经济固定资产投资增长速度

单位：%

年份	全社会固定资产投资	集体经济			个体经济		
		合计	城镇	农村	合计	城镇	农村
1981	5.5	150.8	37.6	263.8	49.8	32.4	51.2
1985	38.8	37.2	100.8	14.0	30.9	90.0	26.2
1990	2.4	-7.1	-12.0	-4.8	-3.0	-11.1	-1.7
1995	17.5	19.2	19.7	19.1	29.9	22.4	32.2
2000	10.3	10.7	1.4	13.4	12.2	27.5	4.5
2001	12.1	8.1	-5.6	11.7	12.7	29.2	2.5

数据来源：宋洪远、赵长保《中国农村经济分析和对策研究》（2001~2003），中国农业出版社，2002。

农村地区 90 年代中后期的投资增速的变化，反映了农村地区正规金融组织商业化改革之后日益加剧的金融抑制现象对农村个体和集体投资的直接影响。金融抑制对个体投资的影响，反映到企业数量上，从以河南为代表的传统农区非公有制企业数量的增长率也可以明显看出，在 1987~1994 年，河南省非公有制企业数量保持持续增长态势，尤其是 1991~1994 年，非公有制企业数量保持了连续四年的高速增长。而 1995 年之后，非公有制企业数量急剧下降。这表明，金融抑制在抑制个体投资上效果明显，直接影响了企业家创业。

5.6.2 金融抑制降低了传统农区居民创业活动的收益

金融抑制条件下，社会个体面临着普遍的融资约束。对于传统农区的个体农户或集体企业而言，由于面临的金融抑制程度更深，更难以获得正

规金融机构的信贷支持。这意味着传统农区的居民在创业过程中，常常受制于资金不足而错失机遇。受到抑制的农村居民即便是有预期收益良好的项目，也常常无法获得有效的外源性融资，从而导致项目搁浅。在金融抑制状况下，传统农区中的个体农户和集体企业无法获得正规金融机构信贷服务的这种状况，导致农村居民在务农或创业的选择中，无法突破融资约束，无法获得更高的收益。为了应对资金短缺问题，农户只能通过简单的再生产或缩小经营规模来维持既有的发展道路，无法选择新的发展机会。在农村地区，许多农村居民的创业往往立足于农业领域，尝试在农业领域扩大规模而走上创业道路。农村地区涌现的种粮大户、种棉大户就是这种农业经营规模不断扩大的创业模式。这种创业模式下，要想扩大规模，要想增加投资，必须获得外源性融资。如果因金融抑制无法获得信贷支持，就只能停留在原有的经营规模，无法形成规模经济。而 20 世纪 80 年代中期农村地区大量存在的利用传统工艺对农产品简单加工的家庭手工作坊，大多并没有向规范化的工业企业转变，我们认为融资约束的困境是一个重要因素。前文我们已经通过模型指出创业活动的最终收益实际上取决于资本的多少，也就是说，创业者如果能顺利获得借贷资金的支持，那么其创业活动的收益将远远超过务农的收益，从而在职业选择过程中成为企业家。但现实情况则是，农村的金融抑制使得农户难以获得正规金融的信贷支持，投资资金的缺乏，使得创业活动的预期收益大大减少，从而减少了人群中创业的比例。

5.6.3　金融抑制条件下不能筛选出具有"创新"能力的企业家

正规金融作为国家认可的金融制度安排，是一种倾向于城市的、制度化和组织化的体系（Chandavarkar，1985）。在这种隐含的制度安排下，尽管国家建立了农村金融体系，也难以解决农村地区，尤其是传统农区面临的金融抑制问题。因为农村经济的天然特征有别于城市地区工业化和组织化的经济特征，在正规金融占据金融体系主导地位的背景下，金融机构不仅无法提供市场所需要的不同供给结构的金融产品，而且在金融供给数量上严重不足。

中国的市场化改革始于农村，因而在改革开放之初，个体农户作为独立的经营单位，是整个社会最可能发展成企业家的群体。如果正规金融能围绕个体经营单位的创新活动提供相应的金融服务，向具有创业创新精神，并在农业生产和经营上具有优势的经营个体提供融资服务，则将有利于个体农户打破流动性约束，促使其转变为企业家。但是，正规金融的特点与农村金融需求之间天然存在无法跨越的障碍：农村个体经营的主体，往往最初从事的都是农业生产。农业生产靠天吃饭的特性存在不可预测的自然风险，加之农产品供需波动带来的市场风险，决定了农业生产是一个完全竞争的、高风险低收益行业。以追求利润为目标的商业化金融机构显然不愿意贷款给这样的需求主体。另外，由于家庭联产承包责任制下的农户只拥有土地的使用权，无法将土地作为有效的抵押品以获取正规金融机构的贷款，因此，正规金融机构无意于对农户的信贷行为进行有效的评估和甄别。张维迎（1995）在《企业的企业家》中研究了个人财富净值与企业家才能的关系，他认为个人财富对企业家才能具有信号显示功能。按照这一逻辑，银行更愿意根据借款人的财富量来评估其企业家才能，从而做出贷款决策。这也意味着正规金融制度以财富为甄别依据的评估机制很难兼容于风险较大的创业活动。因此，正规金融体系中银行信贷制度对筛选出具有"创新"能力的企业家作用极其有限，银行信贷体系在评价和筛选具有"创新"能力个体机制上的天然缺陷，使得正规金融机构在支持具有创业和创新精神，有可能由个体农户发展成为农民企业家的信贷需求者上毫无作为。

5.7　金融抑制条件下非正规金融对传统农区企业家创业的影响

正如前文所指出的那样，本书并不认同需求型的金融抑制。在农业生产领域，年收入 4 万元以下的农村家庭信贷需求比例超过 50%，其中，年收入 1 万元以下的农村家庭信贷需求比例为 26.9%，年收入 1 万元至 4 万元的家庭信贷需求比例为 25.0%。[①] 这说明，众多农村家庭有强烈的信贷需求。农村居民除了在农业生产领域具有信贷需求外，在现实的经济生活

---

① 胡群：《农村信贷可得仅三成，金融压抑待释放》，《经济观察报》2014 年 5 月 5 日。

中，还有相当部分农村家庭在改革开放的潮流下，开始逐渐涉足工商业经营领域，从事个体经营或开办小微企业创业。这类具有创业性质的农户经营活动虽然规模较小，也会因初期经营成本的投入和经营周期的变动，而产生资金信贷的需求。根据胡群（2014）的调查，尽管农村工商业规模较小，但其经营的资金需求比例却相对较高。全国有 22.0% 的家庭有工商业经营信贷需求，农村地区为 30.4%。农村地区的工商业经营信贷需求明显高于全国水平。这说明，无论是农业生产领域还是工商业经营领域，农村居民都存在信贷服务需求。但是，由于正规金融在农村地区的金融抑制状况，正规金融无法满足农村家庭普遍存在的信贷需求，其结果是农村居民在需要信贷支持时往往求助于非正规融资渠道，从而催生出内生性的民间金融。

Barry 等（2000）的研究证实了在面临资金需要时，为了避免信息不对称导致外部融资支付的更高成本，农户首选的融资途径必然是内源融资。Bhattacharyya 和 Kumbhakar（1997）等的研究也指出：正规金融机构面对众多分散的农户时，存在信息收集和监督贷款使用的困难，而非正式放款人则在甄别信息、监督农户行为上具有优势，可以不依赖正规金融机构的抵押机制以回避风险，从而能够为那些被正式部门拒绝的农户提供信贷服务。Kochar（1997）、Mushinski（1999）等人的研究则强调了非正式部门在交易成本方面的优势。在金融市场不发达的农村地区，农户到正式部门借款需要花费较多的时间和成本，而非正式放款人由于与农户生活在同一地区，能轻易地获取相关信息，避免了过高的交易成本，因而能够以更低的实际成本提供贷款。我国农村借贷市场的融资比例与结构也验证了国外学者对农村信贷市场正规金融与非正规金融的分析与判断。

从表 5 - 10 中可以看到，以银行及信用社为代表的正规金融在农村农户的贷款占比中，从没超过 30%。如此低的比例说明在农村地区，农户借贷需求的满足基本上都是求助于私人借款这种非正规金融渠道。正因为满足农村农户信贷需求的大部分服务来自非正规金融渠道，所以我国农村金融市场形成了正规金融与非正规金融并存的二元金融供给结构。这种二元金融供给渠道在利率水平、抵押要求、贷款期限、贷款规模等方面存在较大的差异。长期以来，这两个部门的信贷交易同时存在。而且在商品经济发达的农村地区，这种二元金融供给现象更为明显。在农村地区，各种私人钱庄、合会甚至高利贷等民间借贷较之于城市地区发展更为普遍。从农村地区非正规金融的发展及普遍性来看，以民间借贷为表现形式的非正规金融在一定程度上解决了农村农户的资金需求。非正规金融在农村地区占比过高，从另一个角度说明了农村正规金融供给不足的窘迫状况。也正因为正规金融供给不足，才为非正规金融留下了生存和发展的空间，从而导致非正规金融在农村地区普及发展的现状。

表 5 – 10　1995～2002 年全国农村农户贷款结构

单位：元/户，%

年份	1995	1996	1997	1998	1999	2000	2001	2002
年内累计借入款金额	1083.85	1288.95	1227.70	1326.30	1453.04	1454.70	1485.04	1421.23
1. 银行及信用社贷款	262.56	327.59	293.87	273.88	355.02	428.26	433.70	370.82
2. 合作基金会贷款	59.85	44.48	35.70	45.33	50.47	6.65	11.66	7.13
3. 私人借款	734.34	892.96	864.06	985.32	1008.56	995.55	1020.18	1020.86
其中：无息贷款	380.02	463.03	468.05	489.02	516.69	520.09	501.92	543.99
4. 其他	26.85	24.03	34.07	21.78	38.99	24.75	22.00	22.25
银行及信用社贷款占比	24.22	25.42	23.94	20.65	24.43	29.44	29.20	26.09

数据来源：1995～2002 年农业部农村固定观察点数据。

非正规金融作为与正规金融相对应的一种概念，按照当前学术界较为普遍接受的含义，是指所有处于中央货币当局或金融市场当局监督之外发生的金融交易、贷款和存款。非正规金融相对于官方正规的金融组织和制度而言，是一种自发形成的民间信用形式，因此，国内众多学者也称之为"民间金融"。

5.7.1　非正规金融在农村的发展

中国农村的非正规金融是在 20 世纪 80 年代中后期迅速兴起的。新中国成立后直到改革开放之前，受制于农村集体所有制的计划经济模式，农户并无经营的自主权，因而也没有产生对资金的大规模需求。因而直到 80 年代之前，农村很少有非正规金融活动。农村家庭联产承包责任制的改革，实现了农户作为独立自主的生产经营单位的身份转变。农户在扩大生产和再生产过程中不可避免地需要流动资金。由于我国金融抑制在农村地区更为严重，需要借贷的农户往往不能从正规金融机构处获得所需的金融服务。中国农村长期以来存在的亲朋好友之间的互助借贷，开始为农户的独立自主经营发挥更为重要的作用。因此 80 年代之后，农村非正规金融伴随着农村经济体制改革，开始由民间自发生成和发展起来。民间金融因而成为克服金融抑制的一种特殊的金融供给体系并广泛存在。从农村非正规金融的发展来看，目前主要有以下形式。

（1）个人借贷。主要是农村居民个人间的直接借贷。这种个人借贷普遍存在于农村地区，一般发生在亲朋好友之间。借贷资金既有用于结婚、建房、子女上学等生活急需的情况，也有用于农村个体、私营等企业的生产周转需要。由于生活借贷通常规模小，往往口头约定，一般不计利息。而生产周转的借贷金额一般较大，通常有借贷手续，也需要计付利息。

（2）社会集资。是指资金需求者通过一定的手段直接从民间募集资金的金融活动。在农村存在乡镇企业向农民"入股集资"这种资金募集方式，也存在乡村政府组织的行政性集资等社会集资方式。由于我国正规金融优先保证国有经济的资金需要，80 年代发展起来的乡镇企业往往无法充分获得正规金融部门的贷款。在这一背景下，乡镇企业往往优先通过社会集资获得发展所需的资金。

（3）关联贷款。关联贷款是一种类似于联结贷款的融资方式。指贷款人和借款人在从事相关联的经济活动时，基于长期的合作关系，一方向另一方提供的贷款。

（4）银背。银背一般是作为借贷款中介人或金融经营者，在了解各种借贷双方信息的基础上，以个人信用为基础，促使借贷双方达成交易，并向双方收取中介费用。随着银背资金实力日益雄厚，就逐步成为经营存贷业务、收取利息的"借贷专业户"。银背作为非正规金融的一种形式，从第三方的角度解决了借贷双方信息不对称的问题，降低了民间借贷的交易成本，促进了交易的达成。

（5）合会。合会是基于血缘、地缘关系自发形成的群众融资形式，是一种松散的资金互助组织，也是我国部分农村居民及乡村工业解决资金困难问题的一条重要途径。作为在我国农村地区有着悠久历史的金融合作组织，合会在民间有多种称谓。由于合会的自发性特点，加之参与者突破了亲朋好友之间的范围，因此，合会在发展过程中也演变出各种不同的组织形式，甚至出现了"抬会"这种金字塔式的融资结构，通过会套会，从上向下发展，类似于现代的传销活动。抬会一般许以会员较高的利息，募集的资金也往往投资于高风险的项目，一旦会主不能按时付息或新会员越来越少，抬会就会崩塌。因此，合会作为非正规金融的一种形式，已经开始显现非正规金融普遍存在的风险性问题。

（6）私人钱庄。私人钱庄作为半机构化或机构化的私人中介组织，专门从事货币存贷业务及相关一些中间业务，其私人性质决定了其往往由个人所有或几个朋友合伙拥有。私人钱庄在运营过程中，一般以自有资金为担保，同时，吸纳钱庄所在乡镇的个体工商户、城镇居民和附近农民的存款等作为存款资金来源。其贷款对象主要有城乡的个体、私营工商业户。私人钱庄利用自己对特定区域内资金信息的掌握将资金低息借入、高息贷出以赚取息差。私人钱庄的这种运营操作，已经完全摆脱了民间金融的互助性质，其运营模式已经完全违背了国家金融法律的相关规定，因此，私人钱庄又被称为地下钱庄。但是，私人钱庄已开始向机构化转变，同时，其具有明确的盈利目标。私人钱庄突破了其他民间金融形式资金规模小、服务范围窄的限制，成为中小企业融资的重要渠道。郭斌与刘曼路（2002）的调查就显示，地下钱庄是中小企业融资的重要渠道，2000年浙江温岭有近1000家生产性中小企业通过地下钱庄来贴现银行承兑汇票。地下钱庄满足城乡中小企业的融资需求，突破了正规金融对中小企业的金融抑制。在沿海经济发达地区尤其是浙江、福建、江苏、广东等地区，私人钱庄普遍存在于社会经济生活中。但是，私人钱庄的这种非法性带来的监管缺位，导致私人钱庄本身存在巨大的风险，甚至可能对整个经济秩序造成严重的冲击。

（7）农村合作基金会。农村经济体制改革之后，农户作为经营单位对资金的需求得不到满足。在农村资金供求矛盾日益突出的背景下，为缓解农村资金紧张的局面，80年代中期，在农业部和地方政府的支持下，最早在四川开始成立农村合作基金会，并推广到全国。作为一种非金融系统的金融组织，农村合作基金会隶属农业部管辖，是一种准正规金融。农村合作基金会对满足农村的融资需求发挥了重要作用。但是，1997年亚洲金融危机之后，国家做出了清理整顿农村合作基金会的决定。随后的1998～1999年，包括村级基金会在内的整个农村合作基金会被彻底解散并进行了清算。

从以上非正规金融机构的形式及发展历史来看，非正规金融作为一种诱致性制度变迁（林毅夫，1989），在短短的二三十年间，经历了起步、快速发展到政策干预转入地下的全过程。这一发展演进过程，既是正规金融体系内在缺陷及制度安排的自然结果，也是中国经济体制改革下内生于农村经济发展的要求。相较于正规金融，农村非正规金融具有明显的内生性优势。

农村非正规金融组织及其运营模式可以解决信贷过程中的信息不对称问题。农村非正规金融在农村地区大范围地存在，除了正规金融服务缺位这一原因，还因为农村非正规金融体系自身的优势。对正规金融组织而言，农村居民的分散性，以及农村土地和房屋缺乏作为抵押物品的产权特性，导致正规金融机构在农村金融服务上，缺乏有效的甄别机制，很难获取借款人的可靠信息。而农村非正规金融组织，无论是私人借贷还是合会、地下钱庄、银背等形式，贷款人或中介人作为农村社会圈层组织中的一员，可以轻易地克服信贷市场中最困难的信息不对称问题。在农村非正规金融的运营过程中，贷款人或中介人依靠人缘、地缘、亲缘关系，可以轻易地获取借款方的信息，对借款人的资产状况、经营能力、预期收入及个人信誉等有比较详细的信息，同时，在借贷过程中，通过建立在圈层社会基础上的信息传递系统，非正规金融贷款人或中介人也可以观察了解借款人的资金使用状况，并对此进行评估。因此，农村非正规金融的运营系统可以克服信贷过程中的信息不对称问题，大大降低违约风险。

农村非正规金融体系满足了农村金融需要的交易特点，节省了交易成本。农村非正规金融体系能针对农村金融服务参与者普遍素质不高的状况，开展金融服务。在借贷过程中，合约内容简单，操作手续简便，放款时间短，有时甚至通过一张借条就能获得所需的资金，避免了正规金融合约条款多、要求提供抵押品等一系列手续繁杂问题。其运营模式能满足农户贷款的简便、灵活、及时等服务要求。在确保借贷资金的安全性运作上，非正规金融机构通过各种灵活的形式如农户间的相互担保、小组互保，以及通过风俗、文化、亲友等非正式制度施加给个人声誉的影响形成确保资金安全的运作机制，避免了正规制度下通过法律途径解决而产生的高昂费用，非正式契约执行机制也使农村非正规金融市场的违约率大大低于正规金融市场的违约水平。同时，农村非正规金融体系能根据借贷市场的现实情况进行调整和创新，借贷双方可以就贷款利率、贷款期限、归还方式等进行一对一的磋商，避免了一刀切的运营模式。另外，尽管农村非正规金融体系在借贷利率上高于正规金融体系，但是，正常反映农户借贷资金市场价格的非正规金融，在具体的借贷过程中，回避了正规金融机构要求借款人提供抵押物或担保品等借款人获得金融服务的障碍，同时，借款人在接受市场借贷价格时，也不需要发生寻求正规金融借贷时的寻租行为。因此，非正规金融体系有效地节省了借贷方的时间、精力，降低了经济活动中的交易成本。

因此，农村非正规金融体系无论是借贷的运作过程还是契约的执行过程，相对于正规金融而言，更符合农村地区的实际情况，其运营模式成本低，效率高。也正因为其在经济现实运作中相比于正规金融的种种优势，农村非正规金融即使在国家政策的打压下，仍一直持续发展，成为农村经济生活中不可或缺的组成部分。

5.7.2　农村非正规金融对企业家形成的影响

众多学者从理论和实证的角度证明了金融支持对企业家的形成具有重要的意义。但是，从前面我们分析的正规金融体系在农村地区尤其是传统农区提供的金融服务来看，显然远远满足不了农村地区经营个体的需要。在这种情况下，农村非正规金融作为克服经济现实中金融制度安排缺陷而形成的一种金融供给方式，对农村经济发展，尤其是扶持和培育经营单位发挥着极为重要的作用。从这个意义上来说，农村非正规金融对企业家的形成和发展发挥着重要的作用。主要体现在以下几方面。

第一，农村非正规金融为农户提供资金借贷等金融服务，帮助农户克服了生产经营过程中的流动性约束，为部分农户提供了创业支持。1978年开始的农村经济体制改革，实现了农户身份角色的转变。农户作为独立的经营个体开始承担扩大再生产的责任。与此同时，国家财政支农投资相对于农业投资总量比重不断下降，导致农村经济发展中的各项固定资产投资逐渐分解落实到独立经营的单个农户，农村投资格局发生了根本性变化。同时，随着农村经济体制改革的不断深化，农村劳动生产率的不断提高，越来越多的农村剩余劳动力开始转向多种经营。农户扩大再生产和寻求多种经营的经营行为导致农户的资金需求大大提升。而商业化改革的正规金融，在农村居民不断扩大资金需求的这一时期，却在进行收缩农村地区的分支机构、上收信贷审批权等方面的经营改革，导致农村居民在扩大再生产中，很难获得正规金融的支持。在这种情况下，农村居民只能求助于非正规金融，以满足自身经营发展的资金需要。从表5-11中农户借贷的主要途径，可以看出非正规金融在满足农户资金需要上的重要性。

表5-11　农户借贷途径

单位：%

年份	银行	基金会	私人
1993	21.52	4.4	72.28
1995	24.13	5.5	67.86
1996	25.46	3.7	69
1997	23.89	2.9	70.43
1998	20.95	3.45	73.96
1999	24.54	3.44	69.36

数据来源：根据中共中央政策研究室、农业部农村固定观察点办公室编《全国农村社会经济典型调查数据汇编（1986～1999年）》（中国农业出版社，2001）整理计算。

农村居民从正规金融机构贷款困难并非仅仅因为农户还款能力较低，而且因为受到了严重的信贷配给。通常借款人的还款能力，可用其负债与其收入的比值来衡量。表5-12由农业部农村固定观察点办公室所提供的数据显示，农户从正规金融机构所获得的借款余额多年来从未超过其纯收入的5%，并且呈下降趋势。

表5-12　农村居民从正规金融机构借款与纯收入、总借款之比

单位：%

年份	正规金融机构借款/纯收入	正规金融机构借款/总借款
1986	5	48
1987	5	43
1988	5	35
1989	5	29
1990	4	27
1991	5	25

续表

年份	正规金融机构借款/纯收入	正规金融机构借款/总借款
1995	2	17
1996	2	21
1997	3	21
1998	3	19
1999	2	14
2000	3	15
2001	3	16
2003	3	17

数据来源：根据历年中共中央政策研究室、农业部农村固定观察点办公室数据整理。从正规金融机构所借款均为人均年末余额，纯收入为人均值。

从以上农户的不同借款渠道的占比及农户从正规金融机构借款与纯收入、总借款之比这两类不同的统计口径来看，对于农村居民而言，非正规金融是其借贷的主要渠道。随着20世纪90年代末正规金融大规模撤并县级及以下区域分支机构，农村居民从正规金融机构借款占总借款的比重与80年代相比下降明显。正规金融机构的借款在总借款中的占比基本维持在15%左右，这意味着非正规金融满足了农村居民的绝大部分借贷需求。农业部农村固定观察点统计的农户民间借贷的占比情况也可以验证这点，基本上农户民间借贷占全部借贷的70%左右，见表5-13。因此，农村非正规金融作为农村经济体制改革之后依托农村个体私有性质经济发展而出现的一种非正式制度，帮助农户克服了生产经营过程中的流动性约束，为部分农户提供了创业支持。

表5-13 2000~2005年农户通过非正规金融渠道的借贷

单位：%，亿元

年份	2000	2001	2002	2003	2004	2005
年内累计借入款金额	1450.43	1477.78	1416	1709.33	1643.55	1716.5
银行、信用社贷款	428.26	429.09	371.04	267.26	240.73	252
银行、信用社贷款占比	29.53	29.04	26.20	15.64	14.65	14.68
合作基金会借款	6.65	11.6	7.09	294.89	323.13	362.2
合作基金会借款占比	0.46	0.78	0.50	17.25	19.66	21.10

年份	2000	2001	2002	2003	2004	2005
民间借贷	995.55	1015.19	1015.96	1130.84	1045.96	1060.2
民间借贷占比	68.64	68.70	71.75	66.16	63.64	61.77
无息借款	520.09	499.46	541	694.36	676.71	688.3
无息借款占比	52.24	49.20	53.25	61.40	64.70	64.92
其他	19.97	21.9	22	16.94	33.74	42.1
其他借款占比	1.38	1.48	1.55	0.99	2.05	2.45

数据来源：根据 2000～2009 年全国农村固定观察点调查数据汇编计算整理。

第二，农村非正规金融为企业家的形成和发展提供了资金支持。乡镇企业作为我国农村经济体制改革进程中的产物，是改革造就的一个辉煌成果。但乡镇企业作为非国有的经济形式，在早期是为了解决农村剩余劳动力，提高农民收入，在"社队企业"的基础上逐渐发展起来的，其主要的资金来自农村集体经济组织或者农户集资。乡镇企业的非国有性质，以及乡镇企业普遍存在的缺少抵押物、贷款规模小等特点，导致乡镇企业同样难以获得正规金融机构的贷款。从表 5-14 乡镇企业短期贷款余额占正规金融机构短期贷款余额的比例，可以看出乡镇企业在正规金融机构获得流动性资金所面临的困境。

表 5-14 1991～2007 年正规金融机构乡镇企业贷款

单位：亿元,%

年份	正规金融机构 短期贷款余额	乡镇企业短期 贷款余额	乡镇企业短期贷款余额/正规 金融机构短期贷款余额
1991	21337.8	1136.3	5.33
1992	26322.9	1517.9	5.77
1993	32943.1	1962.8	5.96
1994	40810.1	2071.2	5.08
1995	50538	2146	4.25
1996	61152.8	2638.8	4.32
1997	74914.1		
1998	86524.1	5580	6.45
1999	93734.3	6161.3	6.57

年份	正规金融机构短期贷款余额	乡镇企业短期贷款余额	乡镇企业短期贷款余额/正规金融机构短期贷款余额
2000	99371.1	6060.8	6.10
2001	111214.7	6413	5.77
2002	131293.9	6812.26	5.19
2003	83661.15	7661.55	9.16
2004	86840.6	8069.22	9.29
2005	87449.16	7901.76	9.04
2006	98534.39	6222.01	6.31
2007	114477.9	7112.64	6.21

数据来源：历年金融年鉴。

因此，对乡镇企业而言，农村非正规金融在满足资金需要上起着举足轻重的作用。据温州市1988年政府政策研究室的调查，乐清县（今乐清市）柳市镇的乡镇企业，全部资金中农村非正规借款占比平均在50%以上。徐志明、张建良（1997）在对苏州样本企业的调查中发现，从负债结构及其动态变化上看，非正规金融占比不断增大，按各类信用筹集资金的多少排序，非正规金融排在第一位。这说明，在乡镇企业不能获得正规金融支持的情况下，非正规金融在满足乡镇企业资金需求上发挥着举足轻重的作用。虽然没有乡镇企业非正规金融借贷规模的具体数据，但是对比乡镇企业在正规金融机构中的贷款占比，可以推论出，农村非正规金融在乡镇企业的成长和发展中是不可或缺的重要一环。这一观点也为包括哈勒根、张军（1999）和史晋川等（1997）在内的众多学者的实际调查的数据所佐证。

回顾乡镇企业成长和发展的历史我们知道，乡镇企业是在中国经济处于短缺状态时应运而生的。乡镇企业是当时特殊的历史环境和经济体制下的产物。乡镇企业从创立开始，就跳出了国有企业指令性计划和指导性生产的桎梏，按照市场需要生产和销售产品。尽管国家在乡镇企业发展中要求乡镇企业承担支农等义务，但是从一开始，乡镇企业就力图摆脱工农产品"剪刀差"政策的影响，在产业选择上很少涉及农业及与农业相关的原材料加工等低利润产业，而是将发展目光投向了高利润的工业产业。可以说，乡镇企业的经营者从其产生开始，就是真正意义上承担风险、与市场接轨的企业家。20 世纪 90 年代中期，伴随经济体制改革的不断深入，乡镇企业开始了以"私有化"为特征的产权制度改革，管理者收购成为乡镇企业产权改革的主要途径。在这个过程中，乡镇企业的经营者开始转变为企业家。因此，从非正规金融在企业家形成中的作用来看，农村非正规金融通过为乡镇企业的发展提供资金支持，推动和促进了农村地区第一批真正与市场接轨的企业家的形成和发展。

第三，农村非正规金融的市场化运行机制，可以起到筛选企业家的作用。农村非正规金融作为典型的诱致性变革，其产生的基础在于发现了由现存制度中存在的不均衡而形成的新的获利机会。非正规金融作为对新的获利机会的一种理性反应，其产生和发展更类似于农村最早自发实行的家庭联产承包责任制，是一种底层变革。农村非正规金融作为脱离正规金融制度监管的一种金融运行机制，摆脱了正规金融体系的利率管控，实行了完全按市场供求规律决定的利率水平。表现在实际的金融借贷行为上，除了亲朋好友之间大多为无息或少息贷款外，农村非正规金融基本上都按照资金的供求关系、风险水平等市场因素来决定利率水平。非正规金融体系中包含了众多组织形式，并且体现了相当的灵活性。在决定利率水平时，往往会由借贷双方协商。在这种市场化的运营模式下，非正规金融组织可以利用其相对于正规金融组织体系的信息优势，根据资金需求者的经济实力、资信水平、资金用途、关系亲疏等情况适当调整利率。通过利率高低的调整实现贷款项目的评估，并平衡贷款风险，客观上起到了评估借贷者的作用。另外，从贷款人的角度来说，即使民间借贷的利率可能有时很高，但其福利状况总是好于受到配给的情形。

尽管在农村非正规金融的借贷市场存在生活性借贷，但是有相当比例是生产性借贷。从表 5-15 中可以看出，农村居民生产性借款在借贷资金使用中的比重基本维持在 50% 左右。

表 5-15 1995~1999 年农户通过非正规金融渠道的借贷

单位：%

年份	1995	1996	1997	1998	1999
合作基金会借款占借贷资金总额的比重	5.52	2.45	2.91	3.42	3.47

续表

年份	1995	1996	1997	1998	1999
私人借款占借贷资金总额的比重	67.75	69.27	70.38	74.29	69.41
生产性借款在借贷资金使用中的比重	54.34	46.60	40.38	45.74	44.25

数据来源：曹力群等《中国农村研究报告》，中国财政出版社，2001。

2000～2005年统计的情况同样证实了这一点。从农村居民生产性借款的使用项目可以发现，连续几年，农村居民用于农、林、牧、渔业的借款占生产性借款的比例仅为20%左右。详见表5-16。

表5-16　2000～2005年全国农村居民借款用途

单位：亿元，%

	年份	2000	2001	2002	2003	2004	2005
借款用途	年内累计借入款金额	1450.43	1477.78	1416	1709.33	1643.55	1716.5
	生活性借款	717.33	913.92	674.15	860.64	758.9	866
	生活性借款占比	49.46	61.84	47.61	50.35	46.17	50.45
	生产性借款	733.33	564.45	741.42	849.29	868.56	848.1
	生产性借款占比	50.56	38.20	52.36	49.69	52.85	49.41
	其中：用于农、林、牧、渔业	151.95	135.69	176.26	211.36	221.44	283
	农、林、牧、渔业借款/生产性借款	20.72	24.04	23.77	24.89	25.50	33.37

数据来源：根据2000～2009年全国农村固定观察点调查数据汇编计算整理。

从农户生产性借贷投入的产业占比来看，投入农业及农业相关的产业的借贷资金占整个生产性借贷的比例比较低。由于农业及相关产业生产周期长，受自然风险影响大，因此，相对来说其属于低收益行业。作为理性经济人的独立经营个体的农村居民，在投资决策及借贷决策中肯定会考虑到投资收益和风险，只有投资收益大于应支付的利息时才会做出借贷决策。相比于正规金融体系下的利率管制，非正规金融按照市场的供求规律决定借贷资金的市场价格。因此，非正规金融客观上是在市场经济条件下对借款人的经营能力进行评估。对那些通过非正规金融平台获得融资机会并能偿付的创业者或经营者，非正规金融一方面对企业家的形成和发展提供了金融支持，使企业家摆脱了创业过程中的资金约束；另一方面，也通过市场利率的借贷机制，将具有经营能力的企业家筛选出来。反之，在非正规金融这一借贷平台上，不能承担市场化利率的借贷者将会因亏损在市场竞争的淘汰下退出市场。对照农户农、林、牧、渔业借款占整个生产性借款的比例低的现状，也可以反证出农户在生产性借款的投入行业或项目上应该更倾向于高利润的非农产业，以获得足够的利润来偿付借款成本。从这一角度来说，非正规金融的市场化运作机制，更有利于筛选出能参与市场竞争的企业家。

与此相应，按张维迎在《企业的企业家》中的观点，银行作为正规金融组织，在对借贷人提供信贷支持时，是按照借款人的财富拥有量做出借贷决策。创业企业家或经营者，初始阶段风险大，规模小，且创业之初的财富拥有量不足以向正规金融机构证明其还贷能力，因此很难从正规金融机构处获得信贷支持。与此同时，在中国的经济体制环境下，国有企业作为国家性质的企业，相比于民营、私营企业而言，规模大，发放贷款的风险小，因此，银行在信贷决策中，将大量的信贷资金投入国有企业。而国有企业的经营者作为政府任命的官员体系中的成员，其产生的机制就决定了其行为是面对上级负责而不是面向市场做出符合市场的经营决策。正是国有企业面对市场经济转型时的迟钝反应，以及国有企业经营者的产生机制和激励机制问题，才导致了改革初期大量的乡镇企业的兴起。从这个意义上讲，在改革开放之初多层次金融体系尚未形成的时候，银行作为主要的正规金融机构，相比于非正规金融体系对培育和筛选企业家的作用十分有限。而恰恰是非正规金融，为企业家的创业活动提供了资金支持，并通过市场化的利率机制，将企业家的才能和经营能力引导进入市场需求旺盛、利润率高的行业和产业，摆脱了银行以财富和企业性质为依据的贷款甄别机制，从而真正发挥出金融对企业家的支持和筛选作用，培育出了中国最早的一批与市场接轨的企业家。

从金融视角回顾金融对企业家，尤其是传统农区企业家形成的影响，可以发现，正规金融体系在培育市场经济意义上的企业家上的作用非常有限，反而是非正规金融在一定程度上克服了个体、私人经济面临的融资约束和信贷配给等问题，为具有风险意识和创业精神的企业家提供了资金支持，在培育和筛选出真正意义上的企业家方面发挥了巨大的作用。当然，在看到非正规金融在培育企业家和促进其发展中的重要作用的同时，也必须看到非正规金融本身作为对现实经济获利机会的一种反应机制，存在众多的不规范现象。在鼓励大众创业、万众创新的时代，要想充分发挥金融对农村企业家的促进作用，农村正规金融体系应借鉴和吸收非正规金融体系运作的经验，进行农村正规金融的改革，才能真正培育和筛选更多的企业家。

6　制度对传统农区企业家
形成的影响

企业家作为独立决策的理性经济个体，其创业行为是对成本与收益权衡比较后的选择。而制度作为约束条件，通过提供一系列的行为规则决定微观个体可行的选择范围，最终决定了创业行为的收益大小。因此，企业家的创业行为是内生于制度环境的。在第四章中，本书刻画的传统农区企业家形成过程出现"资源诅咒"现象的解释模型，其建立的前提和基础是劳动力不能大规模流动的特殊情况，以及市场整合有限的假定。模型的这种假设和前提，符合我国改革开放初期劳动力市场和要素市场的基本情况，是这一时期历史条件下既定制度的产物。正因为改革开放初期户籍制度对整个社会居民个体流动的严格管束，以及改革开放初期正处于市场化探索时期的状况决定了市场整合的有限性，整个制度环境构成了个体行动决策的约束条件，才有了传统农区企业家形成过程中出现"资源诅咒"现象的可能。鉴于制度对社会个体行为人的约束，本章将聚焦于制度对传统农区企业家形成的影响。

国外学术界从多方面探讨了制度对企业家的影响。科兹纳（1978）认为，自由开放的制度框架对鼓励企业家的创新行为极端重要。Baumol（1993）关注了制度对企业家精神的影响。Aldrich 和 Wiedenmayer（1993）的研究认为制度环境对企业家精神影响巨大，甚至可以创造或破坏一个国家的企业家精神。Powell（1990）考察了爱尔兰 20 世纪 50 年代至今的经济发展历史，研究发现经济自由有利于企业家精神的发挥，而政府干预则会造成企业家精神的丧失。Carree 和 Thurik（2002）则比较了计划经济、半市场经济、市场经济三种制度与企业家精神之间的关系，证明了经济自由的制度安排与企业家精神之间存在正相关关系。速水佑次郎等（2003）、Burgess 和 Venables（2004）从产权、政府管制、合约执行等方面探讨了制度对企业家行为的影响。Jo 和 Lee（1996）分析了国家政治格局、经济体制等各种制度安排对企业家精神的影响，得出结论认为只有在市场经济国家企业家精神才能得到发展。Aidis 等（2012）的研究认为政府干预对企业家精神具有消极影响。这些学者从制度涵盖的各方面研究了对企业家的影响，比较普遍的结论认为，自由的市场经济对企业家的形成和发展具有积极的影响，而政府管制则对企业家精神产生负面效应。尽管这些结论已经为学术界普遍认可，但是，以上学者对经济体制对企业家形成和发展的影响，既有纵向历史的比较，也有横向跨国间的比较，却没有关注到同一国家内部在同一时期相同的经济体制下不同区域之间企业家形成发展的差异，尤其是对中国这样一个地理范围广，地区资源、文化差异巨大的国家而言，仅仅简单地从经济体制的角度得出结论，不足以解释和说明地区间企业家群体产生和发展的差异，还需要进一步探索造成差异的深层次原因。

在实证研究方面，Busenitz 等（2000）研究了制度环境对企业家精神的影响，通过规制维度、规范维度和认知维度这三个指标制定了制度环境量表来衡量制度环境，分析制度环境对企业家精神的影响。Davidsson 和 Henrekson（2002）对瑞典的实证研究结果表明产权保护水平与企业创业率呈正相关关系。Sobel（2008）的实证结果证明制度质量与生产性企业家精神正相关。Zahra 和 Covin（1995）用创新、风险活动和战略更新这三个维度来衡量企业家精神，同样证明了制度环境对企业家精神的影响作用。Harper（2003）检验了制度环境对企业家的影响，研究认为经济自由度与创业行为呈正相关，并且在市场经济条件下，企业家精神具有自强化的反馈机制。国外学者实证方面的研究，无一例外证明了制度对企业家精神的影响，但是，这些学者对制度与企业家之间关系的检验，选取的国别基本上属于发达国家，与我国经济发展状况有较大的差异，另外，与我国转轨时期的制度状况也不具有可比性。因此，对制度与企业家精神关系的实证研究，还应该立足于中国国情，重点研究转轨时期制度对企业家产生和发展的影响，通过转轨时期制度前后差异的对比，能更好地分析制度对企业家的影响。

国内学者的研究同样关注了制度与企业家成长之间的关系。周其仁（1996）认为如果一国的制度安排不能提供足够的激励，会导致企业家才能的供给不足,企业家的成长离不开社会的经济制度环境。张军(2001)则提出,为了培育企业家精神,制度创新应有利于企业家精神的甄别和企业家能力的实现。庄子银(2003)对于制度与企业家相互关系的研究结果表明,市场化程度低、政府管制过多、缺乏有效的法律体系会阻碍企业家精神的产生和发挥。他提出应通过减少政府管制、提高市场化程度、建立公正的法律体系等制度创新手段,激励企业家精神。江三良、王森(2004)通过对苏浙皖企业家成长环境的差异分析,指出制度创新有利于促进企业家成长。庞长伟、李垣(2011)分析了产权性质对企业家精神的影响,研究结果认为大型民营企业最有利于企业家精神的发挥,而国企则不利于企业家精神的发挥。在此基础上,他们指出,减少政府对企业的干预,有助于企业家精神的培育和发挥。解维敏(2013)研究了所有制、法治环境对企业家精神的影响,认为私有产权、法治环境的强化有利于企业家创新精神的发挥。高同彪(2014)的研究表明市场化进程对民营企业的创新活动具有显著的正向影响并具有区域差异性。邵传林(2014,2015)实证检验了法律制度、地区腐败、制度环境、产权性质对企业家精神的影响,结果表明法律制度效率、制度环境、民营企业性质与企业家精神呈正相关。这些学者立足于中国的现实和国情,研究了制度对企业家精神的影响。在对制度与企业家之间关系的研究中也注意到了国内不同地区环境、不同性质的企业对企业家精神的影响。但是,这些分析研究的侧重点是从制度中挖掘有利于企业家成长的因素以便对现实经济进行指导,却忽略了国内基本制度相同的情况下,造成地区之间企业家群体成长差异的不利因素,尤其是对欠发达地区和传统农区背后企业家成长受阻的原因缺少探究。因此,本章我们先探讨导致传统农区企业家形成过程中"资源诅咒"现象的制度因素,在此基础上,讨论哪些制度变革有利于打破传统农区企业家形成过程中的"资源诅咒"现象。

6.1 导致企业家形成过程中"资源诅咒"
现象的制度因素

在第三章中,我们以河南省18个地级市为样本,通过计量检验发现人均耕地资源越多的地级市，其私营和个体雇佣的劳动力在其人口中的占比越少。这一计量结果不能拒绝农业资源禀赋丰富的地区存在企业家形成的"资源诅咒"这一假设。但与此同时，计量结果也显示农业资源禀赋与企业家形成之间存在"资源诅咒"的作用是不断递减的。针对计量结果进行解释的职业选择模型，指出了企业家形成出现"资源诅咒"的前提条件是有限的融资能力、职业选择的有限性、低收入阶段的特殊情况以及市场整合有限。在第五章中，我们已经讨论了金融抑制导致的融资能力不足这一问题。尽管低收入的特殊情况受制于经济运行制度，但是这是与特定经济发展阶段相关的既定事实，因此，在此就不再讨论了。至于职业选择的有限性和市场整合有限这两个前提条件，则与制度有着直接的关系。在此，我们从制度的层面来探究传统农区企业家形成过程中的"资源诅咒"现象。

6.1.1 职业选择的有限性——户籍制度

在前文关于企业家形成的"资源诅咒"的模型中，我们在构建个体的职业选择模型时，假设在传统农区为行为人所能提供的职业选择机会只有两种，一种是创业，一种是从事农业。这种状况，符合改革开放初期我国劳动力市场的基本情况。尽管我国自1978年拉开了改革的序幕，并且在农村开展的家庭联产承包责任制赋予了农民生产经营的自主权，但是，改革开放之初并没有放开延续多年的户籍管理制度。1958年国家以法律形式正式确定了城乡有别的户籍制度，为了防止人口的自由迁徙和流动，又制定了一系列的辅助制度以保障户籍制度的执行，如凭户口发放粮油票证的粮油供应制度、与城市户口相挂钩的就业制度等。在这样的制度安排下，居民个体作为整个社会的零件，被固定在既定区域从事国家规定和安排的既定职业，完全被剥夺了自主选择权和自由迁徙权。对农村居民而言，这样的制度安排，则意味着长时期内杜绝和阻止了农村人口向城市的自然迁徙过程。1978年开启的经济体制改革，尽管率先在农村实行了家庭联产承包责任制，赋予了农民一定程度的生产经营自主权，但是，国家并没有放松对居民个体自由迁徙的管控。1981年12月，国务院还专门下发了《严格控制农村劳动力进城做工和农业人口转为非农业人口的通知》，在限制农村人口自由流动的同时，也严格限制着农民的职业选择权。国家对农村居民自由迁徙和自主择业的限制和阻碍，导致的直接结果就是，1978 年改革开放后的五六年时间里，农民在区域间的自由流动和职业选择与改革开放前并没有太大的差异。因此，传统农区企业家形成过程中出现"资源诅咒"现象，制度层面的约束是不可忽视的前提。由户籍制度事实上形成的城乡隔离和经济二元化的现象，造成了农村居民在社会经济生活领域的种种不利后果。

（1）户籍制度剥夺了农村居民产业和职业选择的自主性

国家实行的户籍制度，将全国人口人为地划分为城市人口和农村人口，并通过一系列辅助政策形成城乡事实上的区隔，与此同时，城乡内部各自的封闭系统导致整个社会个人职业变动和社会流动近乎停滞。对农村居民而言，农村经济体制改革前只能依附于集体土地、在集体范围内获取生存的机会，1978 年农村经济体制改革后，虽然农户摆脱了依附于集体的生存状态，逐渐成为独立的经营个体，获取了一定的生存自由权，但是，改革开放之初国家对农业生产"以粮为纲"的政策管制，以及对农民"交够国家的，留足集体的，剩下的都是自己的"的方针指引，使农村居民在种植业和农村副业的选择上仍然没有自主性，大多数农民仍然沿袭以往惯例成为粮食种植者，自主选择经营除粮食生产之外的其他农村副业的可能性微乎其微。同时，受制于户籍制度，农村居民也无法突破与户籍相配套的票证、工作岗位、社会福利保障等的限制，自由摆脱农村地区的桎梏，实现个人职业在城乡之间的转换。因此，尽管改革开放之初农民摆脱了前期集体公社制下完全的集体依附关系，被赋予了一定的经营自主权，但是，受制于滞后的户籍改革以及国家对农业的政策管制，绝大部分农村居民在职业选择上基本仍维持在家务农种粮的状况，无法突破长期固化的生活方式和社会结构。除了个别"极不安分"的农村居民在国家稍微放松的政策空间开始"小打小闹"，试探性走上创业道路外，绝大部分农村居民仍然只能按国家户籍制度所限定的生活方式，通过继续务农来维持自己的生存。

（2）户籍制度降低了农村居民外出寻找新工作的收益预期

改革开放初期，尽管在经济运行制度上有所松动，但这一时期，国家并没有放松对户籍的管制。城市就业直接与城市户口挂钩，同时，维持生存所必需的粮、油等生活资料必须凭票证购买，这种制度安排排除了农村居民在城市维持基本生存的权利和可能。因此，面对国家严厉的户籍管理，农村居民个体在做出外出决策时不得不考虑由制度约束派生的成本。在改革开放的最初五六年间，户籍制度的严格限制导致农村居民无法克服外出寻找新工作和新机会的障碍。城市招工仅限于城市户籍人员，这一制度本身就杜绝了农村居民外出寻找到长时间相对稳定工作的可能。农村居民外出务工，只可能在城市内寻找到短期零工的工作机会，如果考虑到交通、住宿、吃饭等日常开支，农村居民外出获得的短期零工收益完全不足以弥补因制度限制而带来的成本和损失。80年代初全国极少量的人口外流证实了这一点。据估计，80年代初全国外出打工的农民不足200万人，其中据90年代之后全国主要的人口外流大省安徽、湖北、湖南、江西、河南、四川6省在1982年的不完全统计，六省外出打工的农村劳动力不足100万人。这一数据与国家取消与户籍配套的票证管理制度后形成的农村外流打工潮相比，可以说相差很大。据统计，1993年有近6000万的外流打工人口，2000年时，外流打工人口达到1亿。从户籍管理政策变化导致的农村外流人口的变化可以清楚地看到，改革开放之初的户籍管控，导致农村人口外流成本高企，阻碍了农村剩余劳动力的转移。我们可以做一个类比推算，1984年后，国家逐渐放松了农民外出的制度管制，但农民外出仍需要承担一系列不菲的费用，办理一系列手续，如外出打工前要在当地缴纳一定的管理费用，进入城镇后要在暂时居住地办理相关手续。而这些成本，都是农户在决定外出打工时可资计算和纳入权衡考虑的成本，即便如此，仍然挡不住滚滚外出打工的洪流，这说明，改革初期的户籍管控所导致的隐性成本要远大于后期农民外出所承担的各项成本。农村居民作为理性的经济人，当外出的成本大于其收益时，自然会选择放弃外出而留在农村继续务农。因此，户籍制度的限制极大地提高了农村居民的迁徙成本，降低了农村居民外出的收益预期，从而影响了农村居民职业转换的可能。

（3）户籍制度妨碍了农村居民通过劳务收入实现资本积累

1978年的农村经济体制改革激发了农民的积极性，家庭联产承包责任制极大地提高了农业劳动生产率的同时，也导致农村出现大量的剩余劳动力，人口和土地资源的矛盾日益凸显。1980年中国科学院国情分析小组专家就预测过，1984年我国农村剩余劳动力将接近1亿人，1994年将超过2

亿人（李荣时，1996）。面对这种人地之间的突出矛盾以及由此导致的人均收入低下，农村居民作为理性的经济人，必然会在国家逐渐松动的政策变动下，寻求其他的生存途径以满足个体追求更高收入的需要，从而由个体力量汇聚在一起，形成社会对政策变化的反应机制。具体到农村居民个体，为了解决人地矛盾带来的剩余劳动力和生活压力问题，跳出农村的桎梏向外地转移和流动自然成为其选择。但是，由于国家在户籍制度上的政策调整滞后，没有适时同步地伴随农村剩余劳动力的大量产生出台相应的农村人口外流的户籍管理措施，大量农村剩余劳动力无法突破制度限制而只能继续停留在农村进行农业生产。虽然80年代乡镇企业的兴起消化了大量的农村剩余劳动力，为农村居民提供了"离土不离乡"的工作机会，但是，户籍制度对居民个体自由迁徙的限制，阻碍了大量剩余劳动力向外探索生存机会的可能，延缓了农村居民外出打工的进程，推迟了农村居民通过外出务工收入实现资本积累的过程和时间。

正因为我国建立了管控严格的户籍管理制度，才限制了社会成员个体职业选择的可能性，导致改革开放初期传统农区农村居民在职业选择上要么是继续务农，要么是个别特别具有冒险精神的个体走上创业的道路，从而构建起传统农区个体职业选择模型的其中一个关键假定，也正是因为户籍制度的管控导致农村居民无法自由流动和自由选择职业，创业活动的机会成本才只能由农业生产条件所决定，才形成了传统农区企业家形成中的"资源诅咒"现象。如果在改革开放初期国家就放松了户籍管理，则大量的农村剩余劳动力将会涌向城市寻找新的发展机会，流向具有更高工资收入的城市制造业或者服务业部门。如果缺少这个约束条件，农村居民创业活动的机会成本将不再由农业生产条件来衡量，从而也就不会出现传统农区企业家形成中的"资源诅咒"现象。

6.1.2　市场整合有限——开放政策推行的时间差异性

除了职业选择的有限性之外，市场整合有限同样是传统农区企业家形成过程中存在"资源诅咒"的前提条件。市场整合有限实际上与我国改革开放政策和市场经济体制的推进速度直接相关，这是由制度所决定的。

回顾我国市场经济体制确立的历史，不难发现，这是一个渐进过程，并不是一蹴而就的。从1979年到1982年国家提出"计划经济为主，市场调节为辅"的宏观经济管理原则，到 1984 年党的十二届三中全会明确提出"社会主义经济是有计划的商品经济"，再到 1992 年党的第十四次全国代表大会提出"我国经济体制改革的目标是建立社会主义市场经济体制""要使市场在社会主义国家宏观调控下对资源配置起基础性作用"，整整花费了超过十年的时间，我国才逐渐明确了经济体制变革的目标，即确立社会主义市场经济体制。而将目标转化为具体深入推进的政策方针和行动，则需要更长的时间。因此，直到 1997 年党的第十五次全国代表大会，我国经济体制改革才开始深入推进，才开始提出全面建立比较完善的社会主义市场经济体制。而为了降低经济体制改革带来的冲击和不利影响，国家在现实的经济实践中，并不是在全国范围内全面铺开和总体推进市场经济，而是通过划定特定区域，在特定区域内一步步推行试探性政策，逐渐实现由计划经济向市场经济的过渡和转变。在这一过程中，1979 年中共中央、国务院同意在广东省的深圳、珠海、汕头三市和福建省的厦门市试办出口特区，到 1980 年 5 月又将这四个出口特区改称为经济特区，经济特区内实行的是计划指导下的市场调节为主的经济运行机制。为了吸引外资，国家订立了优惠条例和保障制度，给予了区内企业相当的自主权。到 1984 年，中共中央、国务院又批准上海、天津、大连等 14 个城市为沿海开放城市，也实施了一系列优惠政策，包括放宽利用外资建设项目的审批权限，在关税、进口工商统一税、企业所得税、上缴利润、生产计划等方面实行扶植政策，同时，对中外合资、合作经营及外商独资企业，给予优惠待遇等。1985 年国务院决定把长江三角洲、珠江三角洲和闽南三角地区开辟为沿海经济开放区，1988 年又进一步扩大了这三大经济开放区的范围，并把辽东半岛、山东半岛、环渤海地区的一些市、县和沿海开放城市的所辖县列为沿海经济开放区。从我国经济体制改革的实践来看，在计划经济体制向市场经济体制转轨的过程中，国家通过划定的地区推出相关的优惠政策，通过形成"经济特区——沿海开放城市——沿海经济开放区——内地"这样一个逐步推进式的格局，逐渐实现基本经济制度的转变。在这一过程中，区域间明显呈现梯度发展的特点，那些最早对外开放，率先实现以市场为主要配置资源手段的地区，其市场化程度肯定领先于后期才实行市场化改革的地区。

国家改革开放政策和经济体制改革由沿海向内地逐步推进的制度安

排，导致的直接结果是内地尤其是以农业为主的传统农区在市场整合上明显落后于沿海地区。即使是市场经济体制在全国范围内推进相当长时间后，由于政策推行导致的区域间的时滞效应以及区域经济发展过程中的路径依赖，内地省份与沿海省份相比，在市场整合程度上仍然处于落后状况。从表6-1中各省份1997年到2009年的市场化指数得分和排名就可以明显看出其中的差异：沿海地区广东、浙江、福建、江苏等省份市场化得分明显高于内陆省份，1997年到2009年的数据和排名都说明沿海地区的市场化进程要领先于内陆省份。

表6-1　中国各地区市场化指数

地区	1997年		2002年		2009年	
	得分	排名	得分	排名	得分	排名
广东	6.29	1	8.63	1	10.42	4
浙江	6.17	2	8.37	2	11.8	1
福建	5.43	3	7.63	4	9.02	7
江苏	5.25	4	7.4	5	11.54	2
北京	5.15	5	6.92	6	9.87	5
上海	5	6	8.34	3	10.96	3
河北	4.98	7	5.29	12	7.27	17
河南	4.82	8	4.3	20	8.04	11
山东	4.8	9	6.23	8	8.93	8
湖南	4.73	10	4.41	19	7.39	16
海南	4.6	11	5.09	13	6.4	19
辽宁	4.58	12	6.06	9	8.76	9
天津	4.53	13	6.73	7	9.43	6
安徽	4.42	14	4.95	14	7.88	12
重庆	4.28	15	5.71	10	8.14	10
四川	4.24	16	5.35	11	7.56	15
湖北	4.24	17	4.65	16	7.65	14
广西	4.22	18	4.75	15	6.17	21
江西	3.93	19	4.63	17	7.65	13
吉林	3.51	20	4.58	18	7.09	18
山西	3.34	21	3.93	23	6.11	22
陕西	3.03	22	3.9	24	5.65	26

地区	1997 年		2002 年		2009 年	
	得分	排名	得分	排名	得分	排名
甘肃	3.01	23	3.05	28	4.98	29
贵州	2.89	24	3.04	29	5.56	27
黑龙江	2.73	25	4.09	21	6.11	23
云南	2.7	26	3.8	25	6.06	24
内蒙古	2.55	27	4	22	6.27	20
新疆	1.77	28	3.41	26	5.12	28
宁夏	1.69	29	3.24	27	5.94	25
青海	1.29	30	2.45	30	3.25	30
西藏	N/A		0.63	31	0.38	31

数据来源：樊纲、王小鲁《中国市场化指数：各地区市场化相对进程 2011 年报告》，经济科学出版社，2011，"得分"引自第 265 页，"排名"引自第 295 页。

当然，随着市场经济体制的不断深入，内陆省份在推进市场化建设上，尤其是在市场整合上，也逐渐在缩小与沿海省份的差距。表 6-2 对比了 1997 年和 2009 年全国各省份市场化的一些具体指标，从中可以看出，在市场整合上，在 1997 年，沿海省份在产品市场发育得分上大多高于内地省份，随着改革的不断深入，到 2009 年除广西等个别省份外，大部分内地省份与沿海省份在产品市场发育得分上已基本趋同，这说明产品市场整合在 2009 年已基本完成。在要素市场发育程度上，不难发现，全国各省份要素市场发育程度普遍落后于产品市场发育程度，并且，在 1997 年全国各省份要素市场发育得分普遍偏低，这说明，要素市场的整合在 1997 年还远没有完成。这些数据指标，是市场化改革已经推进了相当长时间后的评价指标，据此推测，改革初期全国各地的市场化程度评价指标得分肯定更低，而不同省份之间得分的差异，尤其是沿海省份与内陆省份之间的差距也进一步证实市场整合程度有限这一事实。

表 6-2 中国各地区市场化指数得分明细

	产品市场发育得分		要素市场发育得分		中介组织和法律得分	
	2009	1997	2009	1997	2009	1997
北京	4.86	7.47	5.19	7.09	8.99	16.27

续表

	产品市场发育得分		要素市场发育得分		中介组织和法律得分	
	2009	1997	2009	1997	2009	1997
天津	5.12	8.62	3.94	8.52	3.89	11.57
河北	5.70	7.65	3.46	4.35	0.9	5.6
山西	5.24	8.47	2.59	4.58	2.89	5.55
内蒙古	3.97	7.18	1.65	4.27	2.28	5.32
辽宁	6.35	8.39	2.44	7.71	3.04	8.46
吉林	5.91	8.93	1.35	3.77	2.14	6
黑龙江	3.53	7.20	1.36	3.44	2.47	5.96
上海	6.25	8.72	3.52	7.69	5.48	19.89
江苏	6.05	8.34	2.76	6.87	2.06	18.72
浙江	6.72	9.01	4.59	7.45	1.97	19.85
安徽	5.89	8.29	2.34	4.74	1.3	7.32
福建	6.33	8.93	4.57	7.02	2	8.3
江西	4.70	8.91	2.49	5.08	1.32	5.9
山东	5.76	9.60	3.06	5.59	1.83	8.18
河南	4.94	9.07	3.70	5.48	1.27	6.07
湖北	5.05	8.56	2.12	4.97	1.83	7.15
湖南	6.38	9.11	2.64	4.68	1.4	6.02
广东	6.89	9.00	4.75	7.39	3.5	13.99
广西	4.59	4.88	2.61	4.00	1.8	4.88
海南	6.46	6.57	3.31	3.85	1.01	5.25
重庆	5.84	8.05	1.14	6.37	1.65	7.6
四川	5.07	7.66	2.49	5.22	1.67	7.39
贵州	5.03	7.15	1.20	4.66	1.48	4.47
云南	4.97	5.20	1.17	4.95	1.78	5.44
西藏	NA	(0.02)	NA	2.28	NA	0.18
陕西	4.13	7.04	2.63	4.22	3.01	5.88
甘肃	4.31	7.14	2.47	3.65	1.98	4.86
青海	2.49	0.16	0.50	2.71	1.31	3.51
宁夏	1.85	5.99	0.72	4.65	2.51	4.66
新疆	3.00	6.56	1.15	4.01	2.44	4.98

数据来源：樊纲、王小鲁《中国市场化指数：各地区市场化相对进程2011年报告》，经济科学出版社，2011，产品市场发育得分引自第276页，要素市场发育得分引自第279页，中介组织和法律得分引自第286页。

这也恰恰说明，本书解释传统农区企业家形成过程中出现"资源诅咒"的职业选择模型隐含的市场整合有限这一假设是与现实经济状况一致的。在位于内陆地区的传统农区，在改革开放之初由于市场化改革相对沿海地区滞后所带来的市场发育不成熟，国家在要素市场的政策开放落后于产品市场而导致的市场发展中存在的问题，以及改革初期各地区盛行的地方保护主义，这些限制市场整合的因素，创业者只能依靠当地的要素资源，凭借当地的社会关系网络寻找合适的投资机会。这可从改革开放初期，浙江、江苏、福建、广东等沿海地区以及地处内陆的传统农区河南、河北、安徽等地，除了沿海地区的优惠政策吸引的外来投资，农村居民的个人创业基本上都是在本地发生的现实得到印证。当然，随着我国市场经济的不断深化，当市场整合程度不断提高，市场主体为获得新的发展机会而异地投资导致新的企业家群体出现，传统农区企业家形成过程中的"资源诅咒"现象也将不再存在。2000年之后异地投资、产业转移等现象不断出现，也证实了这一点。

从以上我们关于户籍制度所导致的职业选择有限性以及国家改革开放政策推行的时间差异导致的市场整合有限这两个传统农区企业家形成过程中的"资源诅咒"现象的假设条件的讨论，不难发现制度在引导个人行为决策中所起的重要作用。新制度经济学的代表人物诺斯认为，制度是一种社会博弈规则，是人们所创造的用以限制人们相互交往的行为框架。企业家作为异质性资本的所有者，其是否选择创业或创新行为，取决于在既定的制度框架下，其创业或创新行为能否获得足够的补偿和超额收益。不同的经济运行体制作为外部的约束条件，决定了制度成本的高低，从而直接决定了行为人的收益结构。户籍管理制度和市场整合有限都与政府对社会和经济的干预相关，其结果是整个社会承担了过高的制度成本，这种过高的制度成本构成社会成员中的每个个体行为决策的障碍，降低了个体成员选择创新或创业行为的预期收益，从而打击和压抑了个体的积极性和创造性。正是这样的制度约束，才导致了传统农区企业家形成过程中的"资源诅咒"现象。

如果将历史前推到改革开放之前，则更为严格的制度约束就不仅仅是传统农区企业家形成的障碍，而是整个社会企业家成长和发展的障碍。在改革开放前计划经济体制下，国家对全社会所有生产要素和资源的统一计划和安排，使得任何个体和组织都无法摆脱国家的控制获取经营所需要的资源，导致新中国成立后长达几十年的时间里，只有国家计划指令的执行者而无真正意义上的企业家。因此，制度尤其是以国家权威力量直接作用于人们活动的正式制度，直接限定了制度框架下人们行为的反应模式，决定了社会成员行动的成本和收益，从而引导和决定了人们的行为选择。计划经济的制度安排，对社会成员个体自主选择权的剥夺，以及社会激励制度的缺乏，从根源上杜绝了整个社会成长起具有创新和冒险精神的企业家的任何可能。而改革开放之后逐渐实施市场经济运行体制，整个社会的组织运行开始摆脱高度集权化的管理方式，资源配置、产品生产开始按照自由交换原则运行，平等、自由交换的契约关系也逐渐打破了指令经济的坚冰。对社会个体成员来说，摆脱对国家集体的依附，自主决策、自我负责成为可能。而制度约束的放松，使整个社会开始对创新性行为提供足够高的回报和激励，刺激了更多的社会成员行为方式的转变。如希望集团的刘永好兄弟的创业过程即始于此。1980年春节二哥刘永行为了让小孩过年的时候吃上一点肉，从大年初一到初七，在马路边摆了一个修理电视和收音机的地摊，短短几天时间，竟然赚了300元钱，相当于10个月的工资。正是这样的激励，使刘永好四兄弟开始走上创业的道路。在计划经济向市场经济的过渡过程中，一些具有敏锐感觉，能从市场竞争和交易中发现市场机会的个人在放松的制度约束下开始了最初的创业行为。尽管改革开放之后最初的创业者只是一些规模有限甚至仅限于家庭作坊式生产的个体工商业户，还谈不上真正的企业家，但是，这批率先创业的群体却在制度变迁中为自身的异质性资本获得了超额报酬，并通过示范效应带动了更多具有冒险和创新精神的人加入创业过程。而在国有经济内部，随着市场经济体制的不断深化、企业经营管理权力的不断下放，企业经营者尽管仍然由政府派出，却具有了经营决策权并开始承担经营决策的后果和压力。市场经济天然的竞争属性开始发挥优胜劣汰的效应，那些具有胆识，并善于抓住市场机会的经营者在竞争中胜出，并为企业带来了良好的效益。对国有企业的经营者而言，尽管超额收益不能转化为自身的经济利益，但是，获得企业内部职工的积极评价，以及政治上升迁的可能性实际上也可以算作其异质资本的回报。在从计划向市场转轨的过渡时期，国家通过实施一系列政策逐渐实现了制度的调整和转变，放松了对社会生活和经济运行的干预和管控，一步步推动了整个社会企业家的成长和发展。如 1982 年 10 月党的十二大报告明确提出"农村和城市都要鼓励个体经济在国家规定和工商行政管理下适当发展"的政策方针。1983 年，中央发布的《关于当前农村经济政策的若干问题》提出"允许资金、技术、劳力以一定程度的流动和多种方式的结合"。这些以市场经济原则为经济运行基础的制度，使我国 1982 年到 1984 年出现了私营经济较快发展的局面，形成和发展起改革开放后中国第一批企业家。改革开放后每一次对经济干预管制放松的制度安排，都为企业家成长和发展提供了更好的制度保障，提升了具有异质性资本的企业家对未来的发展预期，吸引了更多的社会成员投入创业和创新活动。在整个市场经济不断深化的过程中，户籍制度对个人形成的樊篱逐渐被突破，无论是城市居民还是农村居民，都拥有了自由迁徙和职业选择的自由。而市场化改革的不断推进，市场整合程度的不断加深，为异地创业和全国范围内的产业转移奠定了基础，从而最终打破了农业资源禀赋丰富导致的传统农区企业家形成过程中的"资源诅咒"。

6.2 经济发展背景下的企业家产生和发展的差异

6.2.1 正式制度

前文从制度层面探讨了传统农区企业家形成过程中产生"资源诅咒"的前提条件。随着改革的不断深入，由农业资源禀赋丰富导致传统农区企业家成长过程中出现的"资源诅咒"现象的前提条件已不复存在。据此推断，在改革开放后期，突破了企业家成长过程中"资源诅咒"现象的传统农区，企业家的成长和发展应该呈现与沿海地区类似的状况。但是，观察现实经济生活状况却发现，企业家的数量及发展状况在不同地域之间差距巨大。即便传统农区企业家的形成和发展已经伴随市场化改革的不断深入突破了由农业资源禀赋所导致的"资源诅咒"，传统农区相比于沿海地区而言，无论是创业的企业家数量，还是企业家所能支配的财富和资源多少仍然存在巨大的差距。如果说，国家制度层面已经打破了传统农区企业家形成"资源诅咒"的前提条件，为什么传统农区与沿海地区的企业家发展现状仍然存在巨大的差别？是农业"资源诅咒"对传统农区企业家形成造成的影响导致的路径依赖？还是源于其他因素？在此，我们在前文讨论传统农区企业家形成过程中出现"资源诅咒"现象的基础上，探讨突破"资源诅咒"的前提条件后导致传统农区与沿海地区企业家成长和发展差异的其他因素。

正式制度作为国家颁布的规章、法令法规，对社会成员的行为具有直接的约束力和影响力。尽管在如市场经济体制、产权制度等基本的制度上，国家在全国范围内执行了统一标准，但是，正式制度中包含国家颁布的一些政策、规定，在政策给予的支持力度和权益保护上，不同的地区却存在差异，并且，一些政策在不同区域的颁布和执行的时间上是存在先后差别的，这必然导致同一政策收益上的差别。

国家在制定经济发展政策时，基于各地区经济资源禀赋状况和经济发展基础，往往会对不同省份或地区有不同的经济发展定位，从而制定和执行不同的经济发展政策。改革开放初期，国家为了检验政策效果和控制风险，在沿海地区执行"先行先试"的政策方针，这样的制度安排带来的结果是，沿海地区在国家给予的一系列优惠政策的支持下，率先走上了工业化道路，经济开始蓬勃发展。20 世纪 80 年代中期最早开始第一次工业化浪潮的广东、浙江、江苏等沿海地区，随着外资或中外合资企业的投资、乡镇企业的兴起，部分农民开始弃农务工经商，工业化的冲击对沿海地区经济结构产生了明显的影响。其中，最为明显的是，东南沿海省份粮食生产地位明显下降，而内陆地区粮食生产地位却不断强化。

在沿海地区工业化的快速发展进程中，全国粮食主产区的地区格局发生了明显的变化。1995 年浙江省粮食产量全国占比的排名由改革开放前居第九位到退出了前十位，广东省则由第六位下降到第九位。沿海地区弃农从工从商导致粮食产量不断下降的趋势发展到 2007 年，已经出现北京、天津、上海、浙江、广东、福建、海南 7 个粮食主销区粮食产量仅占全国粮食总产量 6.3% 的局面，粮食缺口达到 550 亿公斤。[①] 而在 1977 年，仅广

---

① 《中共中央关于推进农村改革发展若干重大问题的决定》解读之二《确保国家粮食安全——访中央农村工作领导小组办公室张冬科局长》，《经济日报》，http://finance.people.com.cn/nc/GB/8210851.html。

东一省的粮食产量占比就为 5.76%，浙江省为 4.4%。在沿海地区工业化快速发展的过程中，为了应对沿海地区土地耕种面积及粮食产量不断下降的局面，国家基于全国粮食安全的考量，开始采取各项政策措施鼓励粮食生产，如 1989 年起建立了农业发展基金，1994 年实行"粮食省长负责制"等，一直到后期 18 亿亩红线的政策推出。国家基于整个国家层面粮食安全而出台的各项政策，尽管鼓励了粮食生产，确保了粮食安全，但是，承担粮食安全责任的省份却基本上属于农业资源禀赋较好的内陆欠发达地区。在国家推行粮食安全政策的过程中，黑龙江、吉林、河南、安徽以及内蒙古的粮食生产地位日益凸显。1991 ~ 2007 年，河北、内蒙古、辽宁、吉林、黑龙江、山东、河南 7 个北方主产区粮食产量占全国粮食产量的比重从 36.2% 上升到 43.5%。这样的制度和政策安排，尽管从国家层面保证了全国的整体利益，但是，对于粮食生产占比较高的传统农区而言却意味着经济的落后。由于国家对农区耕地面积及粮食生产的严格管控，传统农区二、三产业落后，第一产业在整个经济中占比过大，整个工业化的推进速度缓慢。尽管国家采取了一系列政策支持和保护农业生产，但是，长期以来我国工农业产品的"剪刀差"导致的利益流失，使得传统农区往往陷入"粮食大省、工业小省、财政穷省"的困境，从地区经济发展的角度，大大减少了工业化发展需要的资本积累。而对个体农户而言，则直接意味着收入的减少，不能为个体创业提供相应的资金准备。因此，从国家政策层面来看，沿海地区改革开放政策的率先实施，内地传统农区确保粮食安全的政策支持和管控，导致传统农区的企业家生成和发展既缺乏政策推力，又受制于政策的管控力。这种制度上的安排，即便是在市场化改革不断深化，"资源诅咒"不复存在的情况下，依然导致了沿海地区与传统农区企业家数量的明显分野。

导致沿海地区与传统农区企业家成长和发展差异的，除了国家政策层面的差异外，正式制度中，还包括地方政府颁布和规定的地方经济政策。由于各地区地理位置、资源禀赋存在天然的差异，各地区在国家大的政策方针和框架下制定地区发展政策时也必须考虑地区自身的资源条件和经济基础。在这一过程中，地区经济可能因其天然所处的地理位置、资源禀赋甚至偶然的事件影响形成特定的发展路径，一旦形成有时甚至不可逆转，从而形成路径依赖。农业资源禀赋更具优势的传统农区，一方面由于商业流动资本的需求不大，另一方面，由于大部分地处内陆地区，受国家改革开放政策滞后的影响，因此，在向市场经济过渡的转变过程中，制度变迁的成本相较于沿海地区更高。而在对中央负责的地方领导制度下，地方领导往往会响应中央政府的号召，在国家制定的政策框架下制定地区政策，进行制度创新的程度和范围极其有限。因此，传统农区在国家确保粮食安全的政策指引下，在产业结构的安排上，往往会出现重农的政策安排，为完成国家下达的粮食生产目标，通过政策安排鼓励农民留在土地上进行农业生产，客观上限制了社会成员自由流动。而农业生产的低收益导致农民低收入，则阻碍了社会成员的资本积累，不利于为企业家的形成和发展创造资本条件。而作为另一粮食主产区的东北地区，国有企业比重较大，由于国有性质的国有企业与地方行政之间的密切关系，即便是改革开放之后，政府政策仍倾向于扶持国有企业。在这种地方政策条件下，由于私有产权缺位，以及缺乏筛选具有创业和创新精神企业家的机制，个体创业趋向受阻，传统农区在企业家的生成和发展上，既受到国家非均衡发展政策的约束，也遭遇地方政策缺乏制度创新的阻碍。反观东部沿海省份，在国家改革开放优惠政策的支持下，各地方政府能敏锐地抓住机会，如浙江省在家庭联产承包责任制开始之初，政府就默许农民从事非农产业，而到80年代浙江地方政府出台和实施了一系列优惠兴商政策，积极参与市场的建设和市场规模的扩大，鼓励社会成员个体经营。在地方政府宽松的政策引导下，社会成员更容易摆脱制度的束缚，降低个人创业的风险预期，也会有更多的个体走上创业道路。从这个意义上来说，地方政府自行制定和推行的区域政策在一定程度上在国家划定的制度框架下重新勾画和界定出一条新的边界，导致了企业家生成和发展过程中最初的差异，而由此形成的路径依赖导致整个社会形成了不同的创业氛围，从而最终决定了企业家数量的多少，并最终影响到地区的经济发展。

6.2.2 非正式制度

前文从正式制度层面探讨了传统农区与沿海地区企业家成长的差异。但在现实社会中，除了正式制度对社会成员的约束和规范，其实社会成员之间的关系更多是依靠非正式制度的约束来调整的。非正式制度如习俗、伦理规范、传统、文化、社会关系等作为人们在长期交往中形成的，并延续下来的一种非正式规则，在某种程度上较之于正式制度，对社会成员行为的约束和控制更具有某种先验的优势。尽管企业家的形成和发展需要正式制度提供保障，但是，非正式制度作为运行于社会的内生机制，同样在企业家的形成和发展中发挥着重要的影响作用。更为明显的是，在相同或类似正式制度的约束下，国家、地区企业家群体数目的多少甚至更主要取决于非正式制度所蕴含的价值观念、风俗习惯和伦理道德的影响。

区别于正式制度的非正式制度，是"行为准则、习俗和行为规范"（North，1991）。它是社会成员共同自觉遵守的且不依赖法定机构强制执行的一系列习俗、文化、惯例、价值观等。在企业家的创业活动中，尽管正式制度决定了社会个体面临的成本与收益，但是，非正式制度通过社会共享的价值系统、文化、习俗等途径与正式制度共同构建起整个社会的经济秩序。早期马克斯·韦伯就论述了新教伦理的文化信仰因素对企业家形成的促进作用。Merton 和 Sztompka（1996）的研究从价值观方面论述了非正式制度对企业家的影响。他们指出集体主义价值观不利于发挥个人的独立性和创造性，暗示拥有集体主义价值观的国家创业活动较少，因为独立性和创造性对于企业家的创业行为非常重要。平乔维奇（1999）基于对欧洲历史的研究认为，中世纪欧洲贵族阶级追求财富采用战争和政治手段而不是从事工商业生产的主要原因在于工商业生产在社会上普遍受到歧视，这种文化及价值观上的认知抑制了中世纪企业家精神的发展。Dallago（2000）研究认为社会资本在构建社会信任、声誉方面非常重要，并且这会影响企业家的活动。Doepke 和 Zilibotti（2013）的研究则探讨了文化因素对企业家的影响。他们将企业家在人口中的比例作为真实储蓄率的决定性因素，而企业家职业的选择依赖于父母对孩子耐心和风险忍耐力的教育，这种文化和偏好的异质性导致了企业家的代际传承，他们以此为基础构造了一个迭代模型。国内学者方面，杨虹（2001）研究了企业家精神生成的文化动因。邓宏图（2004）探讨了地方政府的意识形态偏好对民营企业发展的影响。张晓峰（2004）探讨了传统文化对企业家精神的影响。林新奇（2007）从文化生态的角度探讨了企业家成长与文化环境之间的相互影响关系。周艳玲（2011）从文化、政策、市场等正式和非正式制度的角度探讨了企业家社会资本生成问题。杨勇（2011）以沪商为例，从社会网络资本的角度研究了非正式制度与企业家精神之间的关系。马光荣、杨恩艳（2011）揭示了非正式制度社会关系对农民创业过程中的借贷行为的影响。唐琦玉（2004）从正反两方面探讨了中国传统文化对当代企业家成长的促进与阻碍作用。杨朝辉（2015）探讨了伦理对企业家精神的影响。这些研究，从不同方面探讨了非正式制度对企业家成长的影响。

但是，上述研究都是从一般意义上对非正式制度与企业家关系的研究，没有具体分析国内不同地区间非正式制度的差异对企业家产生和发展的影响。由于我国沿海地区、中西部内陆地区在文化、习俗上存在很大的差异，因此，普遍意义上对非正式制度中某一维度对企业家影响的分析，可能会缺乏对国内不同地区企业家成长群体差异的解释力。由于我国国土面积大，各地区地理位置不同，在历史进程中各地区承受的外来冲击具有差异，在主流文化之内还是存在不同地区的亚文化及习俗。不同地区的亚文化造成的价值观念、社会关系等非正式制度的差异，同样也会导致社会个体成员在创新和冒险行为上的差异，从而影响到企业家群体的数量。这部分我们将从非正式制度的角度分析导致不同地区企业家成长和发展差异的因素。

（1）文化

文化作为一种社会现象，是人们长期社会生活的产物，是社会历史的积淀。它滋生于特定国家或民族的土壤，呈现多样性、地域性、民族性和时代性。企业家作为社会成员，其成长不可避免地会受到社会文化的制约。韦伯在《新教伦理与资本主义精神》中论述了企业家精神生成的文化底蕴。当然，韦伯在对其他地区的分析中，特别提到中国的儒家文化不可能像新教那样焕发"资本主义精神"。他认为，儒家文化的中庸之道抑制了个体的创造性。而且，儒家文化脱胎于农业文明的精神内核，强调安贫乐道，与企业家精神中的创新、冒险精神格格不入。另外，中国社会长期保守、封闭的小农经济生产方式，集权专制的管理制度在整个社会造成的人治氛围，与资本主义平等、契约的法治精神存在巨大的差别。这种截然不同的社会文化环境严重遏制了企业家精神的生成。

从历史文化的角度来看，中国长期以来伴随小农经济而生的保守、封闭的农耕文明，并不利于企业家的生成和发展。但是，在中国步入改革开放时期，实行市场经济之后，文化也具有了时代性，随着社会经济制度及运行规则的改变而发生转变。市场经济要求产权清晰、自由交易、平等竞争，它天然地使每个参与个体成为独立自主的决策者和责任人。与社会运行规则相对应，市场经济必然要求社会拓展出个人主体性的文化意识。市场经济体制及与之相适应的运行规则，内生性地包含着促进企业家精神成长的文化基因。如市场经济优胜劣汰的竞争机制唤醒了人们的竞争意识，并由此激发了社会成员的积极性和创造性。而市场经济自由平等的交换原则必然催生出平等和契约的观念。从文化的角度分析我国企业家的成长，不难发现，尽管我国传统儒家文化和小农经济意识抑制了个体的创新和冒险精神，但是，儒家思想对每个社会成员日常生活所贯彻的修身齐家的要求，以及中国传统文化中蕴含的崇德重义、勤俭节制等精神，与新教伦理所焕发的资本主义精神存在一致性。这种积极的文化特质在改革开放后与市场经济伦理的融合，在短时间内推动众多努力工作的社会成员参与到市场经济的洪流中，激发了群体性的创业热潮。在改革开放后短短的30多年时间里，涌现出了众多的企业家。中国文化中的兼容并蓄使得整个社会的思想及意识能够与时俱进，从而在短时间内突破了传统文化中保守、崇古、缺乏创新等因素对企业家成长的不利影响。因此，从改革开放之后整个社会思想意识所带来的文化变迁来看，尽管从整个社会层面看，缺乏创新和冒险精神仍是社会成员的普遍特征，但是，改革开放后社会经济制度及运行规则的改革，已经在文化层面突破了长期以来占据统治地位的思想意识的樊篱。与之相应，社会也涌现出了一批具有创新和冒险精神的企业家。从这个意义上说，传统文化中限制和阻碍企业家成长的相关因素的影响日渐微弱。具有时代特征的文化，伴随着改革开放后市场经济体制的推行，其所包含的最核心的价值观念，已经认可了创新和冒险精神，并随着社会经济制度及运行规则的转变逐渐渗透到社会各阶层成员中，正开始成为国家商业精神的主流。正因为此，中国的企业家群体正以前所未有的速度成长和发展起来。文化已经通过制度和运行规则发挥作用，成为推动企业家成长的动因。

尽管改革开放后的整个社会文化所包含的价值观已经随着市场经济的发展开始发生转变，但我们也会发现，由于文化所包含的思想意识和价值观受到地域亚文化和外来冲击的影响不同，不同地区接受转变的速度存在差异。传统农区作为以农业为主的地区，其历史自然环境所赋予的资源禀赋决定了地区内社会成员主要的生存方式是农业生产，由此形成以农耕文化为主导的文化基础。这种农耕文化伴随着几千年的农业生产不断延续，以农为本、土地是命根子的思维方式与价值观念深刻地影响到每个社会成员。而与传统农业经济相对应的自给自主的生产方式，其生产是为了满足自身生存需要而不是为了与外界的相互交换，这种生产和生活方式决定了农耕文化保守封闭的特点。另外，传统农区作为农业生产资源禀赋优越的地区，在农业社会从来都是人口聚集地，与农业生产技术进步同步的是人口的快速增长。因此，传统农区一直伴随巨大的人口压力，这种状况使得传统农区长时期只能维持简单的再生产。传统农区这种固有的生产方式和生活方式形成的农耕文化，既培养了社会成员勤奋劳动的生活习惯，也造就了人们世世代代被束缚和固化在土地上的高度稳定的社会秩序。在这种文化的影响下，社会成员普遍安于现状，不愿意冒险，缺乏远见和开拓精神。反观东部沿海地区，由于临海的天然地理位置，除了农业耕作之外，这些区域的生产方式和生活来源还依赖海洋渔业和海上贸易，由于海上作业面临着巨大的不确定性，因此，在同大海和海盗的斗争中，自然会形成愿意接触、尝试新事物，冒险、不满足于现状的文化基因。同时，东南沿海一带自鸦片战争之后，被迫开放通商口岸，较早受到外来文明的冲击，打破了中国传统延续的稳定局面，在文化上更具有开放性。因此，东南沿海地区与传统农区尽管同样深受儒家文化的影响，但是，两种不同的地域文化实际上存在巨大差异。由这种地域文化差异带来的价值观念上的不同，使得沿海地区和传统农区的社会成员在对待创新和冒险的行为倾向上表现出不同的偏好，在面对变革和外来冲击时会呈现截然不同的接受度。而这种偏好及行为选择上的不同直接决定了个体创业时的决策行为，从而影响到不同地区企业家的数量多少。因此，传统农区深厚的农耕文化所形成的知足常乐、封闭保守的小农意识在客观上限制了个体的创新和冒险精神，从而导致了个体更倾向于稳定、低风险的职业选择，使得具有异质性的社会成员缺乏成长的文化环境基础。这种文化上的差异，导致传统农区即便是在制度上已经突破了导致"资源诅咒"的约束条件，但是在企业家精神的培育和发展中相比于沿海地区仍然处于落后状态。

（2）社会关系网络

在现实经济社会运行过程中，社会成员的经济决策行为除了受制于正式制度外，还会受到社会成员间相互作用的约束和制约。企业家作为企业的负责人或创业者，是企业与外部环境联结的"结点"，因此，企业家最终收益的大小，除了取决于制度赋予的权利大小，还取决于其作为经济参与者从社会关系网络中所获得的资源多少及成本高低。中国历史上曾有过晋商、徽商等地域性商帮，近代也产生过浙商、沪商等商业群体，改革开放之后，更是出现了以城市命名的企业家群体，如潮汕帮、温州帮等。无论是从历史还是现实的角度分析，均不难发现，社会关系网络对企业家的成长和发展具有举足轻重的影响。在企业家的成长和发展过程中，社会关系网络作为非正式制度的一种形式，以地缘乡谊为纽带构建起企业家群体之间的内在联系。企业家通过社会关系网络，在成员之间基于信任而非合约关系实现信息共享和资源交换。在社会关系网络内，群体成员通过群体决策实现对机会主义行为的惩戒，达到有效降低交易成本、提高整个群体参与人员的运行效率和收益的目的。这种以相近的地缘文化为基础，建立在双边信誉机制和非正式信息流动基础上的非正式制度，往往通过参与人之间的相互反馈和互助互惠的行为不断吸纳更多的社会成员加入社会网络系统，并通过社会关系网络的扩散效应催生出更多的企业家。因此，在现实的经济运行过程中，社会关系网络作为联结人与人的纽带，会对社会成员的行为及可获得资源产生直接的影响。而企业家创业和经营行为的成功与否，与其所能获得的资源多少直接相关，因此，社会关系网络在企业家的成长和发展中起着重要的作用。

从社会关系网络的角度分析传统农区与沿海地区企业家成长的差异，不难发现，在传统农区，由于正式制度的约束以及整个社会文化价值观念的保守，社会成员不愿意尝试具有开拓性和冒险性的职业选择，更倾向于从事稳定、熟悉的职业。因此，对农村居民而言，选择从事自己熟悉的农业生产风险最小。这种生产方式和生活方式，导致传统农区社会成员之间以地缘乡谊构建起的社会关系只能在极小的地域范围内发挥保持和谐人际关系的作用，以便于困难时的简单互助。也就是说，在传统农村社会，社会成员依靠以血缘、宗法为纽带构建的社会关系网络，通过互惠交换、强制信任机制，能解决社会成员的阶段性困境。受制于传统生产方式所导致的社会成员普遍保守、狭隘的思想和眼界，以及农业生产回报偏低带来的社会成员的普遍贫困，基于传统农业生产构建的这种社会关系网络，尽管也具备学术界认可的"由社会个体之间互动交往而形成，内部成员由此可以获得现实或者潜在经济资源的相对稳定关系体系"这一特点，却无法成为社会成员联结外部世界的"结点"。在市场经济运行过程中，基于社会成员互动和信任关系而构建起来的社会关系网络在获取经济信息、配置资源、职业介绍等方面所发挥的重要作用能有效地降低交易成本、减少风险和不确定性，从而提高收益。但是，以传统农业生产方式为基础构建的社会关系网络，其价值仅在于网络成员遇到生活和生存困难时的简单临时性的互助，它无法通过信息的共享和互换发现市场蕴藏的机会，因此，以传统农业生产方式构建的传统农区社会成员之间的关系网络，价值远低于建立在市场经济运行基础上的社会关系网络。直到户籍制度逐渐放开，劳动力开始自由流动后，传统农区这种地缘乡谊的社会关系网络在接入外部世界后才开始逐渐凸显其价值。传统农区最早走出家门的剩余劳动力对外部信息的交互传递，以及建立在信息交流基础上外出求职时的互带互帮，使这种社会关系网络开始在社会成员间真正实现了资源的增量增加，而非传统时代资源存量的相互调剂。而当社会成员打开了与外界联结的窗口，在职业选择上开始从打工走向创业道路时，社会关系网络对其职业成长的价值及意义则更为明显。从社会关系网络的角度分析传统农区与沿海地区对企业家成长的影响，沿海地区实行的改革开放政策使其率先突破了传统的农业生产方式，从而使地区社会关系网络在更早的时间建立起有效的信息分享、资源配置的功能，提高了整体社会成员的收益和经济运行效率。而传统农区市场化道路的滞后发展，使社会成员无法从传统生产方式构建的社会关系网络中获得有价值的增量收益，这阻碍了社会个体成员冒险的勇气，最终也导致了传统农区与沿海地区企业家的成长和发展的路径差别。

（3）社会评价机制

社会评价体系作为与文化内核中价值观紧密相连的一套社会的非正式运行制度，通过形成群体性意见对个人、组织的行为目标产生影响。社会评价机制是社会环境对个体行为的肯定性或否定性的反应、评估或裁决，目的是引导和控制个体行为，从而使社会规范得以内化。因此，社会评价体系构成了整个社会环境的重要组成部分。在传统的农业文化中，天生具有创新和冒险精神的异质性人才往往被扣上不安分守己、爱折腾的帽子，社会对这类人往往是持否定态度。如果个人没有足够强大的心理和对自我的极高评价，很难抵御社会评价体系对其产生的负面影响，中国传统文化中"枪打出头鸟"的观念往往让这些异质性人才泯然众人矣。从社会评价体系在企业家成长和发展过程中的作用来看，中国传统的价值观念及社会评价体系对创新和冒险精神的负面评价抑制了社会个体创业和冒险的积极性，导致我国具有创新和冒险精神的企业家的人数远低于西方国家。改革开放之后，随着国家对居民个体创业政策的放宽，具有创新和冒险精神的异质性人才才开始走上创业道路，尽管在改革初期需要面对社会的负面评价，但是，创新和冒险产生的财富效应开始逐渐瓦解和扭转原有的社会评价体系。随着榜样在社会中产生示范效应，越来越多的社会成员开始加入创业队伍，社会原有的评价体系在对待创业和冒险的观念上开始发生逆转，表现为公众对财富积累的正面评价和对创业创富活动的积极践行。中国改革开放 30 多年的历史已经见证了整个社会对待创新和冒险精神及行为的评价体系的变化。到现在国家提出"大众创业，万众创新"的口号，整个社会已经形成了鼓励企业家成长与发展的社会评价体系和社会舆论环境。这种社会评价机制的转变，形成了有利于企业家成长的社会环境。

尽管改革开放后的社会评价机制随着市场化的不断深入发生了变化，但是，具体到传统农区，由于改革开放政策实施滞后于沿海地区，同时，由于社会评价体系是与文化内核中的价值观紧密相连的，因此，传统农区农耕文化中固有的追求稳定、服从权威和遵从集体意志的社会评价体系，对于创新和冒险的负面评价较之沿海地区尤甚。而传统农区以村落为基础构建小社会，其成员间的圈层关系形成人际关系网，个体成员在严密的圈层网络中的一言一行都受到成员相互评价的影响。所以传统农区与沿海地区相比，一方面，人们思想观念的转变滞后导致社会评价机制对冒险和创新行为的负面评价要远高于沿海地区；另一方面，深厚的农耕文化所形成的知足常乐、封闭保守的小农意识导致在社会评价上对于个体的创新和冒险行为给予的非议更多。在这种生存和生活背景下，对于与群体成员社会评价相悖的行为，个体需要更为强大的心理素质以坚持自己勇于冒险、不惧人言的行为。所以说尽管改革开放的不断深入逐渐改变了社会对企业家所具有的冒险和创新精神的评价，但是传统农区在农耕文化上更深的烙印，导致了传统农区在社会对创新和冒险行为的评价上转变得更为缓慢。而改革开放政策在传统农区推行的滞后，也导致了传统农区具有创新冒险精神的榜样示范作用落后于沿海地区，在扭转和改变社会评价机制上缺乏良好的舆论氛围。这种种因素都束缚和压抑了传统农区个体的积极性和创造性，导致具有异质性的人才在摆脱舆论束缚上相较于沿海地区存在更大的障碍。

从前面的分析我们可以看到，传统农区与沿海地区相比，具有异质性才能的个体的成长环境除了在政策等正式制度上存在差距和滞后性，还在文化、社会关系网络及社会评价机制等非正式制度上有着不小的差距。而这些非正式制度所构建的社会氛围，对于社会成员在认识能力、行为决策上发挥着更为关键的影响。这些非正式制度因素导致了传统农区社会个体在开始冒险和创新行为时，相较于沿海地区的成员个体需要付出更大的代价才能突破个人成长的环境桎梏。也正是因为传统农区与沿海地区在正式制度与非正式制度上都存在差距，即便在改革开放后期，企业家成长的"资源诅咒"的条件已经不复存在时，传统农区企业家的成长状况，包括企业家的数量和企业规模，依然无法与沿海地区相提并论。

7 传统农区外源型工业化的企业家
形成和发展机制

如前所述，主要依赖当地的资本和劳动，在缺乏外部生产要素输入的情况下发生的工业化在本书中被定义为内源型的工业化。与之相对比，更多地依靠外部生产要素（主要是资本、技术和企业家）的输入从而推动本地工业化的过程在本书中被称为外源型工业化。

本书第三章和第四章已经着力分析了传统农区内源型工业化条件下，限制企业家的形成和发展的"资源诅咒"机制，这也是本书的重点所在。但是，此前的分析限定于市场整合水平较低的情况之下。对于一个开放的经济，特别是对于一个资本和技术等生产要素可以自由流动的市场，上述导致"资源诅咒"的条件将不再存在，企业家的形成和发展将取决于其他因素。作为一个补充，本章讨论在不存在"资源诅咒"的条件下，企业家的形成和发展所涉及的一系列因素。

中西部传统农区以往的工业化过程，以资源开发的基础性产业为重要特征。这一部门的相关企业的运营效果更多地取决于经济的繁荣周期，而非企业家的经营能力。而那些更依赖企业家能力的竞争性制造业部门，在金融危机之前更多地分布于沿海发达地区。发生于 2008 年的全球金融危机对中国经济产生了深远的影响，使经济增长的区域特征在近年来发生了重大的变化。越来越多的竞争性制造业部门在全球金融危机之后向中西部的传统农区转移。产业转移给中西部传统农区的工业化进程带来了新一轮的增长机会：资本、技术及企业家等生产要素将产生重大的跨区流动，以消弭区域增长和工业化方面的差距，加快实现我国不同地区经济增长的趋同。在这一背景下，传统农区企业家的形成和发展机制会具备两种形式：其一，随着本地内源型企业的发展而成长的途径；其二，随着中西部地区承接产业转移，一部分企业家在地区外源型工业化发展的道路中成长和发展的途径。外源型企业家的形成和发展机制将完全有别于内源型企业家的形成和发展机制，也将不会再受到那种特定形式的"资源诅咒"的影响。本章将探讨这部分企业家群体在传统农区的形成机制和发展道路。

7.1 传统农区外源型工业化条件下企业家形成的外部环境

回顾中国发达地区农村的工业化道路可以发现，存在以珠三角为代表的依靠外商投资兴起的外源型工业化模式，也存在以长三角为代表的依靠乡镇企业兴起的内源型工业化模式。但需要指出的是，即使是长三角的内源型工业化模式也存在不同于中西部传统农区的外部条件：改革开放初期的长三角农村地区，由于靠近上海等工业基地，受益于知识外溢等因素，其工业化进程要远远快于内地的传统农区。

产业转移为中西部传统农区提供了一条新的外源型工业化的道路：在承接国内产业转移的过程中，中西部传统农区依靠来自区域外部的资本、技术的输入，通过企业家整合各种生产要素，实现传统农区从农业向非农产业的发展和转变。因此，伴随着地区间产业转移而发生的外源型工业化道路，实际上是突破传统农区内部因素自我积累的输入型工业化。陈建军（2002）认为，在中国转型的背景下，产业转移实际上表现为经营资源的转移和企业家资源的溢出。因此，从微观层面上来说，产业转移是企业层面追逐利润目标的产物（魏后凯、陈耀，2003）。

产业转移的过程中，不同地区承接产业转移的结果并不相同，这有赖于企业家对投资机会的优选。因而，传统农区的外源型工业化道路发展是否顺利，关键在于能否吸引企业家的投资。主要取决于以下方面的因素。

7.1.1 生产要素与资源优势

以往中国区域经济和工业化不平稳增长的重要原因在于东部发达地区在改革开放之初具有制度优势及区位优势等条件。但是，近年来沿海发达地区的土地、劳动力等要素成本急剧上升，导致竞争性制造业部门的收益率日益下降。众多企业在这种竞争环境下难以为继。产业转移的根本原因在于生产要素的价格落差。刘力、张健（2008）对珠三角地区企业的调研显示，珠三角企业迁移的推动因素中，首要因素是与成本相关的因素。由于劳动工资、土地价格等要素生产成本高，考虑迁移的企业占到了全部调研企业的34.0%。事实上，沿海地区生产要素的供给紧张不仅体现在持续上升的要素价格上，而且体现在这些要素所存在的配给现象上，如有限的用地指标等。这使得一些传统产业在东部沿海发达地区缺乏企业扩张的机会。

作为一个典型的发展中国家，中国改革开放的前三十年间，沿海制造业部门所能得到的劳动要素的价格曾经长期维持在一个较低的水平，且与内地的劳动价格差距不大。出现这一现象的原因正是刘易斯所指出的劳动力无限供给。但随着刘易斯拐点的到来，沿海地区的劳动价格迅速上升。与之形成对比的是中西部农区在要素价格方面的优势开始凸显。以河南省为例，2011年其常住人口9388万人，占全国人口的7%，居全国第三。从在岗职工平均工资来看，在全国31个省市中排名第26位，在岗职工平均工资仅相当于全国平均水平的80%。这说明河南省作为传统农区不仅劳动力资源丰富，而且劳动力成本也是具有优势的。在其他生产要素方面，河南省的粮食、油料及肉类产量均居于全国前列，油料产量占全国产量的16.1%，居全国第1位，粮食产量占全国近10%，居全国第2位，肉类产量占全国的8.1%，居全国第3位。① 随着人民生活水平的不断提高，对食品深加工的需要也进一步提高，河南丰富的农产品资源，为食品深加工工业提供了充足的原材料。

另外，河南作为全国重要的能源、原材料基地，石油、煤炭、天然气等资源储量丰富，为工业发展提供了良好的资源基础。传统农区在生产要素及资源方面的竞争优势，弥补了工业化初期地理区位的不足。2000年以来，越来越多的沿海企业开始向中西部传统农区转移，其中，能源及资源消耗多的上游企业、以劳动密集型为主的加工型企业尤其突出。这也说明传统农区在资源及生产要素上的优势，已经成为吸引外来企业家落脚的一个重要因素。

---

① 上述数据来自河南统计年鉴。

7.1.2 毗邻消费市场的区位因素

改革开放初期，沿海制造业部门所面向的消费市场主要为海外市场，因此沿海地区方便的海运条件成为企业发展的一个重要区位优势。但是随着中国居民收入水平的提高，消费市场的重心日益向内需转移，人口众多的内地日渐成为消费品产业更为重要的市场。

类似于国际贸易理论中的赫克歇尔－俄林－萨缪尔森模型，一国之内的产业转移同样也是从最初的贸易逐渐向投资转变的产业发展过程。为追求更大规模的市场，企业在早期，一般是在新的地区设立销售网点，实现产品由生产地向消费地的转移，而在中后期，企业为更方便地接近消费地市场，会逐渐演化为利用转入地资源在当地投资建厂。陈建军（2002）对浙江105家企业的调查就发现，浙江企业在产业转移过程中，实行的是以市场导向为主、综合资源利用为辅的产业转移模式。从中可以看到，传统农区巨大的市场空间是企业投资决策的重要参考因素。

传统农区尽管在经济发展方面落后于沿海地区，但随着改革开放之后全国经济的飞速发展，收入水平已经大幅度提高。传统农区往往人口众多，以河南、安徽、山东三省为例，按2012年统计年鉴数据，三省的人口总数接近2.5亿，占全国人口的18.5%。这么庞大的人口数量所引致的消费需求，为企业提供了巨大的市场空间，出于毗邻主要消费市场进行投资的考虑成为产业转移的重要动力。

另外，随着消费品工业逐步向传统农区转移，也会产生与之具有纵向产业关联的各类中间品产业及与之配套的基础设施的大规模需求。以河南为例，2011年全省固定资产投资额达到16936亿元，位居全国第四。传统农区承接产业转移和地区经济发展带来的对中间品及资本品的巨大需要，对于企业家而言都是不可忽视的市场机会。投资于传统农区，更好地接近主要消费市场，获得率先进入市场的优势和未来抢先一步的发展机会，无疑是外来企业家面临外部投资环境变化的理性选择。

7.1.3 国家开发中西部传统农区的政策吸引

传统农区的外源型工业化是中西部地区承接产业转移过程中的输入型工业化模式。对于企业而言，要投资传统农区，除了生产要素价格的比较优势及毗邻消费市场的区位因素之外，有别于东部地区的优惠政策也是重要的因素之一。尽管难以衡量国家的区域发展政策和产业政策对企业成本的影响，但这些政策必然成为企业进行投资的重要考量之一。

自2000年以来，为了实现地区经济的均衡发展，中央政府相继启动了西部大开发战略、振兴东北战略及中部崛起战略。这些战略重新平衡了自改革开放以来的区域经济非均衡发展模式。依据这些战略，中央政府也制定了相应的支持措施和政策，鼓励沿海发达地区企业及外资投资于中西部地区。如2007年，财政部和国家税务总局就颁布了《关于企业政策性搬迁收入有关企业所得税处理问题的通知》，在国家层面出台政策以鼓励企业向经济落后地区外迁。

除了中央政府的经济发展战略调整所带来的投资机会之外，中西部地区的各级地方政府也在"招商引资"过程中给出了各种各样的优惠政策。这些优惠政策往往集中在土地利用指标、税收优惠与减免，甚至于劳动力招聘等方面。如在消费电子代工商富士康投资河南的过程中，河南省政府、郑州市政府及其他一系列行政部门在劳动力招聘、税收及行政事务等各个方面给予方便，地方政府的这些行为甚至招致了涉嫌不公平竞争的批评。但是，我们应注意到这一现象的出现并不是寻租的结果。这种现象也可以从另一个视角理解：地方政府在招商引资方面的竞争在一定程度上体现了公共选择理论所指出的那种效率结果。这对产业转移过程中的内迁企业具有强烈的吸引力，并导致企业家流向工业化欠发达的传统农区。

7.1.4 已有的产业结构及发展基础

相比于沿海地区，中西部传统农区在经济发展和工业化的过程中处于落后地位，但是这并不意味着传统农区就完全缺乏产业基础，甚至在传统农区的某些中心城市，工业化的程度还比较深，如河南省的洛阳市。得益于计划经济时期的国家战略，洛阳成为内陆地区的一个重要的工业城市，特别是在重型机械产业方面，在全国都具有重要的影响。这些已经形成的产业基础对承接产业转移具有重要的优势。

另外一个需要特别指出的方面是，传统农区虽然在消费品工业方面的发展较为落后，但不少地区得益于该地区所拥有的优势矿产资源，已经形成了以资源开发为特点的特定工业。这些工业基础也为消费品制造业向内陆地区转移提供了良好的条件。如平顶山凭借拥有的煤矿资源形成了能源化工产业，漯河则依靠传统农区天然的农业资源优势，以农产品为原料，形成了以双汇为代表的在全国都颇具影响力的食品加工产业。改革开放之后，传统农区内源型的工业化发展虽然较慢，但业已形成了一定的工业基础。这些已经形成的产业基础对于传统农区承接产业转移十分有益。目前，河南经过几十年的内源型工业化发展，已经形成了食品、冶金、机械、化工、建材、医药、轻纺等支柱产业，具备了承接产业转移的产业发展基础。

此外，传统农区中的一些核心城市，已经具备了大规模承接产业转移的各种基础条件。如郑州作为承东启西、南北交会的交通枢纽，其四通八达的铁路公路条件，已经使河南逐渐成为全国重要的物流中心和人员流动中心。随着2012年郑州国际航空港的规划实施，河南省在未来的产业及企业发展的软环境配套上，也更加值得期待。因此，对进行投资决策的企业家而言，传统农区现有的产业基础及未来的发展配套，都会形成巨大的吸引力，从而为外源型企业家在传统农区的聚集和发展创造良好的外部环境。

7.2 传统农区外源型工业化条件下企业家发展的约束因素

尽管传统农区在承接产业转移过程中，通过吸引外商及沿海企业的投资而聚集了一批外来的企业家，但从东部沿海地区向中西部地区产业转移的现状来看，结果并不尽如人意。李学鑫、苗长虹（2010）就认为，虽然东部沿海地区企业通过各种形式进行了部分产业转移，但总体上并没有出现中西部地区期望的大规模产业转移现象。事实上，相比于改革开放初期沿海地区外来投资的兴起和发展，中西部地区在承接产业转移的速度和规模上还存在不小的差距。因此，由传统农区外源型工业化而吸引和聚集的外来企业家对当地工业化的影响并不突出，其作用甚至难以与那些内源型工业化过程中产生的企业家相媲美，如双汇集团的万隆，三全食品和思念食品的陈泽民、李伟，许继集团的王纪年。他们在地区的经济建设过程中发挥的作用更加突出。本书认为以下因素制约了外来企业家在传统农区的发展。

7.2.1 投资环境的约束降低了对外来企业家的吸引

得益于多年以来中国的高投资率，即使在传统农区，基础设施和工业基础等投资硬环境都已经具备了支撑工业化快速发展的条件。但是传统农区在投资软环境的建设上还很不完善，主要表现在以下方面。

(1) 市场意识薄弱

传统农区长期的农耕生活方式形成的相对保守的思想，使得传统农区缺乏市场意识，知足常乐的生活态度导致整个传统农区的社会环境缺乏敢闯敢拼的文化氛围。农业社会惯有的人情观念使得整个社会还没有建立起按合约运行的信用基础，没能建立起信守合约、社会诚信等方面的市场经济规则。传统农区各级地方政府尽管在招商引资时保持了极大的热情，纷纷许以各项优惠政策，但是合约精神的缺乏却往往导致其在完成招商工作之后，难以对外来企业兑现承诺。这种非市场规则指导下的招商引资，导致政策稳定性差，无法形成稳定的预期。另外，在传统农区表现尤为强烈的官本位意识，使政府缺乏服务企业的观念。与东部沿海地区相比，传统农区的地方政府对企业的服务能力差，行政效率低。这些因素大大增加了外来企业家在传统农区投资的风险，从而限制了外来企业的进入和发展。

(2) 缺乏投资的配套支持

传统农区尽管在劳动力、土地等初级生产要素上具有成本优势，但在资金、人才、技术、信息等要素方面却往往难以满足产业发展的要求。特别是在人力资本方面的差距更为明显：由于传统农区的低工资往往很难吸引沿海地区的熟练工人返乡就业，因此，企业所能雇佣的工人往往在文化与技能方面水平较低，企业往往需要对工人进行再培训才能满足生产的需要。

劳动力自由流动的条件在当前的社会已经形成。沿海地区的高工资对传统农区熟练工人形成的吸引力，使得投资于传统农区的企业往往需要面对高水平熟练工人的人员流失问题，给企业的生产经营带来极大的不稳定性。由于员工高流失率的客观存在，尽管企业开展了对员工的培训，但通常情况下并不能获得人员培训所带来的收益，这种隐性的成本所带来的损失足以抵消劳动力成本低的优势。

除了劳动力配套方面存在的不足外，传统农区在服务平台上的不足更是限制了产业的发展。由于传统农区经济发展起步晚，相关配套的服务平台远远没有跟上发展的需要，在交通条件、基础设施、金融支持、政府服务、技术信息、公共服务（如物流、质量检测、管理咨询、营销服务、商贸业务）等诸多投资环境方面还存在不足，难以满足产业发展的需要。

另外，我国国内的市场一体化水平偏低，东西部地区之间各种要素的自由流动还受到一定的限制，这些外部环境的不足也都限制了外来企业家在传统农区的落地生根。

（3）东部地区的地方保护主义及优惠政策降低了传统农区对外来企业家的吸引力

尽管传统农区在承接产业转移和招商引资的过程中出台了一系列优惠政策，但是，沿海发达省份的地方政府出于自身利益的考虑，为了本地区经济的均衡发展，往往会通过政策和行政手段等多种方式引导本地产业向省内落后区域转移。如广东省就出台了一系列政策，促进珠江三角洲的产业向广东落后山区转移。另外，我国沿海地区自改革开放之后具有的政策优势，以及东部沿海地区的地方保护主义，都在一定程度上延缓和阻碍了东部企业向传统农区的投资决策，大大降低了传统农区对外来企业家的吸引力。

7.2.2 产业集聚与产业集群的劣势阻碍了外来企业投资

虽然东部沿海地区在近年来的发展过程中，区位优势在不断弱化，但是多年来的产业发展使得东部地区已经形成了相当多的产业集群，建立起了完整的产业链。对任何单个企业来讲，拥有完整的产业配套，融入整个产业链中，才能获得成本优势和竞争优势。而传统农区在承接产业转移的过程中，尽管加强了交通、产业园的硬件建设，但是，由于产业发展的滞后性，大部分地区都还没有形成完整的产业配套能力。由于传统农区没有形成相应的产业集群，单个企业无法通过分工协作降低成本，要素成本低并没有真正转化为企业的成本优势。孙华平（2011）的调研就发现，安徽繁昌县的很多服装企业，由于缺乏印染、纺织、设计等配套的基础产业，需要的面料辅料不得不从江苏等地采购。因此，传统农区配套产业的不完善，极大地降低了企业的运营效率，也阻碍了单个企业的投资转移。而沿海地区的企业在多年的发展和经营中已经习惯于产业集聚和产业集群带来的便利和竞争优势，这些企业在对外投资的决策过程中，往往特别注重产业的配套能力。如江苏昆山，台资企业在投资过程中，往往是上下游企业一起进行投资转移，在转移地形成完整的产业链。相反，传统农区由于原有的工业基础薄弱，没有形成完整产业链，因此在承接产业转移和招商引资过程中，不能形成有效的吸引力。这些都导致了外来企业家放慢对传统农区的投资过程。

7.2.3 社会网络的不可移植限制外来企业家的发展

除了投资环境及产业链的不完善影响了外来企业家在传统农区的发展，限制外来企业家投资的另一个重要因素是企业家拥有的社会网络在传统农区的不可移植性。企业在生存和发展过程中，是作为一个系统与外部环境不断进行着资源交换。企业家作为企业负责人，是企业与外部环境联结的"结点"，在资源交换的过程中，企业家与资源所有者之间形成的渠道联系构建起企业发展的社会网络，企业家所构建的社会网络与企业的发展具有很强的相关性。企业家在当地构建的社会网络，无论是在信息的获取和共享上，还是在融资借贷方面、个体及企业的权利保障方面，都发挥着重要的作用，尤其是企业在成长初期很大程度上依赖企业家既有的社会网络。虽然企业进入成长期、成熟期之后，通过完善的运营管理系统逐渐降低了对企业家个人社会关系网络的依赖，但是，企业家的社会关系网络仍然在企业的发展及经营绩效上具有明显的影响力。边燕杰、丘海雄（2000）1998 年就通过对广州 188 家企业的调查证明了企业家的社会网络对企业经营能力和绩效具有重要作用。

由于企业的经济活动建构在特定的社会环境之中，社会关系网络中的每个个体成员都可以获取嵌入网络的资源。对网络成员而言，社会网络与契约的一个最主要的区别就是网络成员间的资源交换是基于信任而非合约。网络成员相互之间的信任构建了企业合作的基础，大大节省了交易成本，从而产生集体效率。另外，网络成员间的相互联结使成员间建立了一种快速有效的信息传递和分享机制，有利于企业获得有用的信息和发展机会。因此，对企业家而言，外迁投资到传统农区，意味着在原投资地区多年发展和构建的社会网络将处于断网状态。而新迁入地由于非企业家原生地,在原转出地所固有的亲戚、朋友及多年积累建立的合作伙伴等社会关系及网络处于完全空白的状态。这使得企业家在投资传统农区的过程中,短期内很难通过社会关系网络获取有利信息,实现互惠合作。另外,由于企业家社会关系网络的构建是基于网络成员间相同的文化背景、价值观念,相近的社会关系,共同的合作原则等,而传统农区多年传承的农耕文化、保守封闭的思想、宗族观念等,更排斥外来人员对既有社会关系网络的侵入,因此,尽管传统农区在招商引资的过程中,有相应的投资优惠政策,但是,企业家无法在短期内形成基于信任而合作互惠的社会关系网络,其在传统农区的投资,并不会因为地方的优惠政策而获得优势,反而由于缺乏基于社会关系的产业网络,以及迅速高效的信息沟通和分享机制,在订单获取、生产合作、产业技术学习、知识创新等方面处于很大的劣势。因此,外来企业家已经建立的社会关系网络在传统农区的投资中之不可移植和复制,导致传统农区对外来企业家的吸引力大打折扣。因此,企业家对原投资地社会关系网络的依赖,使得沿海地区产业很难向传统农区转移,这也限制了企业家对传统农区的投资。

7.3 传统农区外源型工业化条件下吸引外来企业家的对策

传统农区作为一个经济系统,当它开启工业化进程后,原本相对封闭的自循环系统必定逐渐成为一个开放系统。传统农区要想获得更大的发展,就必须实现环境与系统内组织的协调发展,构建吸引外来企业家投资的社会环境,促进经济生态系统外源型资源的协调发展。

7.3.1 发展产业集聚区

传统农区在承接产业转移过程中,限制外来产业投资落户的一个重要因素就是缺乏完整的产业配套,没有形成东部沿海地区的产业集群。这种情况造成了外来投资企业交易成本过高,缺乏竞争力。因此,传统农区在承接产业转移,吸引外来企业家投资的过程中,必须破除地区发展的短板。地方政府应依托地区优势，大力培育龙头企业，发展产业集聚区，为吸引外来企业家创造产业发展环境。

由于区位不同，以及历史及传统等因素的差异，各地区往往在一定地理范围内形成各自专业化的优势。这种优势可以在一定条件下促使特定产业或具有联系的配套产业的集聚。如许昌的发制品业兴起于清朝末年，历史悠久。在改革开放之后，许昌利用传统的这一产业优势，形成了瑞贝卡、龙正等龙头企业，也形成了许昌的发制品产业集群。与发制品行业类似，许昌的食品加工、纺织、电瓷电器等行业，都是在地区优势的基础上，不断发展壮大形成产业集群。这些产业集群的存在，吸引和带动了外来企业来此投资。如许昌中原电器谷中的温州产业园，就是依托许继在电器行业发展的产业基础，复制温州集群的产业模式建立的。

因此，传统农区在吸引外来企业家的过程中，必须依托地区既有的工业基础和产业优势，通过大力发展龙头企业，延伸产业链，形成产业集聚和集中。在促进产业集聚和集中的过程中，引导传统农区现有优势产业中的龙头企业通过分工和专业化，发展培育为产业配套的一批中小企业，加强产业的纵向和横向延伸，实现资金、人才、技术等生产要素向传统农区的集中，逐渐形成和强化传统农区的产业吸引力，为传统农区吸引外来企业家落户创造良好的产业基础和产业发展环境。

7.3.2 优化产业布局

传统农区各级地方政府在招商引资、吸引外来企业家落户的过程中，要充分利用传统农区土地、劳动力等生产要素的优势，加强产业的规划和布局。根据地区发展需要，优化产业结构，对能促进地区产业升级、产业拉动力强的企业，给予相应的政策支持，吸引一批科技含量高、产业关联度强的具有发展前景的重点项目，以重点项目作为带动产业集群的突破口。如富士康投资落户河南郑州，就吸引了为富士康配套的企业投资落户，带动了相关配套产业的发展。因此，传统农区在吸引外来企业家投资的过程中，要注重抓重点，以龙头企业或重点项目为突破口，通过龙头企业或重点项目的带动作用，形成完整产业链，带动产业集聚区的发展。通过产业内龙头企业的带动作用，可以大大增强传统农区对外来企业家的吸引力。

7.3.3 加强公共服务

传统农区在经济发展的过程中，要弥补自身的不足，需要借鉴和吸收沿海发达地区的经验，通过改善投资环境吸引外来企业家落户。这一方面需要加强交通、通信、产业园区等硬件环境的建设，以满足产业落户和发展的基本条件。另一方面，更为关键的是要完善投资软环境。地方政府要加强公共服务等产业支持体系的配套建设，转变思想观念，树立为企业服务的意识，提高行政效率，为企业落户提供便捷的服务，营造吸引外来企业家的投资环境。

同时，为了让外来企业能顺利在传统农区投资发展，政府还要在传统农区积极创造相应的要素市场平台，为企业在人力招聘、融资及技术协作等方面提供良好的外部交易环境。在投资软环境的建设上，政府要大力发展现代服务业，引导和鼓励投资者加强教育培训、物流仓储、金融服务、信息咨询、法律服务、商业信用、管理咨询、市场营销服务等公共服务方面的投资，为产业发展提供配套服务。这样，政府通过创造有活力的市场环境，为产业发展创造宽松有吸引力的环境，吸引外来企业家的流入。

7.3.4 建立企业家的社会网络

传统农区在开启外源型工业化道路进程中，要想吸引外来企业家在传统农区的投资集聚，除了软硬件的投资环境建设，还要重视地区民间商会和行业协会等中介组织在当地的发展。

外来企业家从原发地向外投资转移时，原有的社会关系网络是否可复制和利用是一个很重要的考量因素。如果企业家在原地区的社会网络无法复制到新投资地区，企业家由于无法获得有效的信息交流和沟通平台，可能丧失发展的机会。因此，在传统农区吸引外来企业家投资的过程中，地方政府必须注意支持地区民间商会和行业协会这些中介组织的发展，这既是发达国家发展产业集群的基本经验，也是产业集群发展的关键软环境。

本书作者在调研过程中发现，如果企业家社会网络可以整体性复制，那么承接产业转移的传统农区完全可以加速其工业化的发展。如许昌中原电器谷的温州产业园，其投资人之一林金富先生就利用自己担任许昌温州商会副会长一职的条件，在自己寻找投资机会的同时，吸引一批温州企业入驻，通过商会的示范和集群效应吸引了更多的外来企业家投资入户。传统农区的地方政府应扶持外来投资地区的民间商会和行业协会等中介组织的发展，通过搭建企业家的沟通交流平台，建立外来企业家在传统农区的社会关系网络，吸引更多外来企业家。要积极鼓励和支持各地区商会和行业协会在传统农区的发展，通过这些中介组织，为外来企业家在当地的落户搭建起信息交流和沟通平台，通过群体的力量共同促进集群产业的形成和发展。

8　结论与展望

本章将对本书的主要结论进行总结，并对传统农区工业化进程中，如何促进企业家成长和发展提出若干政策建议。另外，本章也指出了本书中存在的不足，并对这一课题在未来的研究方向做了讨论。

8.1　研究结论

在经济发展的历史潮流中，企业家作为创新者，一直对经济发展起着重要的作用。本书注意到这样一个事实：传统农区的工业化起步过程中，企业家能否得以发展，是不同地区工业化发展快慢的一个重要因素。在中国的改革开放过程中，我们可以观察到两种现象，其一，以"苏南模式"为代表，在传统农业发达地区快速实现的工业化以及大量涌现的私营企业及企业家；其二，以河南"商周驻信"黄淮四市为代表，在农业生产条件具有一定相对优势的情况下，其工业化的发展落后于河南省其他地区，并且，黄淮四市私营企业及企业家的涌现和发展也相对较差。

从传统的农业社会向工业社会转变的过程中，什么样的初始条件才有利于企业家的出现，有利于工业化的起步呢？更优势的农业生产条件是否有利于工业化的启动？抑或更优势的农业生产条件对工业化的启动形成一种抑制？中国改革开放以来的事实所提供的案例似乎给出了相互对立的观点，形成一种"悖论"。

基于上述问题，本书展开了相应的研究。研究的核心在于企业家形成和发展的机制。通过对相关文献的回顾，特别是对"资源诅咒"方面的文献的回顾，本书提出了传统农区企业家形成过程中的一个特定形式的"资源诅咒"——在那些欠发达的平原农区，其工业化起步阶段，局部地区会因其农业生产条件的优势而抑制企业家的形成和发展。通过对河南省18个地市13年的统计资料进行分析，计量的结果未能拒绝本书关于这种特定形式的"资源诅咒"的假说。为进一步给这一假说提供理论上的解释，本书构建了一个欠发达平原农区居民的职业选择模型，以解释何以会出现不同地区互相矛盾的现象。

除了对上述"资源诅咒"问题的讨论（讨论内源型企业家形成机制）之外，本书还以产业转移的视角讨论了外源型企业家的形成和发展机制，以期完整地描述在欠发达平原农区的工业化道路上，企业家的形成和发展机制。具体研究结论如下。

8.1.1 农业生产条件的"资源诅咒"

结论一：在特定历史时期和特定条件下，较好的农业生产条件对企业家的形成具有重要的抑制作用。

本书通过抽取河南18个地级市13年的连续数据，研究了农业生产条件与企业家形成之间的关系。通过计量分析发现："人均耕地"对"私营和个体雇佣的就业人数在总人口中的占比"[①] 具有一个负向的解释作用。在本书的计量模型中，人均耕地是代表农业生产条件的关键变量，这个变量与代表企业家创业活动水平的"私营和个体雇佣的就业人数在总人口中的占比"的反方向关系意味着前者对后者具有抑制作用。这正是本书"资源诅咒"假说在数据上的体现。这种"资源诅咒"简而言之可以被认为是：具有较好农业生产条件的地区，不易形成企业家群体，地区的工业化进程发展较慢；与之相反，农业生产条件相对较差的地区，更易于形成企业家群体，从而有利于启动本地区的工业化进程。这一结论，与传统的发展经济学的一般观点相异。传统观点认为，农业生产条件落后的地区，往往没有太多的生产剩余，不易形成资本积累，工业化的进程会落后于农业生产条件优越的地区。

[①] 这一数据作为代表企业家创业活动的代理变量。由于各地区的个体、私营企业数无法获得统一口径和连续的数据，因此，结合目前国内学者的研究，选取了就业人数为衡量企业家数量的指标。

作为一个理论上的解释，在第四章中构建的职业选择模型指出，较好的农业生产条件意味着从事传统农业生产具有相对较好的收益。这一收益会是创业活动的机会成本。[①] 因此，当居民选择具有风险的创业活动时，需要面对一个较高的机会成本。这个机会成本将会抑制居民的冒险精神。事实上，这一理论上的解释存在坚实的现实基础。就作者在河南省各地的调研和访问来看，许多私营企业主在 20 世纪 90 年代创业，实为生活所迫之下孤注一掷式的冒险。

作为这一结论在现实中的验证，河南省的工业化进程表现出一种奇特的现象：以商丘、周口、驻马店和信阳黄淮四市为代表的那些农业优势地区对农业形成了一种路径依赖；而改革开放之前更为贫穷，地少人多，更少积累的一些贫困地区如长垣等县则在工业化的过程中异军突起。

结论二：农业生产条件对企业家形成与发展呈非线性的影响，其特征表现为一种"U"型曲线。

本书第三章的计量结果同时也显示，由人均耕地所产生的"资源诅咒"现象似乎只发生在一些特定的时段和特定的地区。具体而言，这一现象仅发生在工业化水平十分落后、收入水平低下的欠发达平原农区。也就是说，企业家形成的"资源诅咒"现象，产生的条件是在工业化初期且收入水平较低的传统农区。得到这一结论的主要方法在于本书的计量模型中引入了"人均耕地"的平方项。这一变量最后的回归系数为正且通过了显著性检验。这一计量结果的经济意义在于，农业生产条件对企业家形成和发展的作用可能存在两方面的效果：它一方面可能产生结论一所显示的"资源诅咒"的现象，另一方面则有可能通过其他机制支持企业家的形成和发展。

根据传统的发展经济学理论，农业生产条件较好的地区最易于资本形成。而资本形成则有利于企业家的出现并支持工业化的起步与发展。因此农业生产条件的资本形成机制和机会成本所造成的"资源诅咒"机制都会作用于欠发达传统农区的工业化过程。计量结果显示在初始条件较差的地

[①] 欠发达农业地区的居民在那个时代缺少更多的职业选择。务农成为唯一的退路，其收益即唯一的机会成本。其原因在于工业化起步阶段，欠发达农业地区的各种资源要素缺乏流动的条件，职业选择的有限使得务农收益成为创业活动主要的机会成本。

区，收入水平较低的阶段，"资源诅咒"机制可能占据着主导地位；在初始条件较好的地区，收入水平较高的阶段，资本形成机制则可能占据着主导地位。一旦越过了 U 型曲线的拐点，那么农业生产条件将最终有利于企业家的形成。

在第四章的理论模型中，本书刻画了这两种机制交替作用的机理：它取决于居民的储蓄行为是如何发生的。对于收入水平很差的欠发达地区的居民，消费与储蓄的偏好可被描述为一种类似于拟线性偏好的形式——这一设定与在统计上得到验证的恩格尔曲线相一致。在这种偏好下，储蓄随收入的增加并非表现为一种线性关系，而是当收入越过一定阶段后储蓄快速增加。这也是低收入的欠发达地区储蓄的一个一般化特点。正是这种储蓄的特点导致了在收入低下的阶段，农业生产条件未能表现出对资本形成的正向作用（或者不明显），而一旦越过某个临界点，收入对资本形成的作用即开始表现得明显起来，并最终超越"资源诅咒"的机制。

事实上，这一结论很好地与传统的发展经济学的观点相兼容，同时也可以较好地解释本章此前提及的"悖论"。

8.1.2　农业比较优势陷阱

结论三：农业发展的比较优势可能形成制约经济发展的"陷阱"。

在本书第三章的经验研究中，人均 GDP 被作为一个控制变量引入了回归模型。其回归结果也反映了引入这一控制变量的初衷：其回归系数为正。这反映了经济发展过程中的繁荣周期对企业家的成长、对创业活动具有正向的作用。但更为关键的是，在本书的模型中还引入了另一个与人均 GDP 及人均耕地均有关的变量："历年来各地的平均人均耕地与人均 GDP 增长之间的乘积项"。在本书的模型中，这一项用 *Landm* ∗ *GDP* 来表示。引入这一项的目的在于考察是否存在这么一种机制：经济繁荣周期对不同地区（它们的农业比较优势不同）不同产业的影响是不均衡的。回归结果未能拒绝本书的假说：这一变量的系数是负的。计量结果意味着那些农业比较优势明显的地区，在繁荣周期的上升阶段，投入非农产业的资源比例要低于那些农业缺乏比较优势的地区。

众所周知，在同样的投入下农业的产出水平较低。① 而对于存在农业比较优势的地区，繁荣周期所溢出的产出相对更多地体现在农业方面，这对这些地区的工业化是不利的，也不利于企业家的形成和发展。

造成这种现象可能的原因在于，农业的比较优势从"路径依赖"的意义上发挥着作用，因为农业的低产出效率的特征使我们无法通过一般均衡理论来解释这种现象。尽管农业的产出效率较低，但当繁荣周期的上升阶段使得各个产业都可获得更多资源的时候，农业比较优势的"路径依赖"使得这些资源并未能按照价格机制被配置，从而显示了计量结果所反映的现象。

对于河南省来说，这种"路径依赖"是行为人的自主选择抑或是政府意志关于"粮食安全"战略的体现，本书未曾做更深入的研究。但这一现象却值得深究。

结论四：农业发展的比较优势所形成的制约经济发展的"陷阱"还可能体现在金融方面。

在第三章的经验研究中，与 Landm * GDP 项类似，本书引入了 Landm * Loan 这一变量。这一变量指的是"历年来各地的平均人均耕地与人均商业银行贷款余额之间的乘积项"。其目的在于考察是否"农业比较优势陷阱"也会通过金融渠道产生影响。即金融因素的变化，其对不同地区（它们的农业比较优势不同）不同产业的影响是不均衡的。回归结果未能拒绝本书的假说：这一变量的系数与金融因素的代理变量 Loan② 一样，是反方向的。这同样意味着在那些农业比较优势明显的地区，金融因素对创业活动、对企业家的形成和发展的作用也会受到农业比较优势陷阱的影响。对这一现象的解释依然在于：农业的比较优势从"路径依赖"的意义上发挥着作用，从而造成了对其他行业在资源配置上的"挤出"。

8.1.3 金融因素与创业活动

结论五：民间金融的发展程度对企业家的成长和发展具有正向的

---

① 这个结果存在于一个市场经济体内与一般均衡理论是相冲突的。但我们知道这一结果的成因在于：至今，与农业相关的一些重要生产要素仍旧未能市场化。最主要的原因在于农业用地不能自由地转换为其他用地，并且劳动价格的整合也未完全实现，从而无法通过价格机制有效地配置资源。

② 人均商业银行贷款余额。

作用。

这一结论是通过较为迂回的方式得出的，因此这一结论可能还存在争议。从第三章的计量结果来看，本书注意到一个耐人寻味的事实：在原序列数据中，"人均商业银行贷款余额"对代表创业及企业家发展的代理变量具有一个正向的系数，但这个结果却未能通过显著性检验。这一结果其实较易理解：毕竟来自商业银行系统的贷款很难投向那些个体及私营企业，这是信贷配给的典型现象。因此正规金融体系的活跃程度和发展水平与个体及私营企业的产生和发展（从而代表企业家的形成和发展）关系可能并不显著。但来自一阶差分序列的数据的回归结果却令人颇感意外："人均商业银行贷款余额"的一阶差分，对代表创业及企业家发展的代理变量（一阶差分序列）具有一个负的系数，且通过了10%的显著性检验。我们知道，一阶差分在经济上的含义是两期数据之间的"增量"。如果这个"增量"所表达的含义并非仅指经济体系金融深化程度的加深，而且包含了正规金融对"非正规"的民间金融的挤出的话，那么负的系数就是易于理解的：促进个体及私营企业发展——从而代表了促进企业家的成长和发展——的并非正规金融，而是民间金融。或者至少可以这么认为：如果"挤出"的确存在的话，民间金融比起正规金融更能促进个体及私营企业的发展。

之所以说这个结论可能具有争议，在于本书并无数据去验证正规金融和民间金融之间存在"挤出"现象，无论是从存量意义上来看还是从增量意义上来看，是否存在"挤出"均需要额外的计量研究。上述结论的逻辑起点建立在这种"挤出"是存在的之上，结论不过是这一假说的逻辑延续。

结论六：农业生产条件所导致的"资源诅咒"具有特定的前提，即金融浅化及要素市场整合不足。

本书观察到的农业生产条件的"资源诅咒"现象并非一种常态，它的产生与特定的社会和经济状态有关。在第四章的模型中，本书的解释依赖这样的前提：有限融资能力。在模型中居民的职业选择取决于"创业"和"务农"两种职业的风险及期望收益，务农收益作为"创业"的机会成本而存在。农业生产的微薄收益何以成为一种有影响的机会成本？这源自有限融资能力条件下，创业活动的低回报。因此，模型中所假定的那种"有限融资能力"使得由务农收益所定义的创业的机会成本具有了意义。这样，优势的农业生产条件会导致这个机会成本的上升，从而抑制创业活动的产生。

依据费雪分离定理，投资者的生产决策不应受制于决策者自身的财富状况（或者自有资本），决策的资源投入应当单独地取决于投资项目自身的性质（风险、规模及收益）。但这一切以不存在交易成本、无配给的金融市场为条件。尽管永远不可能存在费雪意义上的金融市场，但一个足够深化、交易成本较低、融资渠道丰富的金融市场可以使投资决策的行为接近费雪分离定理所定义的原则。依据这一理论可以推论，如果不存在"有限融资能力"这一假定，就不可能出现这种特定形式的"资源诅咒"。

另外需要指出的是，之所以在模型中假定了居民的职业选择被局限在"务农"和"创业"两种情况，原因在于刻画了改革开放以来，劳动市场整合不足、市场不完全的状态。但是随着我国市场经济的日益发展，劳动力市场的整合程度越来越高，资本的流动越来越广泛和自由，形成那种特定形式的"资源诅咒"的条件已经不再存在。在这种情况下，区域的工业化和经济发展更重要的决定性因素可能会让位于跨区域的投资、其他要素的投入、产业集聚及技术进步等。

8.1.4 传统农区的外源型工业化

结论七：传统农区的外源型工业化条件下的企业家形成机制相异于内源型工业化条件下的企业家形成机制。

除了依赖本土企业家创业而启动的内源型工业化道路，在近年来中西部地区承接产业转移的宏观大环境下，传统农区也走上了外源型工业化道路。传统农区外源型工业化的输入来源在于中西部传统农区承接产业转移过程中的外来投资。不同于内源型工业化条件下的企业家形成和发展机制——企业家个体职业选择的结果，外源型工业化条件下的企业家形成和发展机制，更多是宏观经济环境影响的结果，外部环境因素是决定外来企业家形成和发展的关键。

8.2 政策建议

8.2.1 深化农村金融体制改革，克服正规金融的信贷配给

前文在对传统农区"资源诅咒"问题的解释中指出："有限融资能力"是这种特定的"资源诅咒"机制的必要条件。因此，克服"有限融资能力"将是破解这种"资源诅咒"，同时也是促进传统农区工业化和经济发展的有效手段。

我国一直缺乏多层次的资本市场，企业融资过多地依赖商业银行系统的贷款。而长期以来一直存在的现实是，我国的商业银行系统对民营企业、小微企业的信贷配给现象十分严重，在欠发达传统农区更是如此。这种金融抑制现象，导致创业者无法获得需要的资金，有限的融资规模限制了创业活动的开展。

新中国成立以来我国工业化的实践道路其实是一条农村补贴城市的发展道路。对于农村金融也不例外。长期以来，国家主导的金融体系使农村金融机构一直承担着向城市转移农村剩余资金的任务。这种农村金融管理体制，使得农村正规金融机构没有为农村经济的发展提供相应的支持，导致农村无法形成有效的资本积累，影响了农村产业结构调整和经济发展。另外，我国农村金融机构金融供给不断下降，20 世纪 90 年代之后，四大国有银行先后撤并了 3 万多家县级及以下分支机构，导致农村现有的金融供给主体中能直接为农民提供金融服务的只有规模实力较差的农村信用社，农村金融供给严重不足。

因此，要促进传统农区经济的发展，创造有利于企业家成长的环境，必须解决传统农区的融资问题，要克服正规金融机构所存在的信贷配给现象。

在我国，信贷配给产生的原因，一方面在于信息不对称所导致的信贷市场不完全，从而无法出清；[①] 另一方面则要归于利率管制。在当前金融

---

① 这一原因是信贷配给现象在理论上的一般原因，并不局限于我国金融市场。

体制改革的大背景下,利率自由化正在加速推进。因此信贷配给现象在未来将会主要地取决于信息不对称所导致的市场不完全。事实上,如果金融机构存在一个对其客户有效的信息甄别机制,那么由信息不对称所导致的信贷配给现象至少可以被限制在一个足够低的水平。

我国现有的商业银行体系并不足以克服信贷配给现象。一方面,与德国、日本等国不同,我国的商业银行系统属分业运营和监管,因此无法像德国或者日本银行那样通过对其客户在股权、人事及管理运行等方面的渗透来得到更为有效的信息,从而克服信息不对称;另一方面,我国缺乏层次足够丰富的资本市场,特别是缺少"社区银行",因此不能像美国①银行体系那样,通过在本地信息方面更有优势的"社区银行"来在一定程度上限制信贷配给现象。

我国金融体制改革的另一个重要方面就在于建立多层次的资本市场,其中具有"社区银行"性质的村镇银行建设将是应有之义。村镇银行的建设将会改变目前农村正规金融机构供给单一的局面。更具意义的一点在于,与传统的大型商业银行相区别,村镇银行业务范围主要在于本地市场,此类银行对开展高风险的小微企业贷款十分重要。正是这种风险识别机制的差别,使得这类金融机构可以较有效地克服信贷配给现象,支持传统农区创业活动的开展和企业家的形成与成长。

8.2.2 发展民间金融,减少金融抑制

正如第四章构建的职业选择模型所刻画的那样:受制于正规金融供给不足,创业者可获得的初始资本往往来源于亲戚、朋友的借贷。从我国金融运行现状来看,农村正规金融之外还存在大量的非正规的民间金融。农村民间金融的存在对于推动农村经济的发展具有重要的作用。因此,政府应积极引导农村民间金融的发展。要承认民间金融的合法地位,对具有一定规模的农村民间金融机构和组织,适当放开准入机制,允许其领取执照,并按照市场经济的规律进行利率管制,允许利率自由浮动,以体现民间金融的市场化特征。在更宽松的政策范围内,鼓励其合法开展业务。另

---

① 尽管程度上存在差别,但美国的银行管理体系相对来说与中国银行监管体系类似,也属分业监管。

外，对于民间信贷活动所形成的相关契约，要给予法律保护，将民间的金融活动纳入正规的制度框架，消除民间金融可能带来的不利影响。

事实上，鼓励和发展非正规的民间金融可以有效地解决融资问题。国外学者 Stigliz 和 Weiss（1981）、Braverman 和 Guasch（1986），国内学者林毅夫、孙希芳（2005）和田秀娟（2009）等就认为，在金融抑制的情况下，民间金融作为正规金融部门的补充，具有信息、担保机制、交易成本、灵活性等方面的优势，能够解决正规金融机构由信息不对称导致的逆向选择和道德风险问题，能有效地满足那些被正规金融机构排斥的民营中小企业的融资需求。在发达国家的金融体系内，同时存在不同监管水平的监管系统。如在美国，既有美联储体系内的会员银行，也有美联储体系之外的其他银行和贷款机构。非正规的民间金融从地下状态转变为受法律保护的地上状态，至少可以使监管机构了解这一市场运行的风险大小和流动性规模。传统的监管机构即使因更宽松的政策，无法更直接地干预民间金融市场，也会因更透明的信息①提高监管效率。

另外，政府可以为民间金融机构提供咨询和开展服务培训，引导民间金融机构的发展，通过借鉴正规金融机构的业务操作，引导民间金融机构提供更多的金融产品，为农民提供更多的投资渠道，在国家监管的框架下发挥民间金融对农村经济的积极影响。

8.2.3　推进要素市场的进一步发展，实现市场整合

正是改革开放之初要素市场整合不足，才使得劳动、资本和企业家局限于本地范围，使得传统农区的发展受制于本地可得的各种资源。实际上，改革开放之后我国要素市场的发展一直落后于商品市场的发展，并且要素市场一直存在严重的扭曲。盛誉（2005）对全国各地区的研究发现，越是欠发达地区，要素市场的扭曲程度越高。我国要素市场流动性差，政府管制干预多的发展状况，导致整个要素资源没有有效地按市场机制实现自由流动和合理配置。因此，破解传统农区及欠发达地区的"资源诅咒"，

---

① 监管机构无法了解地下状态的民间金融市场的风险大小，因其无法知道这一市场的利率水平、市场规模大小、融资杠杆率的高低等。但对于地上状态的民间金融市场，监管机构即使不能直接干预上述指标，也会受益于这些信息，从而可以更有针对性地在货币市场进行操作以实现因势利导式的干预。

政府应创造有利于企业家成长和发展的环境，进一步加快要素市场改革，实现市场整合。国家应打破某些要素资源的垄断经营，取消对某些要素的市场管制，要逐渐放开户籍管理，打破城乡区隔，为劳动力要素的自由流动提供制度保障。另外，国家应明确农地等生产要素的产权，推动农村土地制度改革，改变目前农民土地的荒芜和细碎化经营的状况。通过建立健全农村土地市场，实现农村要素资源的优化配置，使土地等要素资源按照市场机制的交易原则进行配置，避免政府垄断而产生的寻租和资源浪费现象。另外，对欠发达的传统农区而言，整合区域优势资源的同时，要以市场为导向，推动劳动力、能源等资源在全国市场的自由流动，同时，加强交通、通信、公用设施等硬件基础环境的建设，吸引区域所缺乏的资本、技术等要素资源的流入，构建区域经济发展的良好基础。

8.2.4 强化优势产业的发展，构建产业发展的平台和基础

传统农区在开启工业化的进程中，由于区域之间资源禀赋的差异，以及区位、传统等因素的影响，产业选择会出现差异。不同地区产业发展的路径依赖会形成各地的优势产业，如漯河的食品加工业、许昌的发制品业。随着全国市场的整合及全国范围产业转移趋势的出现，具有产业发展基础的地区会率先吸引外来企业家的投资落户。因此，传统农区工业化发展的进程中，要想借力外部宏观环境的发展机会，走上内源型工业化和外源型工业化并举的发展道路，必须充分发挥自身的比较优势，强化地区优势产业。要通过龙头企业的带动作用，实现产业上下游的纵向延伸和横向发展，通过分工，建立和发展产业链的相关配套企业。通过强化自身优势，在中西部欠发达地区形成突出的比较优势，才能形成产业集聚的外部基础，有效吸引外部投资，为外来企业家在传统农区的发展创造外部平台。

8.3 未来展望

本研究形成了一些有意义的结论。但需要注意的是，这些结论与本书特定的研究对象紧密地联系在一起。本书的工作基于特定历史时期的经济环境，对于研究转轨时期经济的意义要远大于研究更一般化的经济增长问

题。考虑到转轨时期的特定经济环境不可能构成一个足够长的时间序列，因而最终的回归系数的 T 统计量不可能达到更为苛刻的标准。事实上，本书的差分序列数据仅在 10% 的显著性水平上通过检验。因而未来的研究者对本书的结论应持有谨慎的态度。

此外，本书讨论的是传统农区企业家的形成机制及工业化问题。研究对象则局限于河南省——书中所涉及的数据是河南 18 个地市的面板数据。在本书第四章的分析中，模型的刻画要求了一些相对苛刻的假设。这些假设与河南省的某些现实相一致，但并不保证与其他的类似研究所涉及的研究对象一致。未来的研究者若想得到更为一般化的结论，应充分考虑研究对象所处的经济环境的影响，否则会损害研究的解释力。河南是传统农区的典型代表，但是传统农区所包含的地域不仅是河南。在我国除了河南之外，中部诸省相当部分地区、东北三省部分地区和西部的广大地区乃至东部的一部分地区依然存在欠发达的传统农区。这些区域差异化明显，因此本书的结论是否能适用于其他传统农区，是否能作为一般性理论解释其他区域的事实，还需要进行深入研究。

正是基于以上的考虑，未来的研究可以考虑从以下几个方面着手。

（1）未来的研究者可将此研究扩展至更为广泛的地区，而不仅局限于传统农区。对传统农区工业化过程中企业家的形成机制的研究，可采用县域统计数据来进行，并可将数据的样本扩展到全国多个地区。事实上，通过这一改进，甚至可以不再使用面板数据而直接使用截面数据即有可能得到有价值的成果。

（2）经验研究的另一个继续的方向是扩展时间序列的长度，但在这一过程中必须考虑其他一些变量的影响。初步考虑可能有以下问题不能忽略。

制度和文化的影响因素。它们在较长的时段内会随着时间的变化而具有变量的性质；但引入制度和文化变量将比较困难，我们很难找到质量足够好的代理变量，甚至也很难找到具有解释力的虚拟变量。

跨区域生产要素的流动问题。特别是在 2008 年的全球金融危机之后，跨省域的大规模的产业转移在我国开始出现，生产要素的市场整合程度进一步得到加深。在这一背景下继续以一个相对封闭经济的假设来看待工业化及企业家的形成将十分不合适。但是要解释生产要素的跨区域流动问题并不容易，如何控制这一系列变量将会是一个十分困难的问题。它不仅要求扩展相关的统计数据，[①] 而且要求在理论上进一步厘清其中的关系。

（3）本书计量研究中得出了几个有趣的结论，若想将这些结论在更为一般化的意义上推广，需要进一步的经验研究的检验。主要包括以下两个方面：其一，关于"农业比较优势陷阱"的结论，需要设计专门的计量模型再去重新印证；其二，关于民间金融与正规金融在发展速度上可能存在替代效应，或者"挤出"效应，同样需要更正式的计量模型去检验，同时，也需要在理论上给出解释。

（4）本书通过一个职业选择模型，解释了传统农区资源禀赋约束条件下的个体选择导致的企业家生成和发展的机制。如果未来的研究者能够在放松相关假设的情况下得到更一般化的发展，那么将会进一步增强这一模型的解释力。

（5）职业选择模型的动态化。本书的研究无意涉足长期的经济增长，但是对于有意涉足这一领域的研究者来说，将这一模型建立在动态一般均衡的基础上，或许会得到一些有价值的研究成果。毕竟企业家的生成和发展机制对经济增长的影响也是一个颇具吸引力的研究方向。

事实上，对本书的进一步发展可以是多方面的，本书仅能提出一些粗浅的认识，有待后继的研究者进一步发现。

---

① 对于跨国界的研究可能相对容易——比如资本、人员甚至技术交易额都可以在海关统计中得到，但在跨区域的研究中这些数据的获得都极其困难。

附　录

创业活动的最优概率与创业活动收益期望值之间的比较静态分析

$$f(p_e^*, r_f) = \sigma_e \frac{\partial u}{\partial(p_e^*(r_e - r_f) + r_f)} - (r_e - r_f)\frac{\partial u}{\partial(p_e^* \sigma_e)}$$

根据隐函数定理可以知道：

$$\frac{dp_e^*}{dr_e} = -\frac{\partial f/\partial p_e^*}{\partial f/\partial r_e}$$

求出函数 f 对 p_e^* 的偏导数：

$$\frac{\partial f}{\partial p_e^*} = \sigma_e(r_e - r_f)(u_{11} - u_{22})$$

求出函数 f 对 r_f 的偏导数：

$$\frac{\partial f}{\partial r_e} = -\sigma_e u_{11} p_e^* - u_2$$

根据文中假设，有 $\frac{\partial f}{\partial r_f} > 0$。

代入后得：

$$\frac{dp_e^*}{dr_e} = -\frac{\sigma_e(r_e - r_f)(u_{11} - u_{22})}{-\sigma_e u_{11} p_e^* - u_2} > 0$$

参考文献

[1] 阿尔弗雷德·马歇尔：《经济学原理》，朱志泰、陈良璧译，商务印书馆，1997。

[2] 白晓燕、李锋：《农村金融体系的重构：从金融抑制理论的视角考察》，《生产力研究》2004 年第 5 期，第 46～48 页。

[3] 边燕杰、丘海雄：《企业的社会资本及其功效》，《中国社会科学》2000 年第 2 期，第 87～99、207 页。

[4] 蔡宁、刘志勇：《企业家成长环境理论及其启示》，《外国经济与管理》2003 年第 10 期，第 2～7 页。

[5] 陈伯军：《从我国农村供给型金融抑制看我国农村民间金融的发展》，博士学位论文，中南大学，2006。

[6] 陈建军：《中国现阶段产业区域转移的实证研究——结合浙江 105 家企业的问卷调查报告的分析》，《管理世界》2002 年第 6 期，第 64～74 页。

[7] 陈立泰等：《企业家精神与区域经济增长》，《重庆大学学报》（社会科学版）2011 年第 3 期，第 23～29 页。

[8] 陈威、张磊：《企业家精神对中国经济增长影响的动态研究》，《安徽工业大学学报》（社会科学版）2011 年第 2 期，第 20～23 页。

[9] 池本正纯：《企业家的秘密》，姜晓民、李成起译，辽宁人民出版社，1985。

[10] 戴宏伟：《产业转移研究有关争议及评论》，《中国经济问题》2008 年第 3 期，第 3～9 页。

[11] 戴玲：《企业家成长环境的内生性分析》，《经济理论与经济管理》2005 年第 11 期，第 58～60 页。

［12］邓宏图：《转轨期中国制度变迁的演进论解释——以民营经济的演化过程为例》，《中国社会科学》2004 年第 5 期，第 130～140 页。

［13］丁栋虹、赵荔：《企业家精神的三大要素：创新、机会识别和冒险——来自企业家排行榜的证据》，《上海管理科学》2009 年第 3 期，第 93～97 页。

［14］丁栋虹：《企业家、企业家成长与异质资本》，《学习与探索》1998 年第 3 期，第 25～26 页。

［15］丁菊红、邓可斌：《政府干预、自然资源与经济增长：基于中国地区层面的研究》，《中国工业经济》2007 年第 7 期，第 56～64 页。

［16］董晓林：《我国农村经济发展中的金融支持研究》，博士学位论文，南京农业大学，2005。

［17］樊纲、王小鲁：《中国市场化指数：各地区市场化进程 2011 年报告》，经济科学出版社，2011。

［18］方竹兰：《人力资本所有者拥有企业所有权是一个趋势——兼与张维迎博士商榷》，《经济研究》1997 年第 6 期，第 36～40 页。

［19］富兰克·奈特：《风险、不确定性与利润》，安佳译，商务印书馆，2010。

［20］高波：《文化、文化资本与企业家精神的区域差异》，《南京大学学报》（哲学·人文科学·社会科学版）2007 年第 5 期，第 39～47、143 页。

［21］高帆：《我国农村中的需求型金融抑制及其解除》，《中国农村经济》2002 年第 12 期，第 68～72 页。

［22］高同彪：《基于市场化程度视角的中国民营企业创业的区域性差异研究》，《社会科学战线》2014 年第 4 期，第 246～248 页。

［23］耿明斋：《平原农业区工业化道路研究》，《南开经济研究》1996 年第 4 期，第 3～9 页。

［24］耿明斋：《欠发达平原农业区工业化若干问题研究》，《中州学刊》2004 年第 1 期，第 13～16 页。

［25］郭斌、刘曼路：《民间金融与中小企业发展：对温州的实证分析》，《经济研究》2002 年第 10 期，第 40～46 页。

［26］郭克莎：《外商直接投资对我国产业结构的影响研究》，《管理世界》2000 年第 2 期，第 34～45 页。

[27] 郭熙保:《农业剩余劳动问题探讨》,《经济学家》1995 年第 3 期, 第 63~69 页。

[28] 哈勒根、张军:《转轨国家的初始条件,改革速度与经济增长》,《经济研究》1999 年第 10 期,第 69~74 页。

[29] 韩俊等:《中国农村金融调查》,中国金融出版社,2007。

[30] 韩亚芬等:《资源经济贡献与发展诅咒的互逆关系研究——中国 31 个省区能源开发利用与经济增长关系的实证分析》,《资源科学》2007 年第 6 期,第 188~193 页。

[31] 何广文:《从农村居民资金借贷行为看农村金融抑制与金融深化》,《中国农村经济》1999 年第 10 期,第 42~48 页。

[32] 何景熙:《不充分就业及其社会影响——成都平原及周边地区农村劳动力利用研究》,《中国社会科学》1999 年第 2 期,第 34~50 页。

[33] 何予平:《企业家精神与中国经济增长——基于 C-D 生产函数的实证研究》,《当代财经》2006 年第 7 期,第 95~100、104 页。

[34] 贺小刚、李新春:《企业家能力与企业成长:基于中国经验的实证研究》,《经济研究》2005 年第 10 期,第 101~111 页。

[35] 侯风云:《中国农村人力资本收益率研究》,《经济研究》2004 年第 12 期,第 75~84 页。

[36] 胡援成、肖德勇:《经济发展门槛与自然资源诅咒——基于我国省际层面的面板数据实证研究》,《管理世界》2007 年第 4 期,第 15~23、171 页。

[37] 江三良、王淼:《制度创新与企业家角色成长》,《生产力研究》2004 年第 5 期,第 86~87 页。

[38] 解维敏:《制度环境对企业家创新精神影响的实证研究》,《海派经济学》2013 年第 3 期,第 109~119 页。

[39] 孔荣等:《信任、内疚与农户借贷选择的实证分析——基于甘肃、河南、陕西三省的问卷调查》,《中国农村经济》2009 年第 11 期,第 50~59 页。

[40] 李博、闫存岩:《中国企业家成长模式分析——基于企业家资本角度》,《经济问题》2006 年第 5 期,第 43~45 页。

[41] 李成贵等:《中国农村工业化理论研究评述》,《中国农村观察》

2002 年第 6 期，第 34～45、80～81 页。

[42] 李宏彬等：《企业家的创业与创新精神对中国经济增长的影响》，《经济研究》2009 年第 10 期，第 99～108 页。

[43] 李磊等：《金融发展、职业选择与企业家精神——来自微观调查的证据》，《金融研究》2014 年第 6 期，第 193～206 页。

[44] 李锐、朱喜：《农户金融抑制及其福利损失的计量分析》，《经济研究》2007 年第 2 期，第 146～155 页。

[45] 李晓敏：《制度质量与企业家活动配置——对鲍莫尔理论的经验检验》，《中南财经政法大学学报》2011 年第 1 期，第 135～140 页。

[46] 李新春等：《公司治理与企业家精神》，《经济研究》2006 年第 2 期，第 57～68 页。

[47] 李杏：《企业家精神对中国经济增长的作用研究——基于 SYS－GMM 的实证研究》，《科研管理》2011 年第 1 期，第 97～104 页。

[48] 李学鑫、苗长虹：《城市群经济的性质与来源》，《城市问题》2010 年第 10 期，第 16～22 页。

[49] 李燕燕、耿明斋：《工业化与农地产权制度演进的方向》，《经济学动态》2009 年第 6 期，第 67～70 页。

[50] 理查德·坎蒂隆：《商业性质概论》，余永定、徐寿冠译，商务印书馆，1986。

[51] 林新奇：《中国企业家成长的文化生态研究》，《中国人民大学学报》2007 年第 5 期，第 85～90 页。

[52] 林毅夫、孙希芳：《信息、非正规金融与中小企业融资》，《经济研究》2005 年第 7 期，第 35～44 页。

[53] 林毅夫：《再论制度、技术与中国农业发展》，北京大学出版社，2000。

[54] 刘红光等：《中国区域间产业转移特征、机理与模式研究》，《经济地理》2014 年第 1 期，第 102～107 页。

[55] 刘力、张健：《珠三角企业迁移调查与区域产业转移效应分析》，《国际经贸探索》2008 年第 10 期，第 74～79 页。

[56] 刘丽敏：《中国农村居民储蓄行为研究》，博士学位论文，中国农业大学，2004。

[57] 刘亮：《企业家精神与区域经济增长》，博士学位论文，复旦大

学，2008。

[58] 刘民权、徐忠：《农村信用社改革和政府的职能》，《经济学》（季刊）2003 年第 2 期，第 555～572 页。

[59] 刘锡良：《我们应如何解除农村金融抑制》，《中国金融》2006 年第 14 期，第 71 页。

[60] 刘雪斌、黄春梅：《我国欠发达地区民营企业家成长环境研究》，《南昌大学学报》（人文社会科学版）2005 年第 6 期，第 58～61 页。

[61] 刘祚祥：《农户的逆向淘汰、需求型金融抑制与我国农村金融发展》，《经济问题探索》2007 年第 4 期，第 134～138 页。

[62] 卢根鑫：《国际产业转移论》，上海人民出版社，1997。

[63] 鲁兴启、王琴：《企业家精神与当代经济增长》，《商业研究》2006 年第 2 期，第 18～21 页。

[64] 吕爱权、林战平：《论企业家精神的内涵及其培育》，《商业研究》2006 年第 7 期，第 92～95 页。

[65] 吕福新：《新经济时代对企业家的挑战》，《国家行政学院学报》2001 年第 6 期，第 54～56、64 页。

[66] 栾贵勤、孙成龙：《资源诅咒对资源匮乏地区的影响及作用机制——以山西为例》，《经济问题》2010 年第 9 期，第 123～126、129 页。

[67] 罗建华、邱先裕：《国际产业转移与中国区域经济的发展》，《山西科技》2005 年第 1 期，第 8～10 页。

[68] 罗军：《传统平原农业区产业集群形成与演化机制研究》，博士学位论文，河南大学，2008。

[69] 罗纳德·科斯等：《财产权利与制度变迁》，刘守英译，上海三联书店，1994。

[70] 马光荣、杨恩艳：《社会网络、非正规金融与创业》，《经济研究》2011 年第 3 期，第 83～94 页。

[71] 马晓河、蓝海涛：《当前我国农村金融面临的困境与改革思路》，《中国金融》2003 年第 11 期，第 11～13 页。

[72] 那洪生、周庆海：《对我国农村金融抑制问题的研究》，《黑龙江金融》2004 年第 1 期，第 11～13 页。

[73] 农业部农村合作基金会办公室：《1992 年全国农村合作基金会发展

迅速作用愈显》，《农村经营管理》1993 年第 7 期，第 9 页。

[74] 欧阳志刚：《外商直接投资及其对经济增长的贡献》，《财经科学》
2004 年第 6 期，第 83 ~ 86 页。

[75] 庞长伟、李垣：《制度转型环境下的中国企业家精神研究》，《管理学
报》2011 年第 10 期，第 1438 ~ 1443 页。

[76] 平新乔、张海洋：《农民金融约束的形成原因探究》，《经济学动态》
2012 年第 4 期，第 10 ~ 14 页。

[77] 乔海曙：《农村经济发展中的金融约束及解除》，《农业经济问题》
2001 年第 3 期，第 19 ~ 23 页。

[78] 秦剑、王迎军：《创业、企业家与经济增长》，《上海商学院学报》
2008 年第 6 期，第 33 ~ 37 页。

[79] 让·巴蒂斯特·萨伊：《政治经济学概论：财富的生产、分配和消
费》，陈福生、陈振骅译，商务印书馆，2009。

[80] 阮德信：《制度变迁与企业家成长》，《社会科学研究》2003 年第 1
期，第 103 ~ 106 页。

[81] 邵传林：《法律制度效率、地区腐败与企业家精神》，《上海财经大学
学报》2014 年第 5 期，第 48 ~ 57 页。

[82] 邵传林：《制度环境、产权性质与企业家创新精神——来自中国工业
企业的经验证据》，《证券市场导报》2015 年第 3 期，第 20 ~ 25 页。

[83] 邵帅、齐中英：《西部地区的能源开发与经济增长——基于资源诅咒
假说的实证分析》，《经济研究》2008 年第 4 期，第 147 ~ 160 页。

[84] 申茂向等：《中国农村工业化及其环境与趋势分析》，《中国软科学》
2005 年第 10 期，第 33 ~ 41 页。

[85] 沈坤荣：《外国直接投资与中国经济增长》，《管理世界》1999 年第 5
期，第 22 ~ 33 页。

[86] 盛勇炜：《城市性还是农村性：农村信用社的运行特征和改革的理性
选择》，《金融研究》2001 年第 5 期，第 119 ~ 127 页。

[87] 盛誉：《贸易自由化与中国要素市场扭曲的测定》，《世界经济》
2005 年第 6 期，第 29 ~ 36 页。

[88] 石秀印：《中国企业家成功的社会网络基础》，《管理世界》1998 年
第 6 期，第 187 ~ 196、208 页。

[89] 史晋川等:《市场深化中民间金融业的兴起》,《经济研究》1997 年第 12 期,第 25~31 页。

[90] 斯韦托扎尔·平乔维奇:《产权经济学——一种关于比较体制的理论》,蒋琳琦译,经济科学出版社,1999。

[91] 宋洪远、赵长保:《国民经济结构变革与农村产业结构调整》,《农业经济问题》2002 年第 12 期,第 10~19 页。

[92] 宋伟:《传统农区工业化过程中的企业空间演变秩序》,博士学位论文,河南大学,2009。

[93] 苏华等:《中国各区域产业承接能力的评价》,《统计与决策》2011 年第 5 期,第 41~43 页。

[94] 速水佑次郎、神门善久:《农业经济论》,沈金虎等译,中国农业出版社,2003。

[95] 孙大超、司明:《自然资源丰裕度与中国区域经济增长——对资源诅咒假说的质疑》,《中南财经政法大学学报》2012 年第 1 期,第 84~89、144 页。

[96] 孙华平:《产业转移背景下产业集群升级问题研究》,博士学位论文,浙江大学,2011。

[97] 孙学敏、赵昕:《经济不发达地区农户借贷行为的调查研究》,《农村经济》2007 年第 8 期,第 61~64 页。

[98] 唐丁祥、王艳辉:《企业家成长与外部环境的动态演化分析》,《华东经济管理》2011 年第 2 期,第 106~108 页。

[99] 唐琦玉:《传统文化对当代企业家成长的作用探析》,《新东方》2004 年第 5 期,第 45~48 页。

[100] 田秀娟:《我国农村中小企业融资渠道选择的实证研究》,《金融研究》2009 年第 7 期,第 146~160 页。

[101] 汪丁丁:《企业文化的三个层次》,《中国工商》2000 年第 12 期,第 55 页。

[102] 汪艳:《中国企业家成长环境的若干思考》,《华东经济管理》2005 年第 10 期,第 45~47 页。

[103] 王安全:《公司企业家精神与公司经营业绩关系研究》,博士学位论文,浙江大学,2002。

[104] 王彬：《农村金融抑制及制度创新——基于供需视角下的分析》，《河南社会科学》2008 年第 4 期，第 62 ~ 65 页。

[105] 王诚：《增长方式转型中的企业家及其生成机制》，《经济研究》1999 年第 5 期，第 75 ~ 81 页。

[106] 王红玲：《对一个农业制度变迁模型的再探讨》，《经济研究》1997 年第 10 期，第 70 ~ 73 页。

[107] 王理：《制度转型与传统平原农业区工业化路径研究》，博士学位论文，河南大学，2008。

[108] 王忠平、王怀宇：《区际产业转移形成的动力研究》，《大连理工大学学报》（社会科学版）2007 年第 1 期，第 22 ~ 26 页。

[109] 魏后凯：《加入 WTO 后中国外商投资区位变化及中西部地区吸引外资前景》，《管理世界》2003 年第 7 期，第 67 ~ 75 页。

[110] 魏后凯、陈耀：《中国西部工业化与软环境建设》，中国财政经济出版社，2003。

[111] 吴要武：《产业转移的潜在收益估算——一个劳动力成本视角》，《经济学》（季刊）2013 年第 4 期，第 373 ~ 398 页。

[112] 武蔷薇：《我国农村金融区域非均衡发展的评价及影响》，博士学位论文，中南大学，2010。

[113] 西奥多·舒尔茨：《改造传统农业》，梁小民译，商务印书馆，1987。

[114] 夏积智：《关于农村劳动力转移问题的若干思考》，《中国劳动科学》1996 年第 6 期，第 14 ~ 20 页。

[115] 徐康宁、韩剑：《中国区域经济的资源诅咒效应：地区差距的另一种解释》，《经济学家》2005 年第 6 期，第 97 ~ 103 页。

[116] 徐康宁、王剑：《自然资源丰裕程度与经济发展水平关系的研究》，《经济研究》2006 年第 1 期，第 78 ~ 89 页。

[117] 徐盈之、胡永舜：《内蒙古经济增长与资源优势的关系——基于资源诅咒假说的实证分析》，《资源科学》2010 年第 12 期，第 2391 ~ 2399 页。

[118] 徐志坚：《创新利润与企业家无形资产》，《经济研究》1997 年第 8 期，第 48 ~ 51 页。

[119] 徐志明、张建良：《乡镇企业资金的高速增长及效益下滑：江苏省

苏州市乡镇企业的实证分析》，《中国农村经济》1997年第3期，第51~58页。

[120] 杨朝辉：《企业家精神背后的伦理与制度》，《企业管理》2015年第4期，第29~33页。

[121] 杨成钢：《谈农业劳动力过剩问题》，《人口研究》1983年第5期，第22~25页。

[122] 杨虹：《如何培育企业家精神》，《经贸导刊》2001年第10期，第58~59页。

[123] 杨建君、陈波：《影响企业家能力的若干因素分析》，《中国工业经济》2001年第4期，第64~68页。

[124] 杨瑞龙、周业安：《一个关于企业所有权安排的规范性分析框架及其理论含义——兼评张维迎、周其仁及崔之元的一些观点》，《经济研究》1997年第1期，第12~22页。

[125] 杨勇：《从沪商到新沪商——基于制度视角的企业家精神与社会网络的融合提升》，《华东师范大学学报》（哲学社会科学版）2011年第2期，第65~73页。

[126] 杨宇、郑垂勇：《企业家精神对经济增长作用的实证研究》，《生产力研究》2008年第18期，第11~13、35、167页。

[127] 姚会元：《中国模式的市场经济体制改革进程与市场经济发育水平》，《中南财经政法大学学报》2005年第3期，第11~17、60~142页。

[128] 姚文英：《新疆资源诅咒效应验证分析》，《新疆农业大学学报》2009年第4期，第90~94页。

[129] 姚耀军：《转型中的我国农村金融发展研究》，博士学位论文，浙江大学，2005。

[130] 叶勤：《企业家精神的兴起对美国经济增长的促进作用及其启示》，《外国经济与管理》2000年第10期，第16~20页。

[131] 叶兴庆：《农业生产结构：变化过程与政策启示》，《中国农村经济》1998年第6期，第9~16页。

[132] 袁红林、蒋含明：《中国企业家创业精神的影响因素分析——基于省级面板数据的实证研究》，《当代财经》2013年第8期，第65~

75 页。

[133] 袁志刚、胡书东：《中国农村剩余劳动力转移和区域经济发展》，《浙江社会科学》1996 年第 5 期，第 35～39 页。

[134] 约瑟夫·熊彼特：《经济发展理论》，何畏等译，商务印书馆，1991。

[135] 张菲菲等：《中国区域经济与资源丰度相关性研究》，《中国人口·资源与环境》2007 年第 4 期，第 19～24 页。

[136] 张军：《话说企业家精神、金融制度与制度创新》，上海人民出版社，2001。

[137] 张胜荣：《看不见的资源与现代企业制度》，《经济研究》1995 年第 10 期，第 41～47 页。

[138] 张维迎：《企业的企业家：契约理论》，上海人民出版社，1995。

[139] 张维迎：《所有制、治理结构及委托—代理关系——兼评崔之元和周其仁的一些观点》，《经济研究》1996 年第 9 期，第 3～15 页。

[140] 张小蒂、王永齐：《融资成本、企业家形成与内生产业集聚》，《世界经济》2009 年第 9 期，第 15～26 页。

[141] 张晓峰：《传统文化与企业家精神》，《南京财经大学学报》2004 年第 3 期，第 41～45 页。

[142] 张新刚：《WTO 与中国工业的发展对策》，《求实》2003 年第 1 期，第 152～153 页。

[143] 张晔：《政府干预、经济自由与企业家精神》，《南京大学学报》（哲学·人文科学·社会科学版）2005 年第 2 期，第 88～96 页。

[144] 赵卫亚：《中国农村居民消费结构的变迁》，《中国农村经济》1999 年第 9 期，第 14～18 页。

[145] 郑长德：《自然资源的诅咒与西部地区的经济发展》，《西南民族大学学报》（自然科学版）2006 年第 6 期，第 1248～1256 页。

[146] 郑江淮、袁国良：《非均衡经济中的企业家行为——论舒尔茨的企业家理论》，《中国人民大学学报》1998 年第 2 期，第 15～19 页。

[147] 钟甫宁：《对我国农村剩余劳动力数量的估计》，《农业经济问题》1995 年第 9 期，第 18～19 页。

[148] 钟笑寒、汤荔：《信息模型：农村金融机构收缩影响的有效解释》，《中国金融家》2004 年第 1 期，第 29 页。

[149] 周其仁：《市场里的企业：一个人力资本与非人力资本的特别合约》，《经济研究》1996 年第 6 期，第 71 ~ 80 页。

[150] 周亚雄、王必达：《我国西部欠发达地区资源依赖型经济的资源诅咒分析——以甘肃省为例》，《干旱区资源与环境》2011 年第 1 期，第 25 ~ 29 页。

[151] 周艳玲：《民营企业家社会资本生成的本土化路径》，《中国特色社会主义研究》2011 年第 3 期，第 75 ~ 78 页。

[152] 周正庆：《深化金融改革促进经济发展》，中国金融出版社，2004。

[153] 庄晋财、吴碧波：《西部地区产业链整合的承接产业转移模式研究》，《求索》2008 年第 10 期，第 5 ~ 8 页。

[154] 庄子银：《南方模仿、企业家精神和长期增长》，《经济研究》2003 年第 1 期，第 62 ~ 70、94 页。

[155] 庄子银：《企业家精神、持续技术创新和长期经济增长的微观机制》，《世界经济》2005 年第 12 期，第 32 ~ 43、80 页。

[156] Acs, Zoltan J., and David B. Audretsch, "Innovation in Large and Small Firms: An Empirical Analysis," *The American Economic Review* 78. 4 (1988): 678 – 690.

[157] Ahlin, C., and N. Jiang, "Can Micro – credit Bring Development?" *Journal of Development Economics* 86. 1 (2008): 1 – 21.

[158] Aidis, R., S. Estrin, and T. M. Mickiewicz, "Size Matters: Entrepreneurial Entry and Government," *Small Business Economics* 39. 1 (2012): 119 – 139.

[159] Akamatsu, K., "A Historical Pattern of Economic Growth in Developing Countries," *The Developing Economies* 1. s1 (1962): 3 – 25.

[160] Aldrich, Howard E., and Gabriele Wiedenmayer, "From Traits to Rates: An Ecological Perspective on Organizational Foundings," *Advances in Entrepreneurship, Firm Emergence, and Growth* 1. 3 (1993): 145 – 196.

[161] Alsos, G. A., and L. Kolvereid, "The Business Gestation Process of Novice, Serial, and Parallel Business Founders," *Entrepreneurship Theory and Practice* 22. 4 (1998): 101 – 114.

[162] Amit, R. , E. Muller, and I. Cockburn, "Opportunity Costs and Entrepreneurial Activity," *Journal of Business Venturing* 10. 2 (1995): 95 – 106.

[163] Antoncic, Bostjan, and Robert D. Hisrich, "Intrapreneurship: Construct Refinement and Cross – cultural Validation," *Journal of Business Venturing* 16. 5 (2001): 495 – 527.

[164] Appelbaum, E. , and E. Katz, "Measures of Risk Aversion and Comparative Statics of Industry Equilibrium," *American Economic Review* 76. 3 (1986): 524 – 29.

[165] Audretsch, David B. , and A. Roy Thurik, "Capitalism and Democracy in the 21st Century: From the Managed to the Entrepreneurial Economy," *Journal of Evolutionary Economics* 10. 1 – 2 (2000): 17 – 34.

[166] Audretsch, David B. , and A. Roy Thurik, "What's New about the New Economy? Sources of Growth in the Managed and Entrepreneurial Economies," *Industrial and Corporate Change* 10. 1 (2001): 267 – 315.

[167] Auty, R. , *Sustaining Development in Mineral Economies: The Resource Curse Thesis* (Abingdon, Oxfordshire: Routledge, 1993) .

[168] Banerjee, A. V. , and A. F. Newman, "Occupational Choice and the Process of Development," *Journal of Political Economy* 101. 2 (1993): 274 – 298.

[169] Barney, J. , "Firm Resources and Sustained Competitive Advantage," *Journal of Management* 17. 1 (1991): 99 – 120.

[170] Barry, P. J. , R. W. Bierlen, and N. L. Sotomayor, "Financial Structure of Farm Businesses under Imperfect Capital Markets," *American Journal of Agricultural Economics* 82. 4 (2000): 920 – 933.

[171] Bates, T. , "Self – employment Entry across Industry Groups," *Journal of Business Venturing* 10. 2 (1995): 143 – 156.

[172] Batstone, S. , *Births, Deaths and Turbulence in England and Wales* (Coventry, Warwickshire: University of Warwick Press, 1993) .

[173] Baumol, William J. "Entrepreneurship: Productive, Unproductive, and Destructive," *Journal of Political Economy* 98. 5 Part 1 (1990): 893 – 921.

[174] Baumol, W. J. , "Entrepreneurship in Economic Theory," *The Ameri-*

can Economic Review 58. 2（1968）：64 – 71.

［175］ Baumol, W. J. , "Entrepreneurship：Productive, Unproductive, and Destructive," *Journal of Business Venturing* 11. 1（1996）：3 – 22.

［176］ Baumol, W. J. , "Formal Entrepreneurship Theory in Economics：Existence and Bounds," *Journal of Business Venturing* 8. 3（1993）：197 – 210.

［177］ Bhattacharyya, A. , and S. C. Kumbhakar, "Market Imperfections and Output Loss in the Presence of Expenditure Constraint：A Generalized Shadow Price Approach," *American Journal of Agricultural Economics* 79. 3（1997）：860 – 871.

［178］ Bianchi, Milo, "Credit Constraints, Entrepreneurial Talent, and Economic Development," *Small Business Economics* 34. 1（2010）：93 – 104.

［179］ Bianchi, M. , "Financial Development, Entrepreneurship, and Job Satisfaction," *Review of Economics and Statistics* 94. 1（2012）：273 – 286.

［180］ Birley, S. , "The Role of Networks in the Entrepreneurial Process," *Journal of Business Venturing* 1. 1（1985）：107 – 117.

［181］ Black, S. E. , and P. E. Strahan, "Entrepreneurship and Bank Credit Availability," *The Journal of Finance* 57. 6（2002）：2807 – 2833.

［182］ Borensztein, E. , J. De Gregorio, and J. W. Lee, "How Does Foreign Direct Investment Affect Economic Growth？" *Journal of International Economics* 45. 1（1998）：115 – 135.

［183］ Braverman, Avishay, and J. L. Guasch, "Rural Credit Markets and Institutions in Developing Countries：Lessons for Policy Analysis from Practice and Modern Theory," *World Development* 14. 10（1986）：1253 – 1267.

［184］ Brockhaus, Robert H. , "Risk Taking Propensity of Entrepreneurs," *Academy of Management Journal* 23. 3（1980）：509 – 520.

［185］ Brown, Terrence Edison, and Bruce A. Kirchhoff, "The Effects of Resource Availability and Entrepreneurial Orientation on Firm Growth," In P. D. Reynolds, Eds. , *Frontiers of Entrepreneurship Research*（Wellesley, MA：Babson College, 1997）, 32 – 46.

［186］ Bruno, A. V. , and T. T. Tyebjee, "The Environment for Entrepreneurship," *Encyclopedia of Entrepreneurship* 2. 4（1982）：288 – 315.

［187］ Buckley, P. J., and M. C. Casson, "Analyzing Foreign Market Entry Strategies: Extending the Internalization Approach," *Journal of International Business Studies* 29. 3 (1998): 539 – 561.

［188］ Burgess, R., and A. Venables, *Towards a Microeconomics of Growth* (Washington DC: World Bank Publications, 2004).

［189］ Busenitz, L. W., C. Gomez, and J. W. Spencer, "Country Institutional Profiles: Unlocking Entrepreneurial Phenomena," *Academy of Management Journal* 43. 5 (2000): 994 – 1003.

［190］ Buttner, E. Holly, and Nur Gryskiewicz, "Entrepreneurs' Problem – solving Styles: An Empirical Study Using the Kirton Adaption/Innovation Theory," *Journal of Small Business Management* 31. 1 (1993): 22 – 31.

［191］ Campbell, J. Y., "Inspecting the Mechanism: An Analytical Approach to the Stochastic Growth Model," *Journal of Monetary Economics* 33. 3 (1994): 463 – 506.

［192］ Carree, Martin A., and A. Roy Thurik, "The Impact of Entrepreneurship on Economic Growth," In Zoltan J. Acs, and David B. Audretsch, Eds., *Handbook of Entrepreneurship Research* (New York: Springer, 2010), 437 – 471.

［193］ Carree, Martin, et al., "Economic Development and Business Ownership: An Analysis Using Data of 23 OECD Countries in the Period 1976 – 1996," *Small Business Economics* 19. 3 (2002): 271 – 290.

［194］ Casson, Mark, *The Entrepreneur: An Economic Theory* (Plymouth: Rowman & Littlefield, 1982).

［195］ Caves, Richard E., "Industrial Organization and New Findings on the Turnover and Mobility of Firms," *Journal of Economic Literature* 36. 4 (1998): 1947 – 1982.

［196］ Chandavarkar, Anand, "The Financial Pull of Urban Areas in LDCs," *Finance and Development* 22. 2 (1985): 24 – 27.

［197］ Chen, Chao C., Patricia Gene Greene, and Ann Crick, "Does Entrepreneurial Self – efficacy Distinguish Entrepreneurs from Managers?" *Journal of Business Venturing* 13. 4 (1998): 295 – 316.

[198] Chrisman, J. J., and W. McMullan, "Some Additional Comments on the Sources and Measurement of the Benefits of Small Business Assistance Programs," *Journal of Small Business Management* 40. 1 (2002): 43 – 50.

[199] Chu, Yun Han, "State Structure and Economic Adjustment of the East Asian Newly Industrializing Countries," *International Organization* 43. 4 (1989): 647 – 672.

[200] Coase, R. H., "The Nature of the Firm," *Economica* 4. 16 (1937): 386 – 405.

[201] Cooke, Philip, Mikel G. Uranga, and Goio Etxebarria, "Regional Systems of Innovation: An Evolutionary Perspective," *Environment and Planning* A 30. 9 (1998): 1563 – 1584.

[202] Cooper, A. C., F. J. Gimeno – Gascon, and C. Y. Woo, "Initial Human and Financial Capital as Predictors of New Venture Performance," *Journal of Business Venturing* 9. 5 (1994): 371 – 395.

[203] Dallago, Bruno, "The Organisational and Productive Impact of the Economic System. The Case of SMEs," *Small Business Economics* 15. 4 (2000): 303 – 319.

[204] Davidsson, Per, "The Domain of Entrepreneurship Research: Some Suggestions," In Jerome A. Kate and Dean A. Shepherd, Eds., *Cognitive Approaches to Entrepreneurship Research* (Bingley, West Yorkshire: Emerald Group Publishing Limited, 2003), 315 – 372.

[205] Davidsson, P., and J. Wiklund, "Values, Beliefs and Regional Variations in New Firm Formation Rates," *Journal of Economic Psychology* 18. 2 (1997): 179 – 199.

[206] Davidsson, P., and M. Henrekson, "Determinants of the Prevalance of Start – ups and High – growth Firms," *Small Business Economics* 19. 2 (2002): 81 – 104.

[207] De Mello Jr, Luiz R., "Foreign Direct Investment in Developing Countries and Growth: A Selective Survey," *The Journal of Development Studies* 34. 1 (1997): 1 – 34.

[208] Delmar, F., and P. Davidsson, "Where Do They Come From? Preva-

lence and Characteristics of Nascent Entrepreneurs," *Entrepreneurship & Regional Development* 12. 1 (2000): 1 – 23.

[209] Dixit, A. K., and J. E. Stiglitz, "Monopolistic Competition and Optimum Product Diversity," *The American Economic Review* 67. 3 (1977): 297 – 308.

[210] Doepke, Matthias, and Fabrizio Zilibotti, Culture, Entrepreneurship, and Growth. 2013, No. 19141. National Bureau of Economic Research, Inc.

[211] Douglas, E. J., and D. A. Shepherd, "Entrepreneurship as a Utility Maximizing Response," *Journal of Business Venturing* 15. 3 (2000): 231 – 251.

[212] Drucker, Peter F., "Entrepreneurial Strategies," *California Management Review* 27. 2 (1985): 9 – 25.

[213] Drucker, P. F., *Innovation and Entrepreneurship* (Buffalo Grove, IL: Newbridge Communications, 1987).

[214] Dubini, P., and H. Aldrich, "Personal and Extended Networks are Central to the Entrepreneurial Process," *Journal of Business Venturing* 6. 5 (1991): 305 – 313.

[215] Dunning, John H., "The Eclectic Paradigm of International Production: A Restatement and Some Possible Extensions," *Journal of International Business Studies* 19. 1 (1988): 1 – 31.

[216] Dutz, M. A., J. A. Ordover, and R. D. Willig, "Entrepreneurship, Access Policy and Economic Development: Lessons from Industrial Organization," *European Economic Review* 44. 4 (2000): 739 – 747.

[217] Estay, C., "Setting up Businesses in France and the USA: A Cross Cultural Analysis," *European Management Journal* 22. 4 (2004): 452 – 463.

[218] Etzkowitz, H., and M. Klofsten, "The Innovating Region: Toward a Theory of Knowledge – based Regional Development," *R&D Management* 35. 3 (2005): 243 – 255.

[219] Evans, David S., and Linda S. Leighton, "Some Empirical Aspects of Entrepreneurship," *The American Economic Review* 79. 3 (1989): 519 – 535.

[220] Fogel, Robert W., "Economic Growth, Population Theory, and Physi-

ology: The Bearing of Long – Term Processes on the Making of Economic Policy," *American Economic Review* 84. 3 (1994): 369 – 395.

[221] Gartner, W. B. , "A Conceptual Framework for Describing the Phenomenon of New Venture Creation," *Academy of Management Review* 10. 4 (1985): 696 – 706.

[222] Geroski, Paul A. , *Market Dynamics and Entry* (Oxford: Blackwell, 1991).

[223] Gnyawali, Devi R. , and Daniel S. Fogel, "Environments for Entrepreneurship Development: Key Dimensions and Research Implications," *Entrepreneurship: Theory and Practice* 18. 4 (1994): 43 – 63.

[224] Granovetter, Mark S. , "The Strength of Weak Ties," *American Journal of Sociology* 78. 6 (1973): 1360 – 1380.

[225] Grebel, Thomas, Andreas Pyka, and Horst Hanusch, "An Evolutionary Approach to the Theory of Entrepreneurship," *Industry and Innovation* 10. 4 (2003): 493 – 514.

[226] Grebel, T. , A. Pyka, and H. Hanusch, "An Evolutionary Approach to the Theory of Entrepreneurship," *Industry and Innovation* 10. 4 (2003): 493 – 514.

[227] Grilo, I. , and J. M. Irigoyen, "Entrepreneurship in the EU: to Wish and not to be," *Small Business Economics* 26. 4 (2006): 305 – 318.

[228] Guesnier, B. , "Regional Variations in New Firm Formation in France," *Regional Studies* 28. 4 (1994): 347 – 358.

[229] Gylfason, T. , "Natural Resources, Education, and Economic Development," *European Economic Review* 45. 4 (2001): 847 – 859.

[230] Harper, D. A. , *Foundations of Entrepreneurship and Economic Development* (Abingdon, Oxfordshire: Routledge, 2003).

[231] Hofstede, Geert, "Motivation, Leadership, and Organization: Do American Theories Apply Abroad?" *Organizational Dynamics* 9. 1 (1980): 42 – 63.

[232] Hofstede, G. , *Culture's Consequences: International Differences in Work – related Values* (Thousand Oaks, CA: Sage, 1984).

[233] Holmes, T. J., and J. A. Schmitz Jr., "A Theory of Entrepreneurship and Its Application to the Study of Business Transfers," *Journal of Political Economy* 98. 2 (1990): 265 – 294.

[234] Hornaday, John A., and John Aboud, "Characteristics of Successful Entrepreneurs," *Personnel Psychology* 24. 2 (1971): 141 – 153.

[235] Hornaday, John A., "Research about Living Entrepreneurs," In C. A. Kent, D. L. Sexton, and K. H. Vesper, Eds., *Encyclopedia of Entrepreneurship* (Englewood Cliffs, NJ: Prentice – Hall, 1982), 20 – 38.

[236] Jo, H., and J. Lee, "The Relationship Between an Entrepreneur's Background and Performance in a New Venture," *Technovation* 16. 4 (1996): 161 – 211.

[237] Johannisson, B., "Business Formation—A Network Approach," *Scandinavian Journal of Management* 4. 3 (1988): 83 – 99.

[238] Kent, Calvin A., Donald L. Sexton, and Karl H. Vesper, *Encyclopedia of Entrepreneurship* (Englewood Cliffs, NJ: Prentice – Hall, 1982).

[239] Kent, C. A., et al., *Environment for Entrepreneurship: Lectures, Papers* (New York: Free Press, 1984).

[240] Keuschnigg, C., and S. B. Nielsen, "Start – ups, Venture Capitalists, and the Capital Gains Tax," *Journal of Public Economics* 88. 5 (2004): 1011 – 1042.

[241] Kihlstrom, R., and J. Laffont, "A General Equilibrium Entrepreneurial Theory of Firm Formation Based on Risk Aversion," *The Journal of Political Eonomy* 87. 4 (1979): 719 – 748.

[242] Kirzner, Israel M., *Competition and Entrepreneurship* (Chicago: University of Chicago Press, 1978).

[243] Klapper, L., L. Laeven, and R. Rajan, "Entry Regulation as a Barrier to Entrepreneurship," *Journal of Financial Economics* 82. 3 (2006): 591 – 629.

[244] Klepper, Steven, "Entry, Exit, Growth, and Innovation Over the Product Life Cycle," *The American Economic Review* 86. 3 (1996): 562 – 583.

［245］ Knight, Frank H. , *Risk, Uncertainty and Profit* (Boston and New York: Houghton Mifflin, 1921) .

［246］ Knight, G. A. , "Cross – cultural Reliability and Validity of a Scale to Measure Firm Entrepreneurial Orientation," *Journal of Business Venturing* 12. 3 (1997): 213 – 225.

［247］ Kobasa, Suzanne C. , "Stressful Life Events, Personality, and Health: An Inquiry into Hardiness," *Journal of Personality and Social Psychology* 37. 1 (1979): 1 – 11.

［248］ Kochar, A. , "An Empirical Investigation of Rationing Constraints in Rural Credit Markets in India," *Journal of Development Economics* 53. 2 (1997): 339 – 371.

［249］ Kojima, Kiyoshi, "Agreed Specialisation and Cross Direct Investment," *Hitotsubashi Journal of Economics* 28. 2 (1987): 87 – 105.

［250］ Kojima, K. , *Foreign Direct Investment: A Japanese Model of Multinational Business Operations* (London: Croom Helm, 1978) .

［251］ Kouriloff, M. , "Exploring Perceptions of a Priori Barriers to Entrepreneurship: A Multidisciplinary Approach," *Entrepreneurship Theory and Practice* 25. 2 (2000): 59 – 80.

［252］ Krugman, P. R. , "Increasing Returns, Monopolistic Competition, and International Trade," *Journal of International Economics* 9. 4 (1979): 469 – 479.

［253］ Kuratko, Donald F. , and Richard M. Hodgetts, *Entrepreneurship: A Contemporary Approach* (Birmingham: Dryden Press, 1995) .

［254］ Lau, C. M. , and R. W. Woodman, "Understanding Organizational Change: A Schematic Perspective," *Academy of Management Journal* 38. 2 (1995): 537 – 554.

［255］ Leibenstein, Harvey, "Entrepreneurship and Development," *The American Economic Review* 58. 2 (1968): 72 – 83.

［256］ Leibenstein, Hurvey, "Allocative Efficiency vs. X – Efficiency," *American Economic Review* 56. 3 (1966): 392 – 416.

［257］ Levenhagen, M. , and H. Thomas, "Entrepreneurs' Competitive Definitions: Evidence from Computer – software Start – ups," In Heinz,

Klandt ed. , *Entrepreneurship and Business Development* (Aldershot, Hampshire: Ashgate Publishing 1993) , 67 – 83.

[258] Lucas Jr. , Robert E. , "Asset Prices in an Exchange Economy," *Econometrica: Journal of the Econometric Society* 46. 6 (1978) : 1429 – 1445.

[259] Lynn, Richard, *The Secret of the Miracle Economy: Different National Attitudes to Competitiveness and Money* (London: Social Affairs Unit, 1991) .

[260] McClelland, David C. , *The Achievement Society* (Princenton, NJ: Van Nostrand, 1961) .

[261] McGrath, Rita Gunther, Lan C. MacMillan, and Sari Scheinberg, "Elitists, Risk – takers, and Rugged Individualists? An Exploratory Analysis of Cultural Differences between Entrepreneurs and Non – entrepreneurs," *Journal of Business Venturing* 7. 2 (1992) : 115 – 135.

[262] McGrath, R. G. , et al. , "Does Culture Endure, Or Is It Malleable? Issues for Entrepreneurial Economic Development," *Journal of Business Venturing* 7. 6 (1992) : 441 – 458.

[263] Meier, R. L. , "Late – blooming Societies Can Be Stimulated by Information Technology," *Futures* 32. 2 (2000) : 163 – 181.

[264] Merton, R. K. , and P. Sztompka, *On Social Structure and Science* (Chicago: University of Chicago Press, 1996) .

[265] Miller, Danny, Manfred FR Kets de Vries, and Jean – Marie Toulouse, "Top Executive Locus of Control and Its Relationship to Strategy – making, Structure, and Environment," *Academy of Management Journal* 25. 2 (1982) : 237 – 253.

[266] Mok, K. H. , "Fostering Entrepreneurship: Changing Role of Government and Higher Education Governance in Hong Kong," *Research Policy* 34. 4 (2005) : 537 – 554.

[267] Morris, M. H. , and P. S. Lewis, "The Determinants of Entrepreneurial Activity: Implications for Marketing," *European Journal of Marketing* 29. 7 (1995) : 31 – 48.

[268] Mueller, Pamela, "Exploring the Knowledge Filter: How Entrepreneur-

ship and University – industry Relationships Drive Economic Growth," *Research Policy* 35. 10 （2006）: 1499 – 1508.

［269］ Mushinski, D. W. , "An Analysis of Offer Functions of Banks and Credit Unions in Guatemala," *The Journal of Development Studies* 36. 2 （1999）: 88 – 112.

［270］ Nahapiet, J. , and S. Ghoshal, "Social Capital, Intellectual Capital, and the Organizational Advantage," *Academy of Management Review* 23. 2 （1998）: 242 – 266.

［271］ Papyrakis, E. , and R. Gerlagh, "The Resource Curse Hypothesis and Its Transmission Channels," *Journal of Comparative Economics* 32. 1 （2004）: 181 – 193.

［272］ Peacock, Patricia, "The Influence of Risk – taking as a Cognitive Judg-mental Behavior of Small Business Success," In Ronstadt, R. , et al. , eds. , *Frontiers of Entrepreneurship Research* （Wellesley, MA: Babson College 1986）, 110 – 118.

［273］ Penrose, Edith Tilton, "Foreign Investment and the Growth of the Firm," *The Economic Journal* 66. 262 （1956）: 220 – 235.

［274］ Peter, Kilby, "Hunting the Heffalump," In P. Kilby （Ed. ）, *Entrepre-neurship and Economic Development* （New York: The Free Press, 1971）, 1 – 40.

［275］ Powell, Walter W. , "Neither Market nor Hierarchy," *Research in Or-ganizational Behavior* 12 （1990）: 295 – 336.

［276］ Reynolds, P. D. , "Who Starts New Firms? – Preliminary Explorations of Firms – in – gestation," *Small Business Economics* 9. 5 （1997）: 449 – 462.

［277］ Rhodewalt, Frederick, and Joan B. Zone, "Appraisal of Life Change, Depression, and Illness in Hardy and Nonhardy Women," *Journal of Per-sonality and Social Psychology* 56. 1 （1989）: 81 – 88.

［278］ Robinson, P. B. , et al. , "An Attitude Approach to the Prediction of Entrepreneurship," *Entrepreneurship Theory and Practice* 15. 4 （1991）: 13 – 31.

［279］ Rodriguez – Clare, Andres, "Multinationals, Linkages, and Economic

Development," *American Economic Review* 86. 4 (1996): 852 – 873.

[280] Rondinelli, D. A., and J. D. Kasarda, "Foreign Trade Potential, Small Enterprise Development and Job Creation in Developing Countries," *Small Business Economics* 4. 4 (1992): 253 – 265.

[281] Rosa, P., "Entrepreneurial Processes of Business Cluster Formation and Growth by 'habitual' Entrepreneurs," *Entrepreneurship Theory and Practice* 22 (1998): 43 – 62.

[282] Rugman, Alan M., and Alain Verbeke, "Corporate Strategies and Environmental Regulations: An Organizing Framework," *Strategic Management Journal* 19. 4 (1998): 363 – 375.

[283] Sachs, Jeffrey D., and Andrew M. Warner, Natural Resource Abundance and Economic Growth. 1995, No. w5398. National Bureau of Economic Research.

[284] Sachs, J. D., and A. M. Warner, "Sources of Slow Growth in African Economies," *Journal of African Economies* 6. 3 (1997): 335 – 376.

[285] Sahlman, William Andrews, *The Entrepreneurial Venture*: *Readings Selected* (New Brunswick, NJ: Rutgers University Press, 1999).

[286] Saltz, I. S., "The Negative Correlation between Foreign Direct Investment and Economic Growth in the Third World: Theory and Evidence," *Rivista Internazionale di Scienze Economiche e Commerciali* 39. 7 (1992): 617 – 633.

[287] Sarasvathy, D. K., Herbert A. Simon, and Lester Lave, "Perceiving and Managing Business Risks: Differences between Entrepreneurs and Bankers," *Journal of Economic Behavior & Organization* 33. 2 (1998): 207 – 225.

[288] Schumpeter, Joseph A., *The Theory of Economic Development*: *An Inquiry Into Profits*, *Capital*, *Credit*, *Interest*, *and the Business Cycle* (Livingston, NJ: Transaction Publishers, 1934).

[289] Sexton, Donald L., and Nancy B. Bowman, "Comparative Entrepreneurship Characteristics of Students: Preliminary Results," In J. A. Hornaday, J. A. Timmons, and K. H. Vesper, Eds., *Frontiers of Entrepreneurship Research* (Wellesley, MA: Babson College 1983), 213 – 232.

[290] Sexton, Donald L. , and Nancy B. Bowman, "Validation of a Personality Index: Comparative Psychological Characteristics Analysis of Female Entrepreneurs, Managers, Entrepreneurship Students and Business Students," In Ronstadt, R. , et al. , eds. , *Frontiers of Entrepreneurship Research* (Wellesley, MA: Babson College 1986), 40 – 51.

[291] Shapero A. L. , Sokol, "The Social Dimensions of Entrepreneurship," In C. A. Kent, D. L. Sexton, and K. H. Vesper, Eds. , *Encyclopedia of Entrepreneurship* (Englewood Cliffs, NJ: Prentice – Hall, 1982), 72 – 90.

[292] Shapero, Albert, *The Entrepreneurial Event* (Columbus, OH: Ohio State University, 1985).

[293] Shivani, S. , S. K. Mukherjee, and R. Sharan, "Socio – cultural Influences on Indian Entrepreneurs: The Need for Appropriate Structural Interventions," *Journal of Asian Economics* 17. 1 (2006): 5 – 13.

[294] Smith, D. A. , and F. T. Lohrke, "Entrepreneurial Network Development: Trusting in the Process," *Journal of Business Research* 61. 4 (2008): 315 – 322.

[295] Sobel, R. S. , "Testing Baumol: Institutional Quality and the Productivity of Entrepreneurship," *Journal of Business Venturing* 23. 6 (2008): 641 – 655.

[296] Starr, J. A. , and I. MacMillan, "Resource Cooptation Via Social Contracting: Resource Acquisition Strategies for New Ventures," *Strategic Management Journal* 11 (1990): 79 – 92.

[297] Stiglitz, Joseph E. , and A. Weiss, "Credit Rationing in Markets with Imperfect Information," *American Economic Review* 71. 3 (1981): 393 – 410.

[298] Stolper, W. F. , and P. A. Samuelson, "Protection and Real Wages," *The Review of Economic Studies* 9. 1 (1941): 58 – 73.

[299] Stopford, John M. , and Charles WF Baden – Fuller, "Creating Corporate Entrepreneurship," *Strategic Management Journal* 15. 7 (1994): 521 – 536.

[300] Stuart, R. W., and P. A. Abetti, "Impact of Entrepreneurial and Management Experience on Early Performance," *Journal of Business Venturing* 5. 3 (1990): 151 - 162.

[301] Suzuki, K., S. H. Kim, and Z. T. Bae, "Entrepreneurship in Japan and Silicon Valley: A Comparative Study," *Technovation* 22. 1 (2002): 595 - 606.

[302] Søreide, Tina, *FDI and Industrialisation. Why Technology Transfer and New Industrial Structures May Accelerate Economic Development* (Bergen: Chr. Michelsen Institute, 2001).

[303] Timmons, Jeffry A., "Characteristics and Role Demands of Entrepreneurship," *American Journal of Small Business* 3. 1 (1978): 5 - 17.

[304] Vernon, Raymond, "International Investment and International Trade in the Product Cycle," *The Quarterly Journal of Economics* 80. 2 (1966): 190 - 207.

[305] Von Hayek, Friedrich A., "Economics and Knowledge," *Economica* 4. 13 (1937): 33 - 54.

[306] Von Pischke, John D., D. V. Adams, and Gordon Donald, *Rural Financial Markets in Developing Countries: Their Use and Abuse* (World Bank EDI Series in Economic Development, Baltimore: John Hopkins University Press 1983).

[307] Weber, A., *Theory of the Location of Industries* (Chicago: University of Chicago Press, 1962).

[308] Wennekers, Sander, and R. Thurik, "Linking Entrepreneurship and Economic Growth," *Small Business Economics* 13. 1 (1999): 27 - 56.

[309] Westhead P., Wright M., *Advances in Entrepreneurship* (Northampton, MA: Edward Elgar Publishing, 2000).

[310] Westhead, P., and M. Wright, "Contributions of Novice, Portfolio and Serial Founders Located in Rural and Urban Areas," *Regional Studies* 33. 2 (1999): 157 - 173.

[311] Westhead, P., and M. Wright, "Novice, Portfolio, and Serial Founders: Are They Different?" *Journal of Business Venturing* 13. 3 (1998):

173 – 204.

[312] Wilson, Richard W. , and Anne Wang Pusey, "Achievement Motivation and Small – business Relationship Patterns in Chinese Society," In Greenblatt, Sidney L. , Richard W. Wilson, and Amy Auerbacher Wilson eds. , *Social Interaction in Chinese Society* (New York: Praeger Publishers, 1982), 195 – 208.

[313] Witt, P. , "Information Networks of Small and Medium – sized Enterprises," *Journal of Enterprising Culture* 7. 3 (1999): 213 – 232.

[314] Wood, Adrian, and Kersti Berge, "Exporting Manufactures: Human Resources, Natural Resources, and Trade Policy," *The Journal of Development Studies* 34. 1 (1997): 35 – 59.

[315] Yu, Fu Lai, *Entrepreneurship and Economic Development in Hong Kong* (Abingdon, Oxfordshire: Routledge, 1997) .

[316] Zahra, S. A. , and J. G. Covin, "Contextual Influences on the Corporate Entrepreneurship – performance Relationship: A Longitudinal Analysis," *Journal of Business Venturing* 10. 1 (1995): 43 – 58.

[317] Zimmer, Catherine, "Entrepreneurship through Social Networks," In Sexton, Donald L. , and Raymond W. Smilor, *The Art and Science of Entrepreneurship* (Cambridge, MA: Ballinger, 1986), 3 – 23.

后　记

　　本书是在我博士论文的基础上修改完成的，从硕士毕业后时隔十一年重新回归读博，重新开启思想和研究的大门，于我内心是极其感怀的。在博士三年期间，我的导师耿明斋教授勤勉的治学态度、渊博的学识、理论联系实际的工作作风，以及在分析问题时极清晰的思路，都使我深受教益。在这三年期间，老师从学业上、生活上给予我及家人的指导与关心，使我深深地领会了为人师表的真正含义。本篇论文从确定论文选题，到论文结构的建构，到论文的撰写及完善，都离不开耿老师在百忙之中给予我的指导和帮助。在本书的出版环节，导师又给予我诸多关心和指导。耿老师不仅在学术上具有深厚造诣，在为人上更是宽厚正直，关心体谅学生，在本书将要付印之时，感谢耿明斋老师对我的教诲和悉心关怀。

　　三年博士期间，于我而言，不仅是学识的提高，更多是思想的洗礼。我要感谢河南大学经济学院给过我诸多帮助的老师们和朋友们。感谢经济学院宋丙涛教授、彭凯翔教授、李恒教授、孙建国教授、高保中教授、郭兴方教授等在我读博士期间对我博士论文的开题、撰写给出的中肯意见，使我能顺利完成毕业论文。感谢我的师兄张建秋博士，师弟刘涛博士、王金承博士，师妹刘岱宁博士、韩良良博士，谢谢他们为我的博士论文的顺利完稿给予的工作上、学业上、生活上的支持和帮助。

　　我要特别感谢我的丈夫郑祖玄，在我读博士期间，他对于我生活上、工作上、学业上的支持与帮助，使我能相对轻松地步入学术科研的道路。他不仅是我人生的伴侣，在思想上也是我的导师，遇见他，相携一生，是我最大的幸福。我还要感谢我的父母、公婆和我的女儿，是他们默默的付出，宽容的理解为我营造了一个幸福的家庭，让我心无旁骛地完成今天的学业。他们对我事业的支持也成为我前进的动力。

最后，要感谢河南大学经济学院，感谢耿老师所在的中原发展研究院、新型城镇化与中原经济区建设河南省协同创新中心对本书的资助与支持。正是依托于河南大学经济学院和新型城镇化与中原经济区建设河南省协同创新中心两个平台的支持，才有了本书的付印出版。

图书在版编目（CIP）数据

"资源诅咒"与传统农区企业家形成机制研究／余
萍著. -- 北京：社会科学文献出版社，2017.11
（河南大学经济学学术文库）
ISBN 978 - 7 - 5201 - 1567 - 4

Ⅰ.①资… Ⅱ.①余… Ⅲ.①农业区 - 工业化 - 研究
- 中国②农业区 - 企业家 - 研究 - 中国 Ⅳ.①F424
②F279.2

中国版本图书馆 CIP 数据核字（2017）第 250280 号

·河南大学经济学学术文库·

"资源诅咒"与传统农区企业家形成机制研究

著　　者／余　萍

出 版 人／谢寿光
项目统筹／恽　薇　陈凤玲
责任编辑／宋淑洁　徐成志

出　　版／社会科学文献出版社·经济与管理分社（010）59367226
　　　　　地址：北京市北三环中路甲 29 号院华龙大厦　邮编：100029
　　　　　网址：www.ssap.com.cn
发　　行／市场营销中心（010）59367081　59367018
印　　装／北京季蜂印刷有限公司

规　　格／开　本：787mm×1092mm　1/16
　　　　　印　张：14.75　字　数：236 千字
版　　次／2017 年 11 月第 1 版　2017 年 11 月第 1 次印刷
书　　号／ISBN 978 - 7 - 5201 - 1567 - 4
定　　价／78.00 元

本书如有印装质量问题，请与读者服务中心（010 - 59367028）联系